以律典為例：
佛學研究方法論之探索

比丘戒研究
·第一冊·

淨業編委會 著

主編：賢威

副主編：賢幫、法教

編委：賢處、法馳、賢極、賢徹、賢虛、賢爽、賢唐、法額、法愚

推薦序

道偉法師

　　去年底，中國智者佛教文化研究中心在天台宗祖庭玉泉寺成立了。該中心的研究範圍主要以玉泉寺祖庭文化為依託，同時涵蓋整體佛教文化、中國傳統文化以及湖北宜昌地區文化的研究。中心計劃定期舉辦佛教學術研討交流活動和文化藝術活動，開展佛學講座，培養佛學研究人才，並陸續出版一些學術研究著作。簡言之，我們成立智者佛教文化研究中心的目的，就是想為佛教教育及佛學研究做點微薄的貢獻。

　　深入推進新時代佛教中國化，是目前中國佛教的重要課題和發展主線。對於玉泉寺來說，它在歷史上的出現及延續本就受惠於佛教中國化，畢竟作為漢傳佛教八大宗派之一的天台宗正是佛教中國化的代表性產物。天台宗祖智者大師在這裏貢獻了智慧，玉泉寺則見證了這一大事因緣，並由此塑造出獨特的祖庭文化。如今，新時代佛教中國化成為了佛教在當代中國契理契機傳承的必由之路，在「傳統佛教如何轉型為適應現代中國社會的現代佛教」這一課題的深入研討上，玉泉寺

更有着義不容辭的責任和義務。因此，我們不僅僅想讓智者佛教文化研究中心成為玉泉寺學修體系的承載平台，同時也希望該中心以推進佛教中國化作為工作主線，為弘揚社會主義核心價值觀、踐行人間佛教思想，為實現中華民族偉大復興的中國夢貢獻應有的智慧和力量！

基於這樣的理想，智者佛教文化研究中心聚集了一些志同道合的專家學者，賢威、法教、法馳、法額、法愚等法師陸續加入進來，壯大了科研隊伍。

早在中心成立之前，賢威法師等人就已經着手編撰《比丘戒研究》，數年來聚螢積雪，如今功成，將要付梓，值得祝賀。中心的其他同仁也表示這是一部佳作，值得推廣，希望能幫助推進出版事宜。他們約我寫幾句話，實在不好推辭，然而我不曾深入研究戒律學，在此謹就本書的相關情況向讀者進行一下介紹。

戒律作為佛法修學的必備基礎，其重要性無須多言。但由於時空與文化的種種隔礙，能夠準確理解戒律之內涵並在新的境況下具體行持，實屬不易。其困難來自於，雖然歷史上祖師完成了戒律的中國化——南山律在古代中國指導了戒律行持，但新時代戒律中國化的研究卻寥寥無幾。因此，修行人面臨理論與實踐方面的重重困惑，尤其需要當代對戒律的深入研究，本書即是此方面的探索。

有價值的研究必須在之前的基礎上有更豐富的研究材料，以及採取更優良的研究方法。本書採用的研究材料，除了南山律採用的當時已經翻譯的四律五論，又增加了後續翻譯的《根有律》、《巴利律》。同時利用了梵巴藏律典文獻，並借鑒了古今中外重要的律學研究成果。得益於時代的發展，本書在研究材料方面比傳統的律學研究更具優勢。

本書採用的研究方法也頗具創意。賢威法師等在多年深入南山律的基礎上，整合了教界與學界的佛學研究方法，形成了方法論的「三觀」：用無常觀涵攝史學方法，用因緣觀涵攝各類社科方法，用圓融觀

指導修行實踐。應該説，本書所採用的傳統和現代結合、信仰和學術互補的綜合性研究方法，在教內外對比丘戒全體作系統性研究的著作中並不多見。教內的比丘戒研究一般遵循傳統解毗尼的方法，研究成果也就很難超越傳統結論的邊界，由於彼此立場和方法的對立，與學界的溝通也受一定限制。而學界的研究，限於對「客觀真實」的單線訴求，只求解構分析而無實踐的意識和動力，也往往造成結論的局限又無關於實際修證。本書在方法論方面的探索，能夠優化教界與學界的溝通渠道，使其更有利於理解戒律的深刻內涵，有可能成為佛學研究的優良範例。

可以説，本書所做的戒律研究是新時代佛教中國化的勇敢探索。衷心希望這本書的出版能對戒律學修有所幫助，乃至於起到實踐指導作用。

衷心感謝香港信眾黃振強、曾紅荔伉儷的大力支持，讓本書得以順利出版。

玉泉寺方丈、中國智者佛教文化研究中心發起人

釋道偉

癸卯年農曆二月廿一

編序

賢威

2009 年，我們一批戒子在香港西方寺完成了三壇大戒的受戒儀軌，從形似沙彌成為具戒比丘。想到自己成為和舍利弗、目犍連一樣的比丘，內心無比歡喜，發願要好好持守戒律。

但緊接着，關於持戒的困惑接踵而來，每天都會擔心自己犯了戒，更擔心自己因為無知犯戒而不自知，甚至因看到南山律的個別文句而擔心自己是否得戒。理工科出身的自己總是喜歡鑽牛角尖，層出不窮地產生新的戒律問題，縈繞於心不能自拔。那段時間經常因這些困惑不斷去問師父，師父也不厭其煩地回答，總算度過了最迷茫的時期。

2012 年開始，師父指導僧團研究南山律，並在研究過程中整理南山律典籍的校釋。2013 年至 2015 年，筆者帶領一個十人小組負責《四分律含注戒本》、《四分律含注戒本疏》、《拾毗尼義鈔》的研究，獲得了很多對戒律的進一步理解，得知之前的很多問題來自對律學的無知與執著，但仍然對一些持戒問題困惑不已，尤其是發現不少戒律的

要求很難在實際中落實。在研究過程中，我們一開始對南山律的觀點是完全接納，毋庸置疑。但通過溯源律典原文，我們發現南山律中的一些引文過於簡略會導致理解的偏差，甚至發現祖師也會對印度文化不熟悉而產生誤解，慢慢了解到南山律雖然達到了所在時代的律學頂峰，但也存在着時代的局限。而自己和同行的持戒經歷，使筆者發現所學的律學與時空因緣有不少脫節之處，造成許多持戒的困惑，甚至誘發焦慮與恐慌。很長時間後自己才反思到，死執南山律的文句，其實完全與祖師之意背道而馳。道宣律師在反覆學習律典並精進行持的基礎上，創造性地完成了適應當時因緣的南山律，是唐代佛教戒律研究的典範。而我們作為後來的學人，沒有效學祖師的研究精神，僅將其結論作為唯一標準，其實是思想與行為的懶惰，必然導致種種困惑與矛盾。蕅益大師的感歎「《隨機羯磨》出，而律學衰，如水添乳也」，更啟發自己產生了研究律典以解決疑問的願望。在這個時代，戒律相關的各種文獻資料比過去更容易得到，對戒律背後的層層緣起可以理解得更加深入，我們有機會站在祖師的肩膀上，更深刻地理解戒律的內涵，以達成順應當下因緣的戒律實踐。

在研究戒律期間，師父也多次組織弟子們去海內外的寺院參訪，讓我們了解到，不同僧團對戒律的不同理解和行持，帶給各個僧團不同的修行氣質。由此我們大大擴展了眼界，對很多問題不再執著要找到一個標準答案，而是思考不同做法背後的現實因緣。而諸位高僧大德的智慧開示，也啟發我們深入思考，萌發了解決戒律問題的決心和自信。而解決這些問題，僅依靠南山律是不夠的，必須研究更早期的律典，並採取優良的研究方法。

研究南山律的經歷讓我們理解了傳統義理研究方法的特點。而自出家始，師父就重視弟子佛教教理的學習，除了《法華經》、《大般涅槃經》等主要的幾部大乘經典，《俱舍論》、《大智度論》、《中論》、《瑜

伽師地論》也是必讀論著。同時，師父一直要求弟子掌握現代佛學研究方法，邀請了專家學者指導我們的研究，並多次邀請社會科學相關的老師授課，指導弟子學習了文獻學、語言學、思想史、哲學史、佛教史、印度史、藏經學、宗教學、法律學、印度教派義理等等各方面的知識。這些積累都成為之後研究律典的基礎。

2016 年在師父的指導下，常住組建了由筆者負責的律典研究小組。我們在研究南山律的基礎上，結合傳統和現代的研究方法，目的是指導實際的修持，解決持戒的困惑。半年時間的籌備，使我們了解古今中外對比丘戒的研究成果，結合之前修學戒律的經驗，確定了小組的研究方向。研究過程中，我們收集了各類部派律典以及戒律相關的文獻素材，為掌握研究方法學習了各類學科和相關語言，結合實際行持戒律的經驗，以及僧團中共住的經驗，通過多年的閉門專研，完成了這部《比丘戒研究》。

師父多年以來孜孜不倦的教誨和培養，大恩無言；龍泉寺常住法師們的關懷與慈悲，深恩難忘。謹以此書聊以報之！

由於是集體的研究工作，本書部分行文無法做到流暢自然。而梵語、藏語的學習是在我們研究過程中進行，不免會有失誤之處。相關結論限於知識不足，或許武斷。希望讀者能夠避開本書的不足之處，獲取所需。

除了編委會成員作為主要的研究人員，先後有多位法師參與此研究工作：賢崗、賢開、賢化、賢昌、賢擦、賢衛、賢漕、賢沖、賢海、賢山、賢蘇、賢崇、賢論、賢善、賢愧、賢承、賢潮、賢泛、賢屈、賢純、賢頒、賢懺、賢伴、賢奮、賢純、賢敏和賢恩等。法教和賢保兩位法師完成了本書文字的簡轉繁工作。

衷心感謝常住龍泉寺賢健法師的大力支持與指導，讓研究工作得以順利完成並出版。感謝禪興法師和賢然法師等諸位法師的大力支

持，以及上海信眾陳亮兵、陳福琴伉儷的虔心護持，讓研究工作得以順利完成。

特別感謝天台祖庭玉泉寺、智者佛教文化研究中心道偉法師的全力推動，以及香港信眾黃振強、曾紅荔伉儷的大力支持，讓本書得以順利出版。

賢威

癸卯年農曆二月初八

前言

　　有志於深入研究律藏的人，現在面臨着很好的時代機遇：先有上世紀南山典籍的回歸，後有現代資訊流通和技術發展所帶來的種種便利。當代的出家人，有責任利用這些外部條件，來對比丘戒進行透徹的研究。本書即是這方面的一次嘗試和努力。撰寫本書的主要目的有二：一是深入比較諸部律典的同異；二是力求闡明和解決現代比丘戒律行持中的實際問題。前者的重點在於力求學術層面的精確性；後者則要求從戒律精神出發，將律學和實踐結合。

　　有了目標，接下來即要考慮研究宗旨和方法。對漢地律學的發展歷史和特點作一全景式的回顧，可以為此提供線索和指導。

一、漢傳佛教律學歷史的回顧

（一）初春——律典翻譯

佛教傳入漢地，兩百年間並沒有專門的律典被翻譯和引入。人們對戒律的認識，一方面來自對梵僧言行舉止的觀察，另一方面則是基於安世高、支樓迦讖等所譯佛經中包含的一些戒律思想，即「隨經律」。天竺沙門曇柯迦羅於曹魏嘉平年間抵達洛陽，看到的是這樣的情形：「於時魏境雖有佛法，而道風訛替，亦有眾僧未稟歸戒，正以剪落殊俗耳。」[1] 由於缺少完整的律本，僧眾只能依照模糊的戒律內容來規範行持，更沒有條件稟受大戒，僅僅以剃除鬚髮而在外相上和俗人相區別。

因曇柯迦羅能誦「大小乘經及諸部毗尼」，僧眾遂祈請他翻譯律典。然而曇柯迦羅認為：「律部曲制，文言繁廣。佛教未昌，必不承用。」[2] 所以當時並沒有翻譯廣律，只是於嘉平二年（250）在洛陽白馬寺譯出《僧祇戒心》一卷。正元年間（254–256），擅精律學的安息國沙門曇帝來到漢地，譯出《曇無德羯磨》一卷。《僧祇戒心》與《曇無德羯磨》的譯出，標誌着中國佛教的戒律典籍實現了從無到有的蛻變。漢地僧眾的戒律行持有了最基本的依據，這為即將到來的律學春天播下了種子。不久，曇柯迦羅上書乞行受戒法，並在洛陽舉辦戒會。朱士行因此成為了漢地第一位受比丘戒的出家人，被後世譽為「受戒之

1　《高僧傳》卷 1，《大正藏》50 冊，324 頁下欄。

2　《高僧傳》卷 1，《大正藏》50 冊，325 頁上欄。

始」[1]。

　　隨着佛法的傳播，到東晉時期，出家人數日盛。此時戒法初具，但並不完備，遠遠不能滿足出家僧尼的實際需要。同時，外部的持戒環境與僧侶的持戒意識也不理想。當時以道安大師為代表的諸位佛教志士，都認識到律典的完備對於解決僧團管理與個人持戒等問題的必要性。道安大師對於廣律有着強烈的渴求，他曾嘆道：「云有《五百戒》，不知何以不至，此乃最急。四部不具，於大化有所闕。《般若經》乃以善男子、善女人為教首。而戒，立行之本，百行之始，猶樹之有根。常以為深恨。」[2] 大師曾派弟子到天竺求取律典，但當時的律典只在部分律師群體之間口耳相傳，外國沙門對律典的外傳也非常謹慎，因此求取律典殊為不易。後來，大師得知罽賓國律師耶舍可以背誦《鼻奈耶》，即令「佛提梵書，佛念為譯，曇景筆受」[3]，於前秦建元十九年譯出《鼻奈耶》。《鼻奈耶》雖算不上是一部完整的廣律，但解決了道安大師的許多疑惑，道安大師因此感歎：「於此秦邦，三藏具焉。」[4]

　　因緣匯聚，經由天竺、西域與漢地諸位高僧大德的持續努力，四部完整的廣律——《十誦律》、《四分律》、《僧祇律》和《五分律》終於在二十年之內（404–424）相繼傳入漢地，並被完整地翻譯出來。首先譯出的是説一切有部的《十誦律》，其翻譯過程可謂一波三折，歷經十年（404–413）才完全譯出。姚秦弘始十二年（410），佛陀耶舍於長安譯場誦出法藏部《四分律》的梵文，涼州沙門竺佛念譯為秦言，道含筆受，於弘始十四年（412）譯出。最初譯出的《四分律》為四十五卷，後開為六十卷。早在東晉隆安三年（399），因「慨律藏殘缺」，法顯

1　《佛祖統紀》卷 35，《大正藏》49 冊，332 頁上欄。

2　《出三藏記集》卷 9，《大正藏》55 冊，62 頁下欄。

3　《鼻奈耶》卷 1，《大正藏》24 冊，851 頁上欄。

4　《鼻奈耶》卷 1，《大正藏》24 冊，851 頁上欄。

大師就踏上了西行求律之旅，並抄得大眾部《僧祇律》與彌沙塞部《五分律》兩部廣律回國。後於義熙十二年至十四年（416-418），大師與天竺沙門佛馱跋陀羅在建業[1]道場寺翻譯出《僧祇律》。遺憾的是，大師未能等到《五分律》譯出便已遷化，然其「令戒律流通漢地」的夙願最終實現。宋景平元年（423），《五分律》由「專精律品兼達禪要」的罽賓國三藏佛陀什與于闐沙門智勝譯出，道生、慧嚴等筆受。另外，到南北朝時期，律學論著《毗尼母經》、《薩婆多論》、《摩得勒伽論》、《善見論》、《律明了論》也紛紛被翻譯引入。至此，作為漢地律學基本典籍的「四律五論」得以完備。

「四律」的譯就使得漢地僧眾有律可習，有法可依，神州大地上湧現出了一批批律學人才。從律學的發展歷史來看，當時「律本流行，隨方不同。關內《僧祇》，江左《十誦》，《四分》一律，由在藏中」[2]。作為第一部翻譯的廣律，《十誦律》經由卑摩羅叉在江陵的講解，再加上慧觀整理其講義傳行於建康[3]，在南方得到了廣泛的學習和弘揚。在北方，最初得到弘傳的是《僧祇律》。之後法聰律師考證自己的戒體是依法藏部羯磨而來，故以「受隨一致」為由，專弘《四分律》。法聰律師也因此被後世稱為「初開律師」。慧光律師（469-538）著《四分律疏》，開創了注解《四分律》的先河，並對當時流傳的《戒本》、《羯磨》作了修訂。慧光律師弘揚《四分律》的活動對僧眾有很大的影響力，有力地促進了《四分律》在北方的發展。

佛法初傳漢地的四百年內，律學發展面臨的最大困難便是典籍不足。律典是律學發展的基礎，沒有完備的律學典籍，僧人行持便缺乏

1　建業：今南京。
2　《四分律搜玄錄》卷2，《卍續藏》41冊，865頁上欄。
3　建康：今南京。

依據，律學研究也會受到限制。面對這一根本性困境，歷代高僧大德積極應對，或前往天竺求取律典，或組織譯經團隊翻譯典籍。從最初只能從「隨經律」中窺探戒律，到第一部廣律《鼻奈耶》譯出，再到南北朝時期「四律五論」得以完備，律學研究也逐步深入，為後世律學的繁榮和律宗的建立奠定了基礎。

另外，由於同時傳入了多部律典，諸部又存在固有的差異與部執，漢地僧眾對律典的實際行持需要進一步調適。諸部律典的會通、融合，將在隋唐時期進一步展開。

（二）盛夏——律宗建立

隋唐兩朝是中國佛教發展的繁盛時期，在律學研究方面也獲得了空前的進步，南山律宗的建立更是標誌着中國律學的發展達到了高峰。

當時「四律五論」雖已完備，但僧人在如何持戒方面仍有諸多困境：「傳度歸戒多迷體相。五部混而未分，二見紛其交雜。海內受戒，並誦法正之文。至於行護隨相，多委師資相襲。緩急任其去取，輕重互而裁斷。」[1] 僧眾對五部律的持犯理解多有混淆，並無明確標準。面對這一問題，智首律師（567–635）撰《五部區分鈔》辨析諸部同異，又著《四分律疏》二十卷會通諸律。智首律師以《四分律》為主同時融合他部律的戒律思想和研究方法，後來也為道宣律師所繼承。

法礪律師（569–635）由於常居相州[2]，因此其所創律學被稱為「相部宗」。法礪律師撰寫的《四分律疏》主要依《成實論》的思想解釋《四分律》。此疏因有十卷而被稱為「中疏」，並與慧光的「略疏」、智首

1　《續高僧傳》卷 22，《大正藏》50 冊，614 頁中欄。
2　相州：鄴都，今河南安陽。

的「廣疏」，統稱為「三要疏」。法礪律師的弟子定賓、曇一分別著有《四分律疏飾宗義記》與《發正義記》，用以發揚、捍衛本宗的宗義。之後，其門徒中不再有重要的著作問世。一直到北宋初期，相部律在吳越一帶仍然延續，之後逐漸消融於南山宗。

　　道宣律師（596–667）因曾長期隱居住長安附近的終南山，所創學派得名「南山宗」。他在律學方面主要受到智首律師的影響，於其門下學習了六年。因有感於當時的律學「準事行用，浩汗難分，學者但可望崖尋途，未通鑽仰」[1]，於 626 年初撰《行事鈔》，完成後到關外參學，也曾拜見過法礪律師，之後又對《行事鈔》作了修訂。《行事鈔》的完成標誌着南山律思想體系基本形成，並與《戒本疏》、《羯磨疏》合稱為「南山三大部」，加上《拾毗尼義鈔》和《比丘尼鈔》，合稱為「南山五大部」。除此之外，道宣律師還為規範僧眾的法服與儀禮作法創作《釋門章服儀》與《釋門歸敬儀》，為區分五眾物而著述《量處輕重儀》，為新學比丘撰寫《教誡新學比丘行護律儀》，為比丘如法受戒撰寫《關中創立戒壇圖經》等等。這些著作不僅使整個南山律學成為一個完備的思想理論體系，而且還將戒律理論與比丘的日常實踐相融合。道宣律師繼承了慧光律師《四分律》分通大乘的思想，並提出「五義分通」，從理論上進一步證明此觀點。他還借用古唯識的思想來詮釋戒體，令戒學大乘化的特色更為明顯。南山律思想因此更加契合漢地宗依大乘的價值取向，對於後世漢地僧人持好比丘戒產生了莫大的作用。

　　懷素律師（624–697），早年隨玄奘大師出家，思想上曾受玄奘大師新譯經典的影響，後隨法礪律師的弟子道成學律。懷素律師在研讀法礪律師《四分律疏》、道宣律師《行事鈔》之後，感「古人義章未能盡善」，所以撰寫《四分律開宗記》，並遵從説一切有部的宗義，廣

1　《量處輕重儀》卷 1，《大正藏》45 冊，839 頁下欄。

引《俱舍論》和《大毗婆沙論》。由於與法礪律師的「舊疏」有明顯的傳承關係，故《四分律開宗記》也被稱為「新疏」。因懷素律師曾居於長安崇福寺東塔，所以其所創律學被稱作「東塔宗」。作為唐代律學三家中最晚成立的一支，東塔宗雖然在當時有較大影響，但後來並不興盛，著作也不豐富。此宗至北宋初年尚有活動，其後不傳。

通過幾代律師的探索和積澱，再加上當時文化的兼容並包以及君王對佛教寬容乃至扶持的態度，佛教義學得以空前發展。隋唐四分律學的人才積累、研究能力均具備了深厚基礎，形成了以《四分律》為中心的律學宗派。四分律宗在內部又形成三足鼎立的態勢——「律有三宗，礪、素、宣是歟」[1]，即法礪律師開創的相部宗、懷素律師的東塔宗以及道宣律師的南山宗。

唐代除四分律學的主流學派之外，還有一迥異的支流值得留意，即義淨三藏（635–713）翻譯和倡導的根本說一切有部。義淨三藏不滿於當時「諸部互牽」、「章鈔繁雜」的律學現狀，西行天竺，留學求法，取回根本說一切有部的律典，組織譯場翻譯並加以弘揚。《根有律》是傳入漢地的幾部律典中內容比較豐富的一部，極大地擴充了中國佛教戒律典籍的內容。義淨三藏根據自己的觀察，提出了專宗有部戒律行持回歸印度傳統等主張，其律學思想獨具特色。但是當時四分為主、他部補充的律學主流已經形成，律學的本土化也是歷史發展的大勢所趨，故義淨三藏所翻譯的有部律及其戒律主張在後世律學的發展過程中並未得到發揚而趨於沉默。

隨着對外文化交流的日漸頻繁，漢地律學逐漸傳入朝鮮半島、日本等地。新羅的慈藏律師自唐回國後，創立戒壇，整頓律制，著述《四分律羯磨私記》、《十誦律木叉記》等書，講解《菩薩戒本》，被奉為

1　《宋高僧傳》卷 16，《大正藏》50 冊，811 頁上欄。

新羅戒律之祖。唐代鑒真大師（688-763）赴日本傳戒，開創日本律宗。他早年不僅師從南山宗的律師學習過道宣律師的著作，也跟隨相部宗律師學習了法礪律師的著述，赴日前已有「江淮之間，獨為化主」的盛名，並且法嗣廣布。大師從 743 年開始先後六次東渡，於 753 年以六十六歲的高齡抵達日本，受到天皇的禮遇，隨後建立戒壇，正式傳戒，講演律學。

要而言之，進入隋唐時期，律學發展有了完備的典籍作為基礎，僧人可以依照「四律五論」規範個人行持，僧團管理也有了更加明確的依據和參考。然而，擺在當時僧人和律學研究者面前的是如何將「四律五論」和漢地僧人的修行作更好的結合，如抉擇一部律還是多部律，多部律之間如何會通等問題。因此，進入這一時期，律學發展的困境已經從典籍不足轉變為理論不足。律學研究者所致力的工作不再是引入律典和組織翻譯，而是如何深化理論，解決實際問題。在此驅動力下，智首、法礪、道宣、懷素等諸多律師作出了很多努力。他們或提出諸部會通的思想與方法，或為《四分律》注疏開演。其中，最值得一提的是道宣律師。他開創了南山宗，使得以戒律為主體的宗派在漢地佔有一席之地。作為一個宗派，南山律宗有着獨特的修行法門和完整的教理行果修證次第，令漢地僧眾認識到，戒律不僅是定慧之基，更是成就法身佛的正因。

（三）深秋——中興和衰落

唐代會昌法難以及隨後的五代十國之亂，對北方佛教打擊甚重，致使典籍散失，僧侶逃遁，昔日佛教的鼎盛一去不返。南方由於戰亂較少，政治寬鬆安定，律學中心由北向南加速轉移，至北宋時形成定局。宋代的律宗已是南山律一門獨大：「天下言行事者，以南山為司南

矣。」[1] 這一時期，律師研習的重點已不再是《四分律》，而是直接注疏《行事鈔》。唐代以來，對《行事鈔》注疏者傳有六十二家之多，這樣的研習規模，漢地本土僧侶撰寫的其他律學典籍無出其右。一方面表明《行事鈔》內容完善，另一方面，意味着律學趨向因循，預示着衰落的必然。不過，經歷唐末五代的短暫低迷之後，北宋律宗學人依然能夠研習律學，並融會各宗，以元照律師（1048–1116）為代表的一批南山律學的中興力量逐漸湧現出來。

元照律師早年研習天台教觀，所以兼得天台的傳承。道宣律師借《法華經》將圓教思想引入南山律學，元照律師則依天台的教義，把圓教的思想融合得更為徹底，闡發得愈加通透。元照律師觀察到當時諸家對《行事鈔》的注疏解釋多有偏差：「理致淵奧，討論者鮮得其門；事類森羅，駕說者或容遺謬。」[2] 再加上「正法下衰，人情鄙薄」[3]，為改善律學研究和僧人道風，元照律師於是撰寫《資持記》以注釋《行事鈔》，又撰寫《行宗記》、《濟緣記》分別注釋《戒本疏》、《羯磨疏》。「南山五大部」從而擴增為「南山八大部」。除了著書之外，元照律師還不遺餘力地建造戒壇，傳戒宣講，使得南山律再次得以興盛，法脈一直延續至南宋。

伴隨着天台宗的流行，元照之後的律師也多研習天台教觀，以至於對律學的認識和理解都發生了變化。例如南宋守一律師在《終南家業》開卷便有「吾祖弘律，以妙觀為本」[4] 之言。又如留學南宋的日僧俊芿（1166–1227），在《律宗問答》的發問中，已不再涉及傳統律學戒相罪行分判的問題。從中可以看出，律宗內部關注的重點漸有脫離「戒

---

1 《宋高僧傳》卷 16，《大正藏》50 冊，812 頁上欄。

2 《四分律行事鈔資持記校釋》，8 頁。

3 《芝園集》卷 2，《卍續藏》59 冊，662 頁下欄。

4 《終南家業》卷 1，《卍續藏》59 冊，717 頁下欄。

學」本位的傾向。另外，宋代禪淨流行，崇尚實修之風濃厚。比如，元照律師在個人的修持上以淨土為歸，自稱「生弘律範，死歸安養，平生所得，唯二法門」[1]，是「淨律雙修」的典範。後代律師在修持上則由兼修淨土轉向以淨土為主。因此，在宋朝宗派融合的背景下，律宗在理論以及實踐上逐漸式微，宗派主體性面臨着難以為繼的窘境。

　　早期禪僧都是附居於律寺別院，「至曹溪已來，多居律寺」[2]。唐代百丈懷海禪師在獨居百丈山之後，「始立天下叢林規式，謂之清規」[3]。清規作為禪宗獨創的僧團管理制度，一方面沿襲大小乘戒律的思想和規範，另一方面結合漢地的倫理道德，並和當時的社會環境相適應。禪宗具有隱居山林、農禪並舉的作風，因此受到法難、戰亂衝擊的程度較輕，加之簡練深邃、講求實行的特點，之後逐漸成為漢地最為繁盛的一宗，受到上至王公將相，下至平民百姓的追捧。相形之下，律宗受到冷落，以至宋代逐漸出現了律寺改為禪院的情況。這些因素加劇了律宗在宋代的衰落。

　　元代朝廷雖對佛教持親和態度，但是經過多年戰亂，宋元年間南山典籍散佚，漢地律學傳承遭到破壞。元代僧人戒行鬆弛，文化水平整體較低，缺乏專研律學的律師，因此並無重要的律學著述出現。在禪淨興盛的背景下，律學重要性進一步低落，戒律主要由其他宗派的僧人延續，律宗宗派主體性趨於消失。與此對比，元代叢林清規興盛，逐漸取代南山律著對僧團行事的指導作用。其中《敕修百丈清規》因官方推行而天下叢林皆遵從，對後世有較大影響。而省悟律師的《律苑事規》結合了戒律行事和禪宗清規，是南山後人在當時環境下試圖

1　《佛祖統紀》卷 29，《大正藏》49 冊，297 頁下欄。

2　《（重雕補註）禪苑清規》卷 10，《卍續藏》63 冊，550 頁上欄。

3　《釋門正統》卷 4，《卍續藏》75 冊，312 頁中欄。

傳承南山律著的一種努力。

　　整體來看，宋元年間的律學發展面臨多方面的壓力。首先是理論困境。自道宣律師已降，雖有多達六十二家為《行事鈔》作疏釋義，然而後代律師的注解漸漸偏於理論詮釋，遠離了道宣律師「以行事為中心」的初衷，弱化了指導僧人實際行持的作用。元照律師觀察到此類問題，為重振南山宗風，回歸道宣律師本意，「仰承行事之旨」，撰述靈芝三記，中興律學。其次是僧人的行持方向。淨土宗、禪宗的興盛使得當時的僧人更加注重禪、淨的修持，戒律僅作為三學之基。律宗在此過程中逐漸隱沒於他宗之中，漢地本土的清規則愈漸興盛。再次是外部壓力。政府和禪師主導的「革律為禪」，也使律宗寺院減少，研律氛圍變淡。因此，宋元期間的律學，一方面有元照律師等人的中興之舉，另一方面在多方壓力作用下開始走向衰落。

（四）嚴冬——困境中的應對

　　明清時期，漢地律學在傳承不明、佛教整體衰落的緣起下迎難前進。明代律學遭遇三次戒壇封禁的低谷，後經諸多律師圓融應對，實現了短暫復興。清代廢除試經和度牒制度，降低了出家門檻，再加上經懺佛事的盛行，僧人行持難以保障，研律之風寡淡，律宗徹底進入寒冬。

　　明代期間革律為教，導致律學進一步衰落。明中後期鬻牒度僧氾濫，試經制度廢棄，由此僧尼素質低下，戒律廢弛。至嘉靖時期，皇帝崇道抑佛、寺院亂傳戒律等種種內外因素交織，最終導致戒壇三次封禁。第一次（1526 年）和第二次（1546 年），封禁範圍限於北京。而第三次封禁（1566 年）的範圍擴展至全國寺院，封禁時間長達四十八年，造成佛教界數十年未開壇傳戒的局面，對戒律傳承造成重

大打擊。

面對戒壇封禁的無常，雲棲蓮池、古心如馨等諸位大德積極應對，為律宗的寒冬尋找溫暖，最終促成了律宗及「萬曆佛教」（1573–1620）的短暫復興。

蓮池大師一方面主動配合官方政策，遵守法令，內斂變通，隨緣創造出一套求戒、受戒新模式——「佛像前受戒」[1]。另一方面整頓戒律，將戒律的學修和持守融入清規，制定出《雲棲共住規約》。書中的求戒式、受戒式、學戒式、誦戒儀和律堂等規約[2]，體現了禪宗叢林的戒律實踐。在蓮池大師及其住持的雲棲寺影響下，一批律學研究者與律學著作湧現。蓮池大師所著《戒疏發隱》、《沙彌律儀要略》、《沙彌沙彌尼戒錄要》、《具戒便蒙》等成果乃是大師統籌考慮戒律、清規、時代緣起及出家人根器而作，契理契機，填補了當時教界的空缺。蓮池大師的努力彌補了當時律學傳承的缺失。

在蓮池大師等祖師的應對與帶動下，更多僧人深入律藏，使律學不斷向前發展。蕅益、法藏、元賢和弘贊等諸師對律學有進一步思考和研究，其律學成果主要包括：法藏禪師調和禪律而落實於受戒、傳戒儀軌的《弘戒法儀》，元賢禪師的《四分戒本約義》和以羯磨法為研究重點的《律學發軔》，以及弘贊禪師的《四分戒本如釋》、《四分律名義標釋》、《沙彌律儀要略增註》等多部律學著作。

律學義理上，蕅益大師提出五戒、十戒、比丘戒和菩薩戒都要同等重視，同等持守，「四級重樓，級級皆圓頓境，八萬細行，行行與法界周」。[3]蕅益大師將戒律與禪淨會通，著有律學成果《重治毗尼事義集

---

1 《雲棲法彙》卷 22，《嘉興藏》33 冊，171 頁下欄。
2 《雲棲法彙》卷 22，《嘉興藏》33 冊，171 頁下欄。
3 《重治毗尼事義集要》卷 1，《卍續藏》40 冊，344 頁下欄。

要》和《閱藏知津》。

如馨一系的探索則系統而持續。如馨律師發心重振戒律，於五台山獲文殊菩薩授記而得戒。萬曆四十一年（1613），神宗皇帝詔請其赴五台山傳戒、講律，至此戒壇禁令終於解除。如馨律師將戒法傳於三昧寂光後，漢地戒律才真正回歸到傳統的南山法脈上。寂光律師將剛恢復的傳戒活動繼續發揚光大，大振律學，創建律宗道場寶華山千華派，並培養了大批律學人才。

見月讀體律師（1601–1679）繼承寂光律師衣鉢，大力推進規範傳戒，所著的《三壇傳戒正範》成為後世傳戒準則，影響深遠。福聚律師（1686–1765）推動了寶華山律學著作收入《乾隆大藏經》。這一輪律學發展到康熙年間達到頂峰，後又逐漸沒落。乾隆年間廢除試僧和度牒制度，僧人質素難以保證，戒律廢弛。

清末，持續十幾年之久的太平天國運動給佛教帶來了致命的摧殘，其所到之處「無廟不焚，無像不毀」，無數的寺院、佛塔、經書、典籍被毀。晚清、民國時期兩次大規模「廟產興學」運動，導致大量寺產被侵吞佔用，使佛教的命運遭遇重大危機。由於國勢衰微、內外交困，佛教積弊叢生，到了清末民國期間，漢地大部分僧團的戒律已經廢弛。

總之，明清期間，律學發展走入低谷，其原因主要來自外部。政府下令鬻牒度僧，廢除試經制度，使得出家眾良莠不齊，僧人行持難以保障，引發社會譏嫌；三次封禁戒壇，更是給律學的傳承、僧種的延續造成極大的打擊；太平天國運動、「廟產興學」運動等都為佛教的發展帶來了阻礙。面對這些困境，幸有蓮池大師、如馨律師兩系積極應對，努力變通，延續了律學的命脈，並為近現代律學的復興奠定了基礎。

（五）復興——近現代之努力

　　春夏秋冬又一春，律學的發展在經歷寒冬的考驗後，又迎來了春天。近代中國在恢復漢地律學方面進行了諸多探索與努力，主要有以下幾個方面：以弘一律師為代表的對南山律學的堅守與弘傳、以太虛大師為代表的佛教僧伽制度改革、虛雲大師在禪林對戒律精神的重振，以及印光大師對戒律精神與儒家倫理所作的融合。近代的漢地律學雖然面臨着很多挑戰，但也充滿了機遇，這些高僧大德的努力為現代律學發展奠定了基礎。

　　宋元年間，大部分南山典籍雖然在漢地散佚，但在日本一直流傳下來。近代徐蔚如居士將南山律典從日本請回，並創立刻經處付梓流通，使得深入律學研究有了文本典籍的基礎。

　　被後人尊為「律宗十一祖」的弘一律師（1880–1942），出家後接觸蕅益大師和見月律師的著作，發心學律。弘一律師早年重視有部律，曾引義淨三藏的說法來糾正南山律，後自悟有「輕謗古德」之過，又逐漸認識到「南山一派，尤深契此土機宜」，並經徐蔚如居士勸請，於 1931 年在佛前發願棄捨有部專學南山。弘一律師傾全力於南山典籍的整理、研究、教學、弘揚。他從多方收集古刻本精審點校，對律典進行表釋、科判、略釋、集釋等整理和簡化工作。經過整理後的南山律典版本精良、注釋完善、有條理、易學習，為人們學習南山律典提供了極大方便，對南山律學的復興起到了至關重要的作用。同時，弘一律師編纂《戒相表記》、《扶桑集釋》等律著，並廣開講筵，創建「南山律學苑」，講述南山律學著作，培育律學僧才。弘一律師還為在家信眾編成《南山律在家備覽》，闡揚南山宗義。弘一律師對律宗的復興、對近代中國佛教的提振，居功至偉。他以自己的言傳身教，實現了「誓捨身命，弘護南山四分律教久住神州」之夙願。

太虛大師（1889–1947）是中國近代著名的佛教改革者，他重視以南山律學規範佛教僧團，並對此提出了改革和重建計劃。大師在重視戒律持守的同時，強調對律學進行與時代相應的研習。大師在 1915 年撰寫完成的《整理僧伽制度論》中，提出了改良佛教律制建設的諸多構想，包括出家資格、出家流程、受戒流程和懺悔還淨等。大師在律典、祖師著作的基礎之上，結合近代中國的時代因緣，提出了很多改革辦法。雖然在當時這些舉措未能實現，但卻為今天的律制建設和律學研究提供了寶貴的參考。

虛雲大師（1840–1959）看到當時佛教衰敗的原因之一是傳戒不如法：「佛法之敗，敗於傳戒不如法。若傳戒如法，僧尼又嚴守戒律，則佛教不致如今日之衰敗。」他致力於規範傳戒，比如在鼓山湧泉寺將戒期由原來的八天改成三十天，加強戒期教育，廢止寄戒、不剃髮搭衣等不良風氣。虛雲大師還對僧制進行改良，並開辦戒律學院。

圓拙法師（1909–1997）曾經跟隨弘一大師學習南山律。圓拙法師介紹妙因法師，後者抄錄《四分律行事鈔資持記通釋》、《鈔記濟覽》二書，完成弘一律師遺作《四分律行事鈔資持記扶桑集釋》。在宗教政策恢復後，圓拙法師不遺餘力地推動傳戒工作，主張並推動按照律制三人一壇受戒以及二部僧傳戒。圓拙法師還在廣化寺組織五比丘專研南山律典，培養律學人才，其中的演蓮法師、界詮法師、濟群法師至今仍是弘揚南山律的中流砥柱。現在漢地律學研學較好的寺廟，很多和圓拙法師有一定淵源。

近幾年，龍泉寺在律學研究等方面進行了一些探索。弘一律師校勘南山律時，由於條件所限只利用了有限的敦煌寫本。龍泉寺在已出版的南山律典校釋系列中，最大限度地彌補了這一缺憾，採用了全面的敦煌寫本，以及日本、美國所藏的各種宋刊本、古刻本、寫本一切經等。在本書中，我們一方面力求對比丘戒作系統、全面的對比分析，另一方面也嘗試在新時代背景下重新審視比丘戒的行持問題。

二、漢傳佛教律學的特點

上文簡要回顧了比丘戒在漢地傳入、發展、興盛、衰落而又復興的歷史脈絡，從中可以看到漢地律學的一些特點。

（一）四分為主，博採他部

在三大語系佛教中，藏傳佛教和南傳佛教的戒律傳承都是專宗一部，而漢傳佛教大部分時間以四分為主，兼容他部。雖然也有義淨三藏主張專宗一部，但是主流的做法還是諸部會通。漢傳佛教這種多律型的特點是由歷史和現實需要等多重因素形成的。

首先，在短短二十年內，幾部廣律被相繼引入和翻譯，律師們都進行了研習，其中不乏博通多部之人。多部並習的情況，自然會產生會通的需求。四分律師中，法礪律師主張綜合諸部觀點，智首律師遍學五部而不局四分一宗之見，這些律師都具有融合諸部的思想。道宣律師曾經在《行事鈔》中列舉了之前四分律師們的六種做法：「一、唯執《四分》一部，不用外宗。二、當部缺文，取外引用。三、當宗有義，文非明了。四、此部文義具明，而是異宗所廢。五、兼取五藏，通會律宗。六、終窮所歸，大乘至極。」《行事鈔》主要採取第三、第六兩種觀點，即在大乘思想的基礎上，以《四分律》為宗，同時「餘亦參取，得失隨機」，必要的時候也會採用他部。[1]

會通諸部的思想基礎，也來自律師對於諸律同源的認識。漢地律師面對幾部廣律的態度與印度律師有所不同。漢地律師並無律典的宗

---

1 《四分律刪繁補闕行事鈔校釋》，宗教文化出版社，2015 年 9 月，35 頁至 36 頁。

派觀念，而是將幾部廣律視作一個整體來看待。如《行事鈔》：「統明律藏，本實一文，但為機悟不同，致令諸計岳立。所以隨其樂欲，成立己宗。競采大眾之文，用集一家之典。」[1]既然同出一源，只是因為後世根機不同而產生差異，那麼自然可以通過綜合諸部來還原和把握律學原始統一的面貌。這是歷代律師對四律五論進行會通的原動力之一。

會通諸部的做法，還受到現實需要的驅動。諸律之間的差異，多是部派佛教為應對不同外部環境所作出的不同取捨，是律師們有意識的選擇，故可以說，部派律典是不同的律學實踐經驗的總集。中國漢地的地理、人文環境和印度差異很大，單靠一部廣律來指導所有的行持實踐是有困難的，因此會通諸部成了後世律學很自然的選擇。

總之，漢地律學「四分為主，博採他部」的抉擇，一方面可以弱化部派色彩，更好地把握佛陀的制戒精神，回歸佛陀本懷；另一方面可以靈活應對實踐中的各種情況，既增加了更多的參考點，又能夠在取捨過程中作出更加符合緣起的抉擇。

（二）比丘戒和菩薩戒並行

中國是大乘佛教流布的地區，菩薩戒和比丘戒約在同一時期傳入漢地。兩晉南北朝時期是菩薩戒經典集中翻譯的階段，鳩摩羅什譯出《梵網經盧舍那佛說菩薩心地戒品》，曇無讖譯出《菩薩地持經》、《菩薩戒本》、《優婆塞戒經》，竺佛念譯出《菩薩瓔珞本業經》。唐貞觀年間，玄奘大師譯《瑜伽師地論》，標誌着中國菩薩戒經典的翻譯趨於完整。

菩薩戒不僅出家僧尼受習，隨着佛教的昌盛也融入到整個社會生

1　《四分律刪繁補闕行事鈔校釋》，31頁。

活之中，上至帝王、士大夫階層，下至尋常百姓都受持奉行。兩個主要的菩薩戒系統中，梵網菩薩戒的內容與漢地的孝道精神相契合，並經天台、華嚴兩宗高僧的弘揚，成為漢地菩薩戒的主流；瑜伽菩薩戒次第明晰，戒條內容和比丘戒互補性強，也利於漢藏佛教間的互通和交流，在近代得到太虛大師等的重視。

大乘佛法的開展，菩薩戒和比丘戒並行，一方面秉持大乘教理，另一方面按照聲聞戒律行持，這兩者如何結合一直是漢地佛教面臨的問題。在漢地，要推行比丘戒就必須融會大小乘，故歷代律師多致力於研究兩者的會通——在大乘思想的背景下來闡述和完善比丘戒的律學體系。在戒相判斷上，比丘戒重行而菩薩戒重心，故道宣律師以《四分律》傾向按心判罪等理由而判其分通大乘。道宣律師又依唯識思想建立南山律戒體理論，並提倡三聚淨戒而將比丘戒納於攝律儀戒。元照律師以天台圓教進一步發展南山律戒體理論，將菩薩戒納入南山律學體系。南山律以大乘思想融會比丘戒，這是其取得後世律學主流地位的重要原因。

實踐方面，大乘思想及菩薩戒對漢地比丘律學也產生了深刻的影響。後世三壇大戒的傳戒形式，是漢地比丘戒和菩薩戒並重和融合互補的集中體現。南山律的懺罪之法包含了大乘內涵的化懺，即在比丘戒原有懺罪方法的基礎上作了擴充。六祖慧能提出「無相戒」，深刻地影響了漢地出家眾的戒律觀。比丘戒律允許食用魚肉，而漢地僧眾素食的傳統則是受大乘思想和菩薩戒影響。

（三）戒律和僧制雙軌並行

佛教傳入漢地不久便出現了僧制。漢傳佛教的僧制起始於道安大師創立的「三例」，其內容包括講經、行香、六時共修、布薩、懺悔等

多方面的軌則。當時僧團日益擴大，而諸部廣律尚未被翻譯進來，僧團管理與僧人行持對戒律的需求無法被滿足，道安大師便制定僧制管理僧團，規範僧人行持，統領大眾修行。

此後，「僧制」在漢傳佛教的發展歷史中從未中斷，至唐朝百丈懷海禪師時演變為「清規」。「叢林清規」最早出現在唐朝的禪宗叢林，後逐漸擴展至各宗派。其最初的內容包括僧團管理架構、普請法等制度，後逐漸增加禪門規矩、執事職責、佛事活動等多個方面。清規最能反映漢地僧團的僧制特色，經不斷發展、完善，一直沿用至今。

僧制是戒律精神在漢地僧團本土化的體現。《五分律》記載：「雖是我所制，而於餘方不以為清淨者，皆不應用；雖非我所制，而於餘方必應行者，皆不得不行。」[1] 佛法的覺悟精神是一味的，但不同的弘化地區面臨着不同的環境與問題。漢地和古印度環境的不同，給佛法住世和僧人修行方式帶來了不同的影響。漢地僧團的僧制便是在「餘方」國土對戒律最好的補充與開演，與戒律雙軌並行。

首先，僧制非常注重對戒律精神的把握和持戒環境的營造。如宋代《禪苑清規》：「參禪問道，戒律為先……受戒之後常應守護，寧有法死，不無法生。」[2] 警策僧眾在參禪之前先打好持戒的基礎，應如守護生命般守護戒體。又如《教苑清規》：「香錢、油錢不得互用，亦任施主隨心喜捨，切勿苦覓，令生厭心。」[3] 這裏則要求僧眾嚴謹遵守「三寶物不得互用」的盜戒。

其次，僧制對戒律的落實起到補充與細化作用。如宋代《入眾日用》涉及睡眠、飲食、衣鉢等威儀方面的內容，是對律典中相關規定

1　《五分律》卷 22，《大正藏》22 冊，153 頁上欄。

2　《（重雕補註）禪苑清規》卷 1，《卍續藏》63 冊，523 頁上欄至中欄。

3　《增修教苑清規》卷 1，《卍續藏》57 冊，315 頁下欄。

的補充。以鉢為例，《四分律》中用鉢威儀的規定有如下幾條：「平鉢受食，應當學。平鉢受羹，應當學……不得挑鉢中而食，應當學……不得視比坐鉢中食，應當學。當繫鉢想食，應當學。」[1]《入眾日用》進一步細化為：「先展鉢單，仰左手，取鉢安單上。以兩手頭指拼取鎖子，從小次第展之，不得敲磕作聲，仍護第四指第五指為觸指，不得用鉢，拭摺令小，並匙箸袋，近身橫放。入則先匙，出則先箸……兩手捧鉢受食，想念偈云：『若受食時，當願眾生，禪悅為食，法喜充滿。』」[2]可見，《入眾日用》對於用鉢過堂的規定更加詳細，並且結合了漢地使用湯匙的特點，這些細緻的規定和條文可令僧眾在過堂用鉢時保持正念，努力用功。

再次，僧制體現了戒律在漢地的變通。以普請法為例，普請法是叢林的集體勞作制度。由於古印度盛行乞食制度，僧人無須從事勞作，而漢地的風俗則難以接受乞食行為。百丈山在當時又恰好處在交通不便的山區，於是懷海禪師便組織僧眾集體從事農業生產，自給自足。在務農過程中，僧人難免觸犯「掘地」等遮戒，懷海禪師解釋：「不得定言有罪，亦不得定言無罪。有罪無罪，事在當人。若貪染一切有無等法，有取捨心在，透三句不過，此人定言有罪；若透三句外，心如虛空，亦莫作虛空想，此人定言無罪。」[3]事實上，佛陀制定此戒主要是因為傷害土地的行為受到古印度人的譏嫌。律典記載，在有三寶事緣時，佛陀也開緣掘地。因此，懷海禪師創立的「普請法」也是對「掘地戒」的善巧變通，並不違背佛陀的制戒本意，且能夠保證僧團的住世與發展。

---

1 《四分律比丘戒本》，《大正藏》22 冊，1021 頁上欄至中欄。

2 《入眾日用》，《卍續藏》63 冊，557 頁上欄。

3 《古尊宿語錄》卷 1，《卍續藏》68 冊，8 頁上欄至中欄。

漢傳佛教的僧制是漢地律學發展歷史中深具特色的內容。它對戒律在漢地的落實起到了很好的輔助作用，提醒僧人重視戒律，持守戒律。在「隨方毗尼」的原則下，僧制結合漢地僧人的學修生活特點，對戒條的內容作出更加細緻的規定，並對漢地難以落實或影響僧團住世和僧人學修的遮戒作出變通。戒律與僧制雙軌並行的模式是漢地律學發展中的寶貴財富。

（四）律宗的形成

　　律宗是漢傳佛教八宗之一，南山律學成為獨立宗派，是漢地律學的又一特點。南山律宗宗派主體的形成，既有外部條件的驅動，也有自身律學體系內在因素的作用。

　　隋唐佛教義學發達，形成了諸多學派，對律宗理論的成熟起了很大的孕育作用。比如，道宣律師借用唯識理論建立了南山戒體觀。唐朝擁有穩定的律師群體，他們對諸部廣律都有深入研究，其律學思想也漸趨成熟。道宣律師構建的南山律是以前代律師的研究成果為基礎的。南山律會通諸部的思想理論，在道宣律師之前的法礪律師、智首律師等著作中已有相關表述。道宣律師師承智首律師研習《四分律》多年，《行事鈔》對智首律師的《四分律疏》也多有借鑒和繼承。元照律師在完善南山律學體系的時候，也吸收了時代的教理營養。要而言之，佛教義學包括律學整體研究的成熟和發達，是南山律宗得以成立的外部條件。

　　南山律宗自身完整、豐富的理論體系，是其能夠形成獨立宗派的關鍵內因。太虛大師曾說：「一切佛法，以教、理、行、果四字攝盡。」南山律以《四分律》為宗，融合大小乘，以大乘發心持守聲聞戒，三聚圓修，最終成就佛果，即蘊含了教、理、行、果四個要素而構成完

整的修學體系。擁有自己的判教體系是宗派成熟的標誌之一，道宣律師將佛法判為化制二教，又分為「神足輪」、「說法輪」、「憶念輪」，通過「二教」、「三輪」，建立了南山律宗判教體系。特別地，南山律宗戒體觀在教理層面成功地會通大小乘，一定程度上袪除了律學實踐中產生的重大輕小的流弊，解決了大乘比丘持守聲聞戒律的疑惑，對後世漢地律學作了重要的理論指引。

後代學人的傳承和發揚是律宗得以延續的必要條件。道宣律師創建南山律學之後，弟子門人如文綱律師、道岸律師等，憑藉自己淵博的學識以及對僧俗二眾的影響力，促進了南山律在北方的進一步發展，並將四分律學推進至南方地區。後又有鑒真大師等將南山律傳播至日本，為近代南山律典籍的回歸埋下了伏筆。道宣律師的弟子大慈律師著《行事抄記》，開啟了唐宋六十二家南山律疏的序幕。律師群體對南山典籍不斷深入研習和傳承實踐，使南山律宗在歷史的長河中逐漸確立了優勢地位。

律宗的成立是律學研究成熟和發達的標誌。反過來，南山律宗的出現，也使得漢地比丘戒研究的重心發生轉向。研究對象從廣律等律學原典轉向南山典籍，研究取向上也以理解和承襲祖師思想為主，律學研究的活力和開創性逐漸減弱，這種情況一直延續到了今天。

三、關於本書

關於佛教義理研究可循之路徑，太虛大師嘗言：「先以恢復初唐之故有，進之遍究全藏，旁探錫蘭、中國藏地，而溯巴利文、梵文原典，當非復宗派傳統之可拘蔽，而入世界佛學之新時代矣。」[1]

如前所述，律學於隋唐達到頂峰之後，律家的重點即轉向南山律的注疏。本書則繼承隋唐律師的研究成果和研究方法，回歸律藏原文，對諸部律典作系統性的對比研究。在具體取捨上，本書仍遵循「四分為宗，博採他部」的漢地律學傳統，並承襲傳統律學中多律型之開放態度。在此基礎上，本書積極吸收當今世界佛學研究的成果與方法，並參考和借鑒其他語系的律典，這一方面可算本書在祖師著作基礎上向外所做的拓展。

最終呈現給讀者的這十二冊書，是著者過去幾年對比丘戒進行系統梳理、研究的成果。希望以此為中國佛教律學的復興盡一份綿薄之力。囿於研究水平和時間所限，不足之處敬請教內外大德不吝指正。

1　《太虛大師全書》，宗教文化出版社，2005 年，1 冊，17 頁。

目錄

第一節　文獻介紹 / 45

第二節　其他語系佛教律學歷史簡介 / 61

第三節　研究方法 / 77

凡例

　　一、對於古今用法存在差異的文字，本書採用區別對待原則：出現在引文中的文字，尊重原文；非引文中的文字，按照現代漢語的語法規則使用。如現代漢語常用的「皈依」、「三皈」等詞，在引文中保留「歸依」、「三歸」等古代用法；又如「蓄積」的「蓄」，引文中保留原來的「畜」。

　　二、所有引文都加了現代標點。正文及引文的標點主要參考了《古籍標點釋例》（中華書局）和《中華人民共和國國家標準·標點符號用法》(GB/T 15834-2011) 中的規則，並適當採取了一些靈活處理。

　　三、主要人名在各篇初次出現時，以括號加注其生卒年。若年份無法確定者，則用「？」表示。

　　四、文中出現的年號，在首次出現時，後面括號中加注公元年份。

　　五、引用中出現的佛典，被收錄入 CBETA2016 版者，標注相應藏經的冊、頁、欄；未收錄入 CBETA2016 版者，則用一般古籍通用引用方式處理。

六、對於《大正藏》中的部分錯誤，本書參考《高麗藏》再雕版作了校勘，並附校勘記。

七、線裝古籍或古籍影印本，如沒有頁碼則直接寫卷數，但注明相關版本。有一些古籍一頁包含正反兩面者，則分別將正反面用 a、b 表示。

八、現代校點整理的古籍，在引用時注明了點校者、出版社、版本和頁碼。如對原作者的標點和文字做了修改，在注釋中說明。

九、現代出版專著，在腳注中注明了作者、專著名、出版社、出版時間、頁碼。

十、期刊論文或叢書中某一單篇論文，標注了作者、題目、期刊名及該期時間、刊號、發表時間、頁碼。

十一、外文標點符號的使用遵循外文的習慣用法。中外文混排，在中文中夾用一些外文單詞、短語，使用中文標點；整句、整段引用外文，按所引文種的規定使用標點符號。

十二、外文專著標注順序為責任者與責任方式、專著名、出版地、出版者、出版時間、頁碼，書名用斜體，其他內容用正體；外文析出文獻標注順序為責任者與責任方式、析出文獻題名、所載書名或期刊名及卷冊、出版時間，頁碼，析出文獻題名用英文引號標示，期刊名或書名用斜體，其他內容用正體。

十三、當同一部書第二次引用時，使用簡引，只標明書名和頁碼。

十四、因正文中引用了大量律典的原文，為了簡化，在每一戒條緣起、戒本、辨相部分標注其所在律典的起始範圍，若後文中出現這一範圍內的引文，將不再標注。未在此範圍內或引自其他原典的引文，按正常格式標注。

十五、注釋的編碼緊跟被注字、詞的右上方，或者句子末尾點號右上方，內容呈現於當頁腳注。

十六、正文中，《巴利律》相對應的腳注為《經分別》、《犍度》、《附隨》。

十七、為了敘述簡潔，以下藏經和典籍用了簡稱：

1. 藏經：《大正藏》（《大正新修大藏經》），《卍續藏》（《卍新纂續藏經》），《高麗藏》（再雕版《高麗大藏經》）。

2. 典籍：以下書名使用簡稱，不用全稱，未列出的典籍均使用全稱。

原名稱	簡稱
《彌沙塞部和醯五分律》	《五分律》
《摩訶僧祇律》	《僧祇律》
《摩訶僧祇律大比丘戒本》	《僧祇比丘戒本》
《十誦比丘波羅提木叉戒本》	《十誦比丘戒本》
《善見律毗婆沙》	《善見論》
《薩婆多部毗尼摩得勒伽》	《摩得勒伽》
《薩婆多毗尼毗婆沙》	《薩婆多論》
《律二十二明了論》	《明了論》
《根本說一切有部毗奈耶》	《根有律》
《根本說一切有部毗奈耶……事》	《根有律……事》
《根本說一切有部戒經》	《根有戒經》
《根本薩婆多部律攝》	《根有律攝》
藏文《根本說一切有部毗奈耶》	藏文《根有律》
麗江版藏文大藏經《甘珠爾》第五函的《別解脫經》	藏文《根有戒經》
梵文、巴利文戒經使用的簡稱	梵文《說出世部戒經》 梵文《根有戒經》 梵文《有部戒經》 巴利《戒經》
《四分律刪繁補闕行事鈔》	《行事鈔》
《四分律含注戒本疏》	《戒本疏》
《四分律刪補隨機羯磨疏》	《羯磨疏》

〈續上表〉

原名稱	簡稱
《四分律比丘含汪戒本》	《含注戒木》
《四分律刪補隨機羯磨》	《隨機羯磨》
《四分律比丘尼鈔》	《比丘尼鈔》
《四分律拾毗尼義鈔》	《義鈔》
《四分律刪繁補闕行事鈔資持記》	《資持記》
《四分律含注戒本疏行宗記》	《行宗記》
《四分律刪補隨機羯磨疏濟緣記》	《濟緣記》

緒論

　　本書採用的研究材料，除了傳統的四律五論，較之道宣律師所處的時代又增加了後續翻譯的《根有律》、《巴利律》。同時得益於時代資訊工具的便利性，又可以利用梵巴藏律典文獻進行綜合比對，並借鑒古今律學研究成果，因此文獻材料的充分齊備是當前做戒律研究的一個優勢。

　　由於本書對其他語系佛教的戒律典籍和研究成果有所參考和借鑒，在前言中漢地律學發展歷史回顧的基礎上，這裏對藏傳佛教和南傳佛教的律學發展歷史分別作一簡要的介紹，以此建立對佛教戒律發展史的整體性認識。

　　研究方法的選擇至關重要，方法論的不同將導致研究方向和重點的不同，進而可能導致研究結論的迥異。研究方法不革新，雖有新材料輔助，也很難得出新的結論。單一方法一般只能得到單向的考察結果，因此通過多種方法的結合，才能避免得出偏頗的結論。本書對於研究方法的選擇有兩個重要的考慮：一方面須立足於僧侶信仰本位，

繼承傳統佛學義理方法的運用，以回歸修證指導實踐為目的；另一方面則有意識地借助現代學術的各類研究方法，對戒律文本和史實作盡可能徹底的勘察和還原。

　　基於這些考慮，本書在研究方法上有三個層面的建構：第一，以史學方法來獲得對研究對象即律典文本的無常性認識，看到文本和思想互動變化的事實，破除對文本靜態性的錯誤常執；第二，以傳統義理方法融攝現代學術研究工具，對諸部律典文本作深入剖析，獲得對戒律更深入和多角度的理解；第三，以佛法的中道原則為指導，融會諸律差異，整合律學資源，在與時代因緣的碰撞中，超越表面的矛盾，提煉出契合佛陀本懷的戒律結論。這三個層面的研究方法體現了佛法和學術兩個維度的結合，我們分別稱之為「無常觀」、「因緣觀」和「圓融觀」。以要言之，以佛法的中道原則為最高指導，以無常觀、因緣觀和圓融觀攝持傳統和現代的各種研究方法，不自閉於佛教界內部的名言體系，也不隨世俗知見而轉，即是本書所持的研究方法論。

　　本書所採用的研究方法，即落實和體現於具體戒條的研究分析。藉由言、相、意、理、行五種遞進式理解層級，從戒本、關鍵詞、辨相、緣起、原理、專題、總結和現代行持參考八個部分，來深入分析每一條戒。本書整體則以《四分律》的篇聚結構為基本框架和布局；透過微觀層面的八大內容加上宏觀層面的篇聚框架，即能抓住本書的特質和全貌。

第一節

文獻介紹

漢譯律典方面，有最先傳譯的「四律五論」，以及後期義淨三藏翻譯的《根有律》。因此，漢傳佛教承襲了最多印度部派律學的思想資源，這在三大語系佛教中是獨一無二的，也是漢傳佛教進行律學研究的獨特優勢。在漢語律典的基礎上，本書進一步利用了梵文文獻方面的研究成果，比如將現代整理出版的梵文戒經納入到了戒本的對比研究中。南傳《巴利律》已經被很好地整理出版，且同時具備了完整的漢譯、英譯版本以及相關律釋，因此，本書將《巴利律》納入研究參考的範圍。得益於藏傳大藏經電子化工作的推進，同樣可以便利地將藏文《根有律》、《根有戒經》作為研究材料。因此，各種律典資料完備、涵蓋三大派系，是本書在文獻方面的特點。

下面的文獻介紹部分將只介紹本書主要用到的律典和律釋典籍。除此之外本書所參考的古今戒律學專著以及多學科文獻，在這部分不作單獨介紹。

一、戒經

戒經，對應的梵文"Prātimokṣa-sūtra"，音譯為「波羅提木叉修多羅」，意譯為「別解脫經」，即比丘僧團每半月布薩時所誦的「戒本」或「戒經」，也被稱為「戒心」。本書所選用文獻的來源上，有直接從梵、巴原典語言翻譯的，也有從廣律中摘錄攢集的。

（一）法藏部（Dharmaguptaka）

本書使用三個版本：《四分僧戒本》、《四分律比丘戒本》和《新刪定四分僧戒本》。

1.《四分僧戒本》是姚秦佛陀耶舍於長安翻譯《四分律》的同時譯出的（410–412 年間）。[1] 由於種種原因後代律師又作修改，因此流傳下來的又有以下兩個版本。

2.《四分律比丘戒本》是唐朝懷素律師參照《四分律》廣律校訂的版本。[2]

3.《新刪定四分僧戒本》為唐道宣律師於 647 年在終南山，參校三個版本中佛陀耶舍所譯的《四分僧戒本》刪定而成。[3]

1　《出三藏記集》卷 2：「晉安帝時，罽賓三藏法師佛馱耶舍，以姚興弘始中於長安譯出。」《大正藏》55 冊，11 頁中欄。

2　《四分律比丘戒本》：「故今詳撿律本，參驗戒心，依於正文，錄之如左。」《大正藏》22 冊，1015 頁上欄。

3　《新刪定四分僧戒本》：「余以貞觀二十一有年仲冬，於終南山豐德寺刪定戒本。」《卍續藏》39 冊，262 頁中欄。

（二）說一切有部（Sarvāstivāda）

共兩個版本：

1.《十誦比丘波羅提木叉戒本》（簡稱《十誦比丘戒本》）為前秦鳩摩羅什譯，先於廣律譯出（早於 404 年），內容上與《十誦律》廣律內容有一定出入。據考證來源是出自當時的大月氏國。[1]

2. 本書使用的梵文《有部戒經》是選自 2000 年 Georg von Simson 編輯並於德國出版的 *Prātimokṣasūtra der Sarvāstivādins, Teil II Kritische Textausgabe, Übersetzung, Wortindex sowie nachträge zu Teil I* 一書。據作者介紹，這一版本基於 1913 年 M. Louis Finot 整理發表的 "Le Prātimokṣasūtra des Sarvāstivādins Texte Sanskrit" 一文，該文本是出自中亞地區出土的手稿殘片。[2] 雖然 Finot 本人利用另外手稿和其他殘片盡了最大可能修補，但由於文物原件的破損，整理出的戒本同樣是殘缺的（平川彰在《二百五十戒の研究》中，使用的即是這一版[3]）。其後，由於柏林、倫敦、巴黎、聖彼得堡存有的文物中不斷有新的殘片被發現和發表，Georg von Simson 在此基礎上作了整合，於 1986 年先發表了一版，又於 2000 年再次增加了一批新的殘片，出版了此書。[4] 這一版通過大量殘片的內容，重構出幾近完整的一部比丘戒經，此外對 Finot 最初使用的手稿進行更為全面的轉寫。經此努力，就材料的完整性和嚴謹性而言，與最早的 Finot 版相比，已有了較大的提升。

1　羽溪了諦：《西域之佛教》，賀昌群譯，商務印書館 1999 年版，102 頁。

2　Valentina Rosen, *Der Vinayavibhaṅga zum Bhikṣu-prātimokṣa der Sarvāstivaadins: Sanskritfragmentenebst einer Analyse der chinesischen übersetzung*, Berlin, 1959. 據書中介紹，文稿是以婆羅米字體書寫，由此推斷該文獻成稿的時間應該是在公元六世紀以前。

3　平川彰：《二百五十戒の研究 I》，《平川彰著作集》14 卷，15 頁。

4　Ann Heirman, "Book Reviews", *Buddhist Studies Review*, 18-2(2001), p.247.

（三）化地部（Mahīśāsaka）

只有一部《彌沙塞五分戒本》，因內容從《五分律》中摘錄，[1] 所以和廣律中的表述基本一致，成書時間與《五分律》譯出時間相同（424年）[2]。

此外，漢文律藏中還有一個《五分戒本》。根據《彌沙塞五分戒本》結尾的附記交代，[3] 在入藏時發現「彼國、宋兩本」是十誦的戒本，「丹本」才是正確的五分戒本。因此，最終選用「名副其實」的「丹本」（即現在的《彌沙塞五分戒本》內容）入藏。由此推斷這個標有「宋罽賓三藏佛陀什等譯」，又名《彌沙塞戒本》的《五分戒本》，其實就是上述所說「名不副實」的有部十誦的戒本，經過對其中戒條內容的對比也驗證了這一猜想。所以在本書中也就沒有選用這一版本的戒經。但有學者因為誤解文意，而宣稱《彌沙塞五分戒本》是十誦戒本，[4] 這一說法是欠妥的。

（四）飲光部（Kāśyapīya）

只有一部《解脫戒經》，記載為婆羅門瞿曇般若流支於 543 年在鄴受請譯出。[5]

1　《高僧傳》卷 3：「仍於大部抄出戒心及羯磨文等，並行於世。」《大正藏》50 冊，339 頁上欄。

2　《出三藏記集》卷 2：「彌沙塞比丘戒本一卷（與律同時出）。」《大正藏》55 冊，12 頁中欄。

3　《彌沙塞五分戒本》：「按此戒本，國本同於宋本，丹本獨異。如何去取？今以本律撿之，此丹本乃正也。彼國、宋兩本，即此『隨』函中十誦比丘波羅提木叉戒本，鳩摩羅什譯者。錯重寫為五分戒本，而云佛陀什譯。其間雖有小不同處，但是寫筆之錯耳，故今取此丹本入藏。」《大正藏》22 冊，200 頁中欄。

4　勞政武：《佛教戒律學》，宗教文化出版社，1999 年版，138 頁。

5　《解脫戒經》：「大魏武定癸亥之年，在鄴京都，侍中尚書令高澄請為出焉。」《大正藏》24 冊，659 頁上欄。

（五）大眾部（Mahāsaṅghika）

自身的戒本僅有一部《摩訶僧祇律大比丘戒本》（簡稱《僧祇比丘戒本》），題為佛馱跋陀羅譯，應於 418 年前後譯出。

此外，梵文還有從根本大眾部底下分裂出來的說出世部（Lokottaravādin）的戒經，本書選用了 Nathmal Tatia 於 1976 年印度巴特那出版的 *Prātimokṣasūtram of the Lokottaravādimahāsāṅghika School* 一書。文本是基於西藏發現的寫在貝葉上手稿照片而做的轉寫。[1] 文獻中使用的是佛教混合梵語（Buddhist Hybrid Sanskrit），基於語言的相似性，推測文獻內容的形成時間是在公元前一世紀至公元一世紀之間。另外根據頁面上的字跡推斷，文稿可能抄寫於十一世紀波羅王朝下的孟加拉地區，之後被帶入西藏。[2]

（六）根本說一切有部（Mūlasarvāstivāda）

漢、梵、藏不同語言各有一部：

1. 漢文《根本說一切有部戒經》為唐朝義淨所譯，於 710 年在長安譯出。[3]

2. 梵文《根有戒經》選自 *Two Buddhist Vinaya Texts in Sanskrit, Prātimokṣa Sūtra and Bhikṣukarmavākya*，該書由 Anukul Chandra Banerjee 編纂，於 1977 年在印度加爾各答出版。書中的文本最初寫在

1　Nathmal Tatia, *Prātimokṣasūtram of the Lokottaravādimahāsāṅghika School*, Tibetan Sanskrit Works Series, no. 16, p.1.

2　Pachow and Mishra, *Prātimokṣa Article,* p. 248-249.

3　《開元釋教錄》卷 9：「景龍四年於大薦福寺翻經院譯。」《大正藏》55 冊，568 頁上欄。

樺樹皮上，發掘於克什米爾吉爾吉特地區。[1] 原稿使用的是五、六世紀所盛行的笈多體（Gupta），由此推斷成文時間同樣隸屬於這一時期。[2] 該書的作者，最早於 1953 發表過這一戒經的內容，其中參照上述 1913 年 Finot 發表的《有部戒經》和藏文的《根有戒經》（ས་སོར་ཐར་པའི་མདོ）進行修補，此外還借用了巴利文的 Pātimokkha 用以勘定。1977 年再版時，又作了一些微量修改。

3. 藏文《根有戒經》。吐蕃王赤松德贊（742–797 年）執政期間，為興隆佛法，迎請印度班智達、阿闍黎從事佛典由梵譯藏的龐大工程。吐蕃王組織譯場，由印度迦溼彌羅國的姿納迷札（ཛི་ན་མི་ཏྲ）和吐蕃的魯伊堅贊（ཀླུའི་རྒྱལ་མཚན）在吐蕃王組織的譯場，將梵文《根有戒經》（པྲ་ཏི་མོ་ཀྵ་སཱུ）轉譯為藏文《根有戒經》（ས་སོར་ཐར་པའི་མདོ）。本書中所採用的藏文《根有戒經》是收錄在明代麗江版（又稱作理塘版）《甘珠爾》（འཛིན་བཀའ་འགྱུར）之中的版本。

（七）銅鍱部（Theravāda）

巴利《戒經》選自斯里蘭卡比丘 Ñāṇatusita 編纂、注釋，於 2014 年康提出版的 *Analysis of Bhikkhu Pātimokkha* 一書。其中戒本的內容參考了僧伽羅文、緬甸文、泰文等二十多部巴利語的比丘、比丘尼戒本及廣律。在對戒本文字的分析、注釋部分，又參考了大眾部、一切有部、根本說一切有部等梵文、漢文戒經及相關英譯版本。在文獻的選用和比對上，可謂全面。

1　Anukul Chandra Banerjee, "Two Buddhist Vinaya Texts in Sanskrit", *Prātimokṣa Sūtra and Bhikṣukarmavākya*, p.1.

2　Nalinaksha Dutt, *Gilgit Manuscripts*, vol I, preface, and vol. III, pt. II, Introduction.

二、廣律

廣律即「廣毗奈耶」，內容上除了有對比丘、比丘尼戒本中戒條作一一闡釋的部分外，還包括對修法、行儀和日常生活禮儀作規定的犍度（Skandha），以及律典結集、部派分裂等內容。不過本書主要關注其中與比丘戒條直接相關的部分。

漢傳佛教傳統上以「四律五論」作為戒律的根本典籍。這一提法在《大正藏》中最先出現於唐朝。其中的「四律」指的就是最先譯出的四個部派的廣律，分別是《四分律》、《十誦律》、《僧祇律》和《五分律》。由於《根有律》在漢地譯出較晚，所以沒能躋身其中。相比而言，藏傳佛教則使用藏文的根本說一切有部的律典，而南傳一系則使用巴利語銅鍱部的律典。

（一）法藏部《四分律》

法藏部對應的廣律，現今只存有漢譯的《四分律》。「四分」的說法來自律典內容分為「四夾」，也有說是結集的時候分四次誦出。《四分律》是 410 年由來自罽賓的三藏法師佛陀耶舍在長安譯場誦出梵文，涼州沙門竺佛念譯，道含筆受，於 412 年譯就。[1]

1　《出三藏記集》卷 3：「秦弘始十二年歲上章掩茂。右將軍司隸校尉姚爽，於長安中寺集名德沙門五百人，請罽賓三藏佛陀耶舍出律藏，四分四十卷十四年訖。」《大正藏》55 冊，20 頁下欄。

（二）說一切有部《鼻奈耶》

說一切有部的律典有兩部，分別是《鼻奈耶》和《十誦律》。

《鼻奈耶》由前秦的道安請求來自罽賓的耶舍（和上述《四分律》譯者佛陀耶舍並非同一人）誦出，竺佛念翻譯、曇景筆受，於 383 年在長安譯出。最初僅有四卷，後流傳中改成十卷。它是有部廣律中比丘戒部分的簡略譯本，嚴格來講，並不能算作一部完整的廣律。其中主要內容為制戒因緣、戒條和略解等，是傳入中土的第一部律典。根據內容的比對，《鼻奈耶》所依據的廣律版本和現今流傳的《十誦律》版本有別，但同屬說一切有部。

（三）說一切有部《十誦律》

《十誦律》是「四律」中最先譯就的廣律，但翻譯的過程較為曲折，經多位西域沙門前後十餘年的努力，最終得以完整呈現。根據所譯出的篇幅和卷數，可分為三個階段：

1. 由罽賓國來華的高僧弗若多羅背誦，鳩摩羅什翻譯，另有百餘名僧人配合，於 404 年在長安譯出。遺憾的是，弗若多羅僅誦出三分之二的梵文內容，即因病離世，翻譯工作因此被迫中斷。[1]

2. 之後西域僧人曇摩流支攜帶《十誦律》梵本於 406 年來華，與鳩摩羅什一起將剩下的《十誦律》翻譯完成，並作了審訂。但鳩摩羅什對這五十八卷本的《十誦律》文辭不太滿意，未及修訂就逝去。[2]

---

1 《高僧傳》卷 2：「集義學僧數百餘人於長安中寺，延請多羅誦出十誦梵本，羅什譯為晉文，三分獲二，多羅搆疾奄然棄世。」《大正藏》50 冊，333 頁上欄。

2 《高僧傳》卷 2：「流支既得遠書及姚興敦請，乃與什共譯十誦都畢，研詳考覈條制審定。」《大正藏》50 冊，333 頁中欄。

3. 最後於 409 年，來自罽賓的卑摩羅叉於壽春將五十八卷本的《十誦律》改為現在使用的六十一卷。[1]

（四）大眾部《僧祇律》

大眾部則僅有漢譯《摩訶僧祇律》（簡稱《僧祇律》）留存。最初的梵文律本是 404 年左右法顯西行時，在中印度巴連弗城一所大乘寺院獲得。之後回到建業，於 416 年開始與來自天竺的佛馱跋陀羅共同翻譯了這部《僧祇律》，[2] 並在 418 年完成。譯本共有四十卷。

（五）化地部《五分律》

化地部同樣僅有漢譯《彌沙塞部和醯五分律》（簡稱《五分律》）存世。「五分」的說法源於其內容包含五個部分。410 年，法顯回國途經錫蘭（今斯里蘭卡）時取得梵本，但回國後未及翻譯便離世。直到 423 年，罽賓國的佛陀什來到建康，受請與竺道生等人一同翻譯《五分律》，第二年翻譯完成，[3] 共譯出三十四卷。現使用的為開合後三十卷版本。

（六）根本說一切有部《根有律》

根本說一切有部的律藏，由於內容龐雜，體量巨大，所以並不像

1　《高僧傳》卷 2：「凡所出經論三百餘卷，唯十誦一部未及刪煩，存其本旨必無差失。」《大正藏》50 冊，332 頁下欄至 333 頁上欄。

2　《高僧傳》卷 3，《大正藏》50 冊，338 頁中欄。

3　《高僧傳》卷 3：「先沙門法顯，於師子國得《彌沙塞律》梵本，未被翻譯而法顯遷化。京邑諸僧聞什既善此學，於是請令出焉。以其年冬十一月集於龍光寺，譯為三十四卷，稱為《五分律》。」《大正藏》50 冊，339 頁上欄。

其他部派那樣整理分類為一部律典，而是分散在眾多典籍之中。本書主要參考對比丘戒條注釋說明的部分，即《根本說一切有部毗奈耶》（簡稱《根有律》），分別有漢、藏兩個版本。

漢譯本為唐義淨法師西行求學歸國後，於 703 年在長安譯出，沙門波崙、惠表等筆受，共五十卷。[1]

本書所引用藏文《根有律》（འདུལ་བ་རྣམ་པར་འབྱེད་པ།）的，其譯者、翻譯年代與前述藏文《根有戒經》相同，版本來源同樣為麗江版《甘珠爾》。

（七）銅鍱部《巴利律》

本書參考了巴利語原本《巴利律》廣律以及漢譯、英譯兩個譯本的內容。

巴利原文選用印度內觀研究所（Vipassana Research Institute）發布的緬甸第六次三藏（Chaṭṭha Saṅgāyana Tipiṭaka）結集版中律藏（Vinayapiṭaka）經分別（Suttavibhaṅga）部分的內容。

漢譯本為台灣元亨寺於 1990 年，根據日本大正新修大藏經刊行會出版南傳大藏經日譯本的重譯。此外也參考了由 Hermann Oldenberg 整理的巴利語藏經原本，此本由巴利聖典協會（Pali Text Society）於 1881 年出版。[2]

英譯本為 *The Book of the Discipline*（Vinayapiṭakaṁ），譯者為 Horner I. B.。基於的原本同樣是 Hermann Oldenberg 整理的巴利語律藏文本，於 1966 年譯就，最初發布於 *Sacred Books of The Buddhists* 叢書。本書選用經比丘 Sujato 重新整理、SuttaCentral 於 2014 年發表的版本。

---

1 《開元釋教錄》卷 9：「長安三年十月四日於西明寺譯，沙門波崙、惠表等筆受。」《大正藏》55 冊，567 頁下欄至 568 頁上欄。

2 《漢譯南傳大藏經》律藏一，高雄，元亨寺妙林出版社，凡例。

三、律論

律論為後代律師在廣律的基礎上對戒律所作的論釋。

（一）傳統「五論」

傳統「四律五論」中的「五論」，分別如下：

1.《毗尼母經》，譯者不詳，被收錄於「秦錄」中。[1] 在部派的歸屬上，傳統觀點認為此書解釋《十誦律》，隸屬有部；也有根據此書與《四分律》的一些相似之處，認為其屬於法藏部；還有根據書中「此是雪山中五百比丘所集法藏」[2] 一句，認定此書為雪山部所有。因此，在部派問題上，一直沒有定論。[3] 全書共八卷，主要解釋犍度相關的內容，因此本書中引用涉獵的不多。

2.《薩婆多毗尼毗婆沙》（簡稱《薩婆多論》）譯者不詳，收於「秦錄」。[4] 本論以釋一切有部的《十誦律》為宗旨，共九卷。

3.《薩婆多部毗尼摩得勒伽》（簡稱《摩得勒伽》）為注釋《十誦律》的另一部論典，南朝劉宋 435 年由僧伽跋摩譯出，共十卷。

4.《善見律毗婆沙》（簡稱《善見論》）為 489 年蕭齊僧伽跋陀羅

1　《開元釋教錄》卷 13：「其《毗尼母經》。《大周錄》云：『東晉太安年符蘭譯出，法上錄。』謹按帝王代錄，於東晉，無太安年。其太安年乃在西晉惠帝代，其『法上錄』，尋之未獲，年代既錯，未可依憑。又檢文中有翻梵語處皆曰『秦言』，故是秦時譯也。」《大正藏》55 冊，620 頁上欄。

2　《毗尼母經》卷 4，《大正藏》24 冊，819 頁上欄至下欄。

3　平川彰：《律藏研究》，山喜房佛書林刊。

4　《開元釋教錄》卷 13：「失譯（今附秦錄單本）。」《大正藏》55 冊，620 頁上欄。

在廣州竹林寺譯就，共十八卷。[1] 原來認為是注釋法藏部《四分律》的論典，但現代學者經過和巴利文的《一切善見律註》（Samantapāsādikā）比對後推斷，此書是節譯後者而成，但是也受到《四分律》的一定影響（比如書中記載的波逸提僅有九十條，巴利律典為九十二條）[2]。《一切善見律註》為五世紀初，覺音（Buddhaghoṣa）在錫蘭注釋巴利文銅鍱部《律藏》的作品。

5.《律二十二明了論》（簡稱《明了論》）是南朝陳 568 年由來自天竺的三藏法師真諦（俱那羅陀）於廣東阿育王寺譯出，共一卷。[3] 此論原為正量部的弗陀多羅多所造，從宏觀的角度闡明律學的內容框架，「略攝律義」而成文。[4]

（二）南山律疏

本書參考南山律疏代表性著作，包括道宣律師（596–667 年）所著《四分律刪繁補闕行事鈔》、《四分律比丘含注戒本疏》、《四分律刪補隨機羯磨疏》，《四分律比丘尼鈔》、《四分律拾毗尼義鈔》，以及元照律師（1048–1116 年）所著《四分律行事鈔資持記》、《四分律戒本疏行宗記》、《四分律刪補隨機羯磨濟緣記》。

1　《出三藏記集》卷 2：「《善見毗婆沙律》十八卷（或云《毗婆沙律》齊永明七年出）右一部。凡十八卷。齊武帝時，沙門釋僧猗，於廣州竹林寺，請外國法師僧伽跋陀羅譯出。」《大正藏》55 冊，13 頁中欄。

2　高楠順次郎："Pali Elements in Chinese Buddhism", Journal of Royal Asiatic Society of Great Britain and Ireland, 1896.

3　《律二十二明了論》卷 1：「陳光大二年，歲次戊子，正月二十日，都下定林寺律師法泰，於廣州南海郡內，請三藏法師俱那羅陀翻出此論。都下阿育王寺慧愷，謹為筆受。」《大正藏》24 冊，672 頁下欄。

4　《律二十二明了論》卷 1：「此論是佛陀多羅多阿那含法師所造，為憐愍怖畏廣文句人故略攝律義。」《大正藏》24 冊，672 頁下欄。

自唐代以來，中國漢地逐漸形成南山律一枝獨秀的局面，南山律典籍的重要性不言而喻。南山律以《四分律》為宗，實際上又博採諸部、融會貫通。本書對南山律疏的內容雖不一定直接引用，但實質上繼承和發展了其會通諸律的方法，並在重要律學問題上對其結論多有借鑒和改進。

（三）《根有律攝》

《根本薩婆多部律攝》（簡稱《根有律攝》），唐義淨法師於長安譯出，原為印度論師勝友集注。

（四）藏傳《苾芻學處》

本書中所指藏傳《苾芻學處》是法尊法師漢譯的版本。

此書成書的背景是，宗喀巴大師於 1401 年，和他的老師惹達瓦及噶當派大師教卻把讓等三人商討整頓戒規、教風之事。他們以印度德光《戒經》為依據，結合當時當地的具體情形，經過再三斟酌，制訂出一套切實可行的寺規戒條。此後，宗喀巴大師在寺中宣講，由弟子賈曹傑記錄成書，稱為《苾芻學處》。[1] 德光律師為世親菩薩四大弟子之一，深達唯識義，精通律學，盛名流布。由於沿襲德光《戒經》傳承，受唯識思想的影響，藏傳《苾芻學處》的辨相具有強調發起心的明顯特徵。

1　宗喀巴大師：《苾芻學處》，法尊法師譯，載《宗喀巴大師集》第 5 卷，民族出版社，2000年 9 月，4 頁。

（五）巴利律疏

《佛教戒律：波羅提木叉戒譯解》（*The Buddhist Monastic Code: The Pāṭimokkha Rules Translated & Explained*）由譚尼沙羅比丘（Ṭhānissaro）編纂。全書共兩冊，分別介紹戒經和犍度的內容。此書按照動機（intention）、想心（perception）、對象（object）、加行（effort）、究竟（result）等要素，對比丘戒進行了詳細剖析。

《戒律綱要》（*Vinayamukha:The Entrance to the Vinaya*）由泰國僧皇波折羅禪那（金剛智，Somdetch Phra Mahā Samana Chao Krom Phrayā Vajirañāṇavarorasa, 1859−1920）編纂，共三冊。本書所參考的戒本的內容均位於第一冊中。此書是泰國比丘戒的權威性著作，也是泰國比丘戒考試的指定課本。

其他語系佛教律學歷史簡介

一、藏傳佛教

（一）前弘期──佛法傳入與戒律初興

從公元七世紀中葉開始，佛教傳入處於雪域高原的藏地。在此後兩百年的時間裏，蓮花生、無垢友、蓮華戒等大師相繼被迎請入藏，建寺安僧，翻譯經典，使佛法在「苯教」盛行的藏地得到廣泛的弘揚。

第一批藏地本土出家的「七覺士」，在十二名說一切有部比丘的見證下受戒，[1] 意味着佛法正式在這片土地上扎下根來。由於當時吐蕃王朝的支持，本地僧伽隊伍迅速發展到三百多人。同時，藏王又迎請迦溼彌羅國的高僧在桑耶寺講授戒律。桑耶寺也是西藏佛教史上第一座剃度僧人出家的寺院。

來自印度的諸位阿闍梨會同「七覺士」，翻譯了大量根本說一切有部的律典和律論，奠定了藏傳佛教律學的基礎。公元九世紀中葉，德光律師所著的《律經》被翻譯成藏文，對西藏佛教戒律影響深遠。[2] 同時，其唯識思想也被引入，為後世的戒律著作奠定了理論基礎。[3]

公元七世紀中期到公元九世紀中期的兩百年左右是藏傳佛教的「前弘期」。這一時期，諸多譯師在藏王的支持下，開展了大規模的譯經事業，編纂的藏文《大藏經》涵蓋了豐富的顯密佛教經典，也包括部分律藏，根本說一切有部律在這裏得到很好的傳承。

公元九世紀中期，吐蕃王朝隨着朗達瑪的去世而分裂，西藏進入

1　布頓・仁欽珠：《布頓佛教史》，蒲文成譯，甘肅民族出版社，2007 年，118 頁至 119 頁。

2　多羅那他：《印度佛教史》，張建木譯，四川民族出版社，1988 年，137 頁。

3　布頓・仁欽珠：《布頓佛教史》，101 頁。

地方勢力割據時代。朗達瑪發起的「滅佛運動」使吐蕃中心地區的佛教僧團和戒律傳承遭到嚴重破壞。大部分僧人逃亡他處，或被迫還俗。[1] 此後，佛法主要依託家族傳播，世系與法脈合而為一。[2] 因此，這個時期的佛法主要以民間宗教的形式在藏地流傳。

在藏地佛教存亡之際，三名僧人攜帶《毗奈耶經》等律藏經典逃至安多地區，繼續弘揚佛法。此時正值唐代「會昌法難」，很多漢地出家人也逃至安多地區。為了繼續開展傳戒活動，藏僧請來兩名漢地僧人，組成五人僧團如法授戒，使藏傳佛教戒律得以延續。[3] 兩地的僧眾在那裏繼續學習經典、弘揚佛法、傳授戒律，為藏傳佛教復興奠定了基礎。

隨着戒律的不斷傳承，僧侶逐漸增多，不少高僧大德開始傳譯經典、興建寺廟。十世紀左右，藏傳佛教進入「後弘期」，歷久不衰。1042 年，印度高僧阿底峽尊者應邀前往阿里弘法。[4] 他針對西藏當時佛教發展的情況，戒定慧三學並傳，培養了一大批持律大師。尊者主張聲聞七眾律儀與菩薩律儀並行。七眾律儀中，以比丘戒最為殊勝。唯有具足七眾波羅提木叉（別解脫戒），方可進受菩薩戒。

戒律的弘揚是僧團組織建設和發展的保證。在佛教的復興時期，藏地逐漸形成了三大佛教戒律傳承體系：下路弘傳，上路弘傳，以及喀切班欽的戒律傳承系。其中，下路弘傳興起於東部安多地區，以發展僧伽組織和繼承佛教戒律為主。上路弘傳則因迎請阿底峽尊者入藏，興起於西部阿里地區。與下路弘傳相比，上路弘傳由阿里王室倡導，

1　巴卧·祖拉陳瓦：《賢者喜宴·吐蕃史》，黃顥、周潤年譯，青海人民出版社，2017 年，513 頁。

2　沈衛榮、侯浩然：《文本與歷史》，北京大學出版社，2016 年，142 頁至 143 頁。

3　蔡巴·貢嘎多傑：《紅史》，東噶·洛桑赤列校注，陳慶英、周潤年譯，西藏人民出版社，1988 年，37 頁。

4　廓諾·迅魯伯：《青史》，郭和卿譯，華宇出版社，1987 年，52 頁至 53 頁。

戒律嚴格，講究次第，顯密教理較為正統。喀切班欽的戒律傳承[1]則是由喀切班欽主導，他把戒律從克什米爾地區傳到西藏。

密法方面，公元七世紀「三昧耶」戒在藏地開始盛行。隨着密法的發展，到九世紀，「三昧耶」戒傳播日漸廣泛。但由於缺乏自上而下的管理，這個時期的藏傳佛教也缺乏統一標準的戒律，每個密續都有各自的「三昧耶」。[2]

（二）後弘期——戒律的本土發展與改革

隨着「後弘期」寺院的建立，佛教在規範僧團建設方面也亟待形成一個統一的、標準化的戒律體系。這個時期戒律也存在一些問題，僧人在戒條的理解、戒律的傳授、守持方面一直存在分歧。十二世紀時，針對僧人的實際需要，一種將「三昧耶」納入「波羅提木叉」戒律體系的新思潮開始萌芽。

至十二、十三世紀時，薩迦班智達在其著作《三律儀分別》中，對藏傳佛教當時只注重宗派實踐而輕忽戒律的亂象進行了批駁，[3]並融合波羅提木叉、菩薩戒和三昧耶戒，建立新的戒律系統，規範了密法的「三昧耶」戒律系統，對藏傳佛教影響深遠，由此也引發了諸多的爭論。《三律儀分別》中，薩迦班智達駁斥了噶舉、寧瑪、噶當派等教派對別解脫戒、菩薩戒、密乘戒的種種誤解及修行中存在的種種亂象，並且系統闡述了他對三律儀行持的體會。薩迦班智達注重經論及批判的方

1　尕藏加：《世界佛教通史‧中國藏傳佛教（上）》，魏道儒主編，中國社會科學出版社，2015年，203頁至236頁。

2　沈衛榮、侯浩然：《文本與歷史》，150頁至151頁。

3　張煒明、陳兵：《薩班對十二、十三世紀藏傳佛教的批判——〈三律儀辨別論〉評述》，《西南民族大學學報》，2010年第10期，65頁至74頁。

式對藏傳佛教的發展有重大影響，為後來的薩迦和格魯派的諸大師所繼承。

十三、十四世紀，布思端編輯夏魯寺版本的藏文《大藏經》，對藏地文本標準化運動影響至深。

十四世紀中葉，薩迦政權式微，各宗派戒律鬆弛，僧人腐化嚴重，當時的僧人以大乘教自居而無視比丘戒，逐漸引起社會大眾的不滿。宗喀巴大師對當時的亂象心生不忍，努力恢復律制倡導持戒。他提倡聞思修並重的三學體系，並認為三學的根本為戒學，別解脫戒中最微細的戒律都應當遵守，即使修學密乘，也應當使自己的戒行清淨。1388 年，宗喀巴大師改戴黃帽，重整戒規，復興戒律。1396 年，大師宣講比丘戒。1400 年，宣講了《菩薩戒品釋》、《事師五十頌》、《密宗十四根本戒》等戒律著作，並主張無論顯密都必須遵守戒律。[1]

菩薩戒方面，宗大師以《瑜伽師地論》唯識宗的思想為主，參考並引用諸家的經論，將比丘戒和菩薩戒進行了融通，並著有《菩薩戒品釋》。[2]

宗喀巴大師所創立的格魯派的影響力逐漸擴大。十六世紀中期，索南嘉措作為轉世活佛成為格魯派領袖，從此開啟了格魯派的活佛轉世制度。十七世紀初，格魯派獲蒙古大汗的支持開始大規模在蒙古傳播。同時也與清政府建立了良好的關係，並得到清朝歷代皇帝的尊崇，使其政教合一的制度能夠加強和鞏固。藏傳佛教的寺院機構和管理制度進一步完善，僧職制度、堪布制度、寺院教育等也形成自身的特色。僧眾的戒律則推崇說一切有部律，並以格魯派戒律傳承為正統，同時也得到其他宗派的認可。

1　土觀‧羅桑卻吉尼瑪：《土觀宗派源流》，劉立千譯，民族出版社，2000 年，147 頁。
2　張曼濤主編：《西藏佛教（二）──歷史》，大乘文化出版社，1982 年，348 頁至 350 頁。

清規戒律一直是各個僧團有序運轉和健康發展的保障，它是在嚴格遵循律藏的前提下，根據具體情況因地制宜而制定，具有靈活性和可操作性。藏傳佛教的寺院經過漫長的發展，逐步建立了完善的組織機構和管理制度，並設立專門的執法僧官，全面負責寺院規定的落實和糾察工作。

　　發菩提心、行菩薩道是大乘佛法的實踐之道，六度四攝的修行綱領衍生出菩薩萬行。這些在般若的根基之上開顯出的種種方便，其具體的指導即是對菩薩戒的持守。對於出家僧人而言，聲聞乘的別解脫戒是比丘的根本。藏傳佛教顯密共融，別解脫戒、菩薩戒和密乘戒三種戒律的共存和融通成為一個具有實際意義的問題。在藏傳佛教發展的「後弘期」，宗喀巴大師針對當時戒律不振的情況開創了以戒律為基礎的格魯派。其根本的考量即是在顯密圓融的藏傳佛教體系當中，建立以僧團住世之根基所在的別解脫戒為基礎的修行實踐體系。這也論證了大小乘戒律在實踐上並不矛盾，菩薩三聚淨戒的持守要以別解脫戒為前提，進而才能成就大乘的利他成佛之道。

二、南傳佛教

就部派傳承而言，印度史學家認為以斯里蘭卡為主的南傳上座部佛教屬於上座部分別說系。另外，傳入中國的《善見律毗婆沙》中的戒本與《四分戒本》極為相似，曾一度被認為是《四分律》的律論，可見南傳上座部學說與法藏部關係非常密切，在學界中也有觀點認為南傳上座部屬於法藏部的南系。

（一）大寺派戒律傳統在斯里蘭卡的建立

公元前三世紀中葉，阿育王派遣了九個使團外出弘法，其中第九個使團在摩哂陀長老的帶領下來到斯里蘭卡（舊稱錫蘭，中國古代稱之為獅子國），並在斯里蘭卡國王的支持下為五十五名貴族青年傳戒，由此組成了斯里蘭卡最早的僧團，國王為其建造「大寺」供其居住。[1] 其後，又有僧伽蜜多長老尼來斯里蘭卡建立了比丘尼僧團。[2] 至此，戒律傳播的兩個要素——僧團與律典已經具備。由於此部派建立的最初寺院是「大寺」，因此摩哂陀長老所傳的這一派系也被後人稱為「大寺派」。為了將巴利三藏的內容固定下來，避免在傳承中產生混淆，摩哂陀長老主持了斯里蘭卡歷史上的第一次結集，這次結集確定了巴利三藏的內容，並以口口相傳的方式傳承下來。兩百年之後的公元前一世紀，由於斯里蘭卡發生內亂，羅揭多長老主持結集巴利三藏，將原本靠記憶傳承的巴利三藏通過文字的形式記錄下來，避免因內亂而導致三藏

1　《島王統史》卷 14，《漢譯南傳大藏經》65 冊，90 頁至 91 頁。
2　《島王統史》卷 16，《漢譯南傳大藏經》65 冊，109 頁。

傳承斷絕。巴利三藏由此定型，並為之後的南傳佛教傳播打下了堅實的基礎。[1]

公元五世紀，覺音尊者在大寺著《清淨道論》，並將歷代法師撰寫的僧伽羅文注疏翻譯為巴利語，同時按照大寺派的觀點加以整理與注釋，又將專門注釋《巴利律》的《善見律毗婆沙》編入到巴利三藏之中。[2]論典的整理與譯注充實了斯里蘭卡的佛教理論，也奠定了大寺派在佛教義理與戒律方面的權威地位。

除了大寺派戒律傳統，斯里蘭卡也曾出現過聲聞乘、大乘和密乘三乘佛教多部律典並存的局面。聲聞律方面，公元五世紀時已經有不同部派的律典傳入斯里蘭卡，法顯大師就曾經從斯里蘭卡取回化地部的廣律——《五分律》。[3] 由此可知，斯里蘭卡的聲聞律典也不總是只有銅牒部一家。

從公元一世紀開始，大乘佛教在南印度地區蓬勃發展。斯里蘭卡受其影響很深，有一部分信仰大乘佛教的比丘從大寺派分裂出來，形成了無畏山寺派。到公元四世紀初，從無畏山寺又分裂出一個派別——信仰大乘中觀的祇多林寺派。由此，斯里蘭卡佛教形成了大寺派、無畏山寺派與祇多林寺派三足鼎立的局面。其中，無畏山寺派與祇多林寺派都深受大乘佛教思想的影響，而大寺派仍然堅守上座部佛教的傳承。隨着大乘佛法的傳播，大乘戒律在斯里蘭卡也有所發展。如公元

1　鄭筱筠：《世界佛教通史・斯里蘭卡與東南亞佛教》，魏道儒主編，中國社會科學出版社，2015 年，15 頁至 16 頁。

2　《小王統史》卷 1：「彼簡約包括三藏與義解造論名為《清淨道論》……其時所有譯成錫蘭語之義解，為一切人之根本言語摩羯陀語。（二四四）在生類所有言語中，如此〔語〕持來利益，所有之長老阿闍梨而見為如聖典。」《漢譯南傳大藏經》66 冊，13 頁至 14 頁。

3　《高僧法顯傳》：「西南行得冬初信風晝夜十四日到師子國……法顯住此國二年。更求得彌沙塞律藏本，得長阿含、雜阿含，復得一部雜藏。此悉漢土所無者。」《大正藏》51 冊，864 頁下欄至 865 頁上欄。

七世紀斯里蘭卡進獻給唐朝的《大乘本生心地觀經》中，就有提倡持守菩薩戒的記載。

密教經典與儀軌在斯里蘭卡也有過傳播。如開元三大士之一的不空三藏，就是在獅子國（斯里蘭卡）從普賢阿闍梨學習「金剛頂瑜伽」並受五部灌頂，隨後蒐集到的「真言教」及其他經典達五百多部。[1] 由此可知，在公元八世紀時密教在斯里蘭卡就有所發展。

最終，在外部力量的推動下，大寺派成為斯里蘭卡佛教的主流。1164 年，斯里蘭卡國王波羅迦羅摩巴忽（Parakramabahu I，1153–1186）召集各地長老開會，整頓律儀，將其他派別的佛教團體取締，並入大寺派，結束了斯里蘭卡佛教從公元一世紀以來的分裂局面。[2] 在隨後的幾百年的時間裏，在歷代國王的倡導下，斯里蘭卡又進行了多次的僧團戒律整頓。例如在 1266 年，再次舉行僧團會議，整頓律儀，一方面制定了著名的《檀巴德尼戒律》來規範比丘的行為，另一方面還驅逐了許多行為不端的比丘。另外在 1369 年、1396 年、1460 年和 1764 年，斯里蘭卡也都進行了一定程度的僧團整頓，同時頒布新的僧團規範。[3]

（二）大寺派戒律傳統向其他國家的傳播

十二到十四世紀之間，斯里蘭卡上座部佛教在東南半島得到了廣泛的傳播，陸續傳入到緬甸、柬埔寨、泰國、老撾四國，形成了相互

---

1 《宋高僧傳》卷 1：「空始見普賢阿闍梨，遂奉獻金寶錦繡之屬，請開十八會金剛頂瑜伽法門毗盧遮那大悲胎藏建立壇法。並許含光慧辯等，同受五部灌頂。空自爾學無常師，廣求密藏，及諸經論五百餘部，本三昧耶。」《大正藏》50 冊，712 頁下欄。
2 《世界佛教通史·斯里蘭卡與東南亞佛教》，38 頁至 39 頁。
3 《世界佛教通史·斯里蘭卡與東南亞佛教》，39 頁至 42 頁。

支持、彼此互補的大寺派上座部佛教戒律圈。

在緬甸，最早在公元前三世紀就有從印度傳來的上座部佛教，隨後又先後傳入大乘和密乘佛教。到十一世紀中期，緬甸國王阿奴律陀實行宗教改革，打破原有的上座部佛教、大乘佛教、密教和婆羅門教，以及本土宗教多元宗教並存的格局，獨尊上座部佛教，並從斯里蘭卡取來完整的巴利文三藏。在阿奴律陀的支持和孟族高僧的促進下，上座部佛教成為主流。但此時的上座部佛教並非純粹的斯里蘭卡大寺派，而是並存着緬甸系和斯里蘭卡系兩個派別的上座部佛教。

國師孟族高僧圓寂後，緬甸由深受斯里蘭卡佛教影響的班達古長老及烏多羅耆婆長老先後擔任國師。在他們的推動之下，按照斯里蘭卡大寺派的傳統重新進行傳戒。至此，斯里蘭卡派上座部佛教才一家獨大，真正地成為了緬甸的國教。[1]

在柬埔寨，早期宗教信仰以婆羅門教為主，大乘佛教與小乘佛教並存。公元九到十二世紀，柬埔寨進入吳哥王朝時期，這一王朝也是柬埔寨最為繁榮的時期，各個宗教都得到很大的發展，南傳上座部佛教也開始傳入，並深入民間，為百姓所尊奉。公元十三世紀初，斯里蘭卡高僧羅睺羅來到由柬埔寨佔領的洛坤地區，使得該地區的上座部佛教完全實現了斯里蘭卡化，遵從大寺派的法統。因此，斯里蘭卡派上座部佛教傳入柬埔寨後，逐漸為廣大的民間百姓所信仰，並與原有的大乘佛教和婆羅門教一同構成柬埔寨的多元宗教格局。[2]

到了十三世紀末，上座部佛教的信仰已經深入上層社會，在宮廷中佔主導地位，從而成為柬埔寨國教。1296 年，中國元朝使者周達觀到訪柬埔寨，在其所著的《真臘風土記》中記載了當時僧團的情況：「苧

1　《世界佛教通史·斯里蘭卡與東南亞佛教》，90 頁至 91 頁。

2　《世界佛教通史·斯里蘭卡與東南亞佛教》，293 頁。

姑[1] 削髮穿黃，偏袒右肩，其下則繫黃布裙，跣足。」「僧皆茹魚肉，惟不飲酒。供佛亦有魚肉。每日一齋，皆取辦於齋主之家，寺中不設廚灶。」「俗之小兒入學者，皆先就僧家教習，暨長而還俗。」[2] 從中可以看出，南傳佛教信仰已經佔據主導地位。

在泰國，早在公元三世紀初，印度佛教就開始傳入。公元十三世紀，泰人統一了全國，建立素可泰王朝。南傳上座部佛教也隨之傳入泰國，並與當地婆羅門教、精靈崇拜、祖先崇拜共存發展。此時上座部佛教與大乘佛教各有傳播。到了十三世紀末，素可泰王朝的第三位君王坤蘭甘亨（1277–1317）即位後，從柬埔寨奪回了洛坤地區，並從斯里蘭卡迎請大寺派僧侶弘揚佛法，確立了斯里蘭卡大寺派的主導地位。[3]

在老撾，1353 年，法昂王建立了歷史上第一個統一王朝——瀾滄王國，並派遣使者前往柬埔寨迎請高僧來國內弘法，斯里蘭卡上座部佛教由此傳入老撾並逐步成為國教。[4]

大寺派戒律圈的形成，對於南傳上座部佛教傳承的保持、戒律的純潔乃至東南半島部分國家佛教的恢復都有着重要的作用和意義。例如十五世紀中葉，緬甸上座部佛教的發展出現危機，部派之間的對立和紛爭愈演愈烈。1475 年，緬甸國王達磨悉提選派四十四名僧人和兩位使臣前往斯里蘭卡求法。四十四名僧人在斯里蘭卡重新受戒後返回緬甸，依照斯里蘭卡大寺派佛教傳承進行傳戒，逐漸改革和淨化佛教僧團，結束了長久以來的部派之爭，使緬甸佛教界共同遵從斯里蘭卡

1　芻姑：巴利文 "bhikkhu" 的音譯，意為比丘、乞士。

2　黃南津、周潔編：《東南亞古國資料校勘及研究》，中國社會科學出版社，2011 年版，337 頁。

3　《世界佛教通史‧斯里蘭卡與東南亞佛教》，293 頁至 294 頁。

4　《世界佛教通史‧斯里蘭卡與東南亞佛教》，316 頁至 317 頁。

大寺派上座部佛教傳統。[1]又如十六世紀末期，斯里蘭卡的佛教受到很大的破壞，為了復興佛教，國王維摩羅達磨蘇里耶先後兩次迎請緬甸佛教長老前來弘法，後來室利維闍耶羅闍辛哈王又從緬甸和泰國迎請佛法，才使得斯里蘭卡的上座部佛教得以復興。由此可見，東南半島某個國家的佛教遇到危機乃至遭受滅法，仍然能夠依靠其他國家的幫助來恢復。[2]

（三）南傳上座部戒律的特點

首先，南傳上座部佛教具有較為保守的持戒風格。大迦葉尊者在第一次結集時的規定：「若佛先所不制，今不應制；佛先所制，今不應卻。應隨佛所制而學」，在這裏得到了比較好的遵守。廣泛流傳的《彌蘭王問經》就認為：世尊允許後世僧團捨棄小小戒就等同於轉輪王允許自己的孩子將來放棄自己國家的邊疆城池那樣荒謬，事實上世尊只是借此試探後世佛弟子，而並非真的同意僧團捨棄小小戒。[3]他們認為，為了修行解脫，一個修行人甚至不惜再多受持一百五十學處，如何會放棄佛陀已經制定的學處呢？這一問答很能代表上座部對待「小小戒可捨」的態度。

這樣的戒律觀深刻地影響了南傳比丘日常的行持。一方面，在一些南傳佛教國家，比丘仍堅持沿門托鉢，過午不食，最大限度地保持

1　《世界佛教通史・斯里蘭卡與東南亞佛教》，116 頁至 117 頁。

2　《世界佛教通史・斯里蘭卡與東南亞佛教》，41 頁。

3　《彌蘭王問經》卷 11：「尊者那先，依世尊如是説：『諸比丘，我證知而説法，不證知而不説。』然，又對律之制定，如是言：『阿難，我死後，僧伽若欲者，可廢棄小、隨小之學處。』尊者那先，世尊自己死後，令廢棄小、隨小之學處，小、隨小之學處被惡制定耶？或又對無根據，不知〔事實〕而制定耶？」《漢譯南傳大藏經》63 冊，233 頁。

着佛世比丘的生活方式。另一方面，對經典原文的理解不同，導致了因為一些戒律細節而不斷分派。例如在 1708 年，緬甸的僧團因為三衣披覆方式產生分歧，分成偏袒派和被覆派。兩派之間相互爭論長達七十五年，歷經兩個王朝，最後於 1783 年在國王的強力干預下才終止這一爭論。[1] 即使在現在，不同國家內部仍然存在着多個派別：如斯里蘭卡的佛教分為暹羅派、緬族派和孟族派三個派別，不同派別之間可以共同居住，但不共同誦戒；[2] 在泰國和柬埔寨，佛教分為持戒精嚴的法宗派和持戒相對寬鬆的大宗派；在緬甸，佛教則分為善法派、瑞景派和達婆羅派三個派別，其中對戒律要求相對寬鬆的善法派僧人可以接受信徒的金錢供養、可以抽煙及觀看戲劇；要求最嚴的達婆羅派則禁止僧人乘車，穿較高檔的衣服，甚至不允許與其他派別的僧人來往。[3]

其次，戒律行持和禪修實踐緊密結合。南傳上座部佛教有着完備的禪修理論，能夠將持戒與禪修實踐緊密地結合起來。如優波底沙尊者所造的《解脫道論》，以及覺音尊者所造的《清淨道論》，都從戒定慧三學的角度很好地闡述了戒律對於修行的作用。在現代，仍然有不少道場保持着很傳統的禪修方式，在這些道場中，戒律的行持是禪修必備的基礎。

最後，除了泰國之外，南傳佛教各個國家均遭受過外敵入侵及殖民統治。每一次佛教的復興都依靠了從其他南傳佛教國家重新引進僧團的方式，從而在相當程度上保證了教理的繼承和實踐上的延續。

1　《世界佛教通史‧斯里蘭卡與東南亞佛教》，128 頁至 133 頁。
2　《世界佛教通史‧斯里蘭卡與東南亞佛教》，47 頁。
3　《世界佛教通史‧斯里蘭卡與東南亞佛教》，168 頁。

（四）戒律發展的影響因素

今天的南傳佛教戒律，較好地保持了佛教初傳斯里蘭卡時的面貌。除了戒律自身的特點之外，這種情況還與相關國家的文化、地理和社會政治等因素有關。

首先，在佛教傳入時，東南亞各國尚未形成佔統治地位的主流文化。當時的文化主要是婆羅門教信仰，以及一些萬物有靈的神靈崇拜。佛教一經傳入，就很快成為該地區的主流文化，受到國王及民眾的擁護和歡迎，各項弘法事業也得以順利開展。

其次，南傳佛教國家的氣候條件與印度相似，主要屬於熱帶季風氣候，全年平均氣溫攝氏二十七度左右。地理與氣候的相似性，使得比丘日常生活與戒律的行持並不需要經歷太大的調適。

第三，南傳佛教國家幾乎都是全民信教的地區，佛教得到了國王及政府的大力扶持。國家與佛教的關係密切，政府的一些重大事件要徵求僧團的意見，佛教則依賴政府的保護，如有比丘毀犯淨戒，失去比丘身分，會依靠政府的力量來執行。佛教的一些重要節日如衛塞節、迦絺那衣法會等都成為了全國性的節日。

在緬甸和泰國，信奉佛教的男子至少有一次出家的經歷，出家時間長短不限，可以幾天或一年，甚至終生為僧。例如，緬甸的佛教在公元七世紀左右就已經呈現出全民信仰的繁榮局面。如《新唐書》記載，當時的驃國「喜佛法，有百寺」，且每位男子在年幼時至少出家一次：「民七歲祝髮止寺，至二十有不達其法，復為民」。[1] 全民的信教、政府的支持在為出家僧侶提供良好持戒環境的同時，也起到了一定的監督作用。

1　《新唐書》卷 222 下，中華書局 1975 年版，6308 頁。

第三節

研究方法

一、無常觀

在佛教內部，由於對經典神聖性的強調和文獻學知識的缺乏，很多人都認為佛教經典內容都是佛陀親口所宣，被記錄下來後流傳千年至今。因為經典內容都是佛語，故經典的文本也被認為不可變更。然而這種觀點和認知並不符合史實。雖然教法和思想的源流都來自佛陀，但是佛教經典並不是一成不變的，而是經歷了生成、傳播、發展和變化。以律典為例，從最初不成文的行為規範，到後來佛陀制定強制性的學處，進而形成誦戒所用的戒本，佛滅度後經由結集形成最初的律典原型，又經歷部派律學各自闡揚和發展，最後傳到漢地還通過翻譯而成今天所見的律典。在形成和傳播的整個過程中，有多種因素影響和促成了律典文本的演化和變異。

下文將從律典的生成和傳承兩個角度，來敘述律典文本的形成和變化的過程。可以看到，律典文本遵循因緣所生和無常變化的法則，其形成和變更都受到所處時代思想文化的影響。作為比丘行持標準的律典文本，和不斷變遷的時空因緣之間，也始終存在着一種張力推動着律學不斷發展。

律典受時空因緣的影響而發展變化，是本書的基本認識，也構成了本書研究方法論的基礎，這裏稱之為「無常觀」。具體而言，現有的律典都是歷史的產物，保留了歷史變遷過程中的種種痕迹。通過對律典自身變化的研究，以及對不同部派律典之間的對比研究，可以更全面把握戒律的原貌，了解律學思想和實踐的發展過程。律典文本在流傳的過程中產生的變化也不一定都是有害的失真，很多變化本身也是記錄了前人在面對時代因緣時所作的調整。研究這些變化，從中可以學習相關經驗，來應對這個時代新的挑戰。

認識到律典文本的無常性，是把握其「常」之內涵的前提。一切有為法皆是因緣和合所生，有生滅之相，戒律也是如此。戒律由佛陀觀待因緣而制，因緣隨時空而不斷變化，那麼對戒律的理解和實踐也應當隨之調整。若一味固守律典文本之常、所詮戒相之常，即是認識不到有為法生滅變化的法則，也就是執無常為常。如此則無法看到戒律變化背後的本質；而體會到無常背後的「常」，才能傳承戒律一以貫之的真精神。

（一）律典的形成

1. 戒本的形成

（1）制戒緣起與原則

《四分律》記載：「眾經億百千，戒為第一最。」[1] 戒律與佛法的住世有着直接的關係。《善見論》記載：「毗尼藏者，是佛法壽，毗尼藏住，佛法亦住。」[2]《四分律》記載，舍利弗祈請佛陀開示如何才能夠讓教法得以久住世間。佛陀回答說，過去毗婆尸佛、式佛、拘留孫佛、迦葉佛，皆為其弟子廣宣十二部經法，結戒、說戒，所以佛法能夠久住世間；隨葉佛、拘那含牟尼佛沒有為弟子廣說經法，不結戒、不說戒，所以佛法不能久住世間。[3] 這個故事在其他廣律中也有相似記載，可見戒

1　《四分律》卷1，《大正藏》22冊，567頁下欄。

2　《善見論》卷1，《大正藏》24冊，674頁下欄至675頁上欄。

3　《四分律》卷1：「佛告舍利弗：『毗婆尸佛、式佛、拘留孫佛、迦葉佛，此諸佛修梵行法得久住。隨葉佛、拘那含牟尼佛，法不久住。』舍利弗白佛言：『以何因緣毗婆尸佛、式佛、拘留孫佛、迦葉佛，修梵行法得久住？以何因緣故隨葉佛、拘那含牟尼佛，修梵行法不得久住耶？』佛告舍利弗：『拘那含牟尼佛、隨葉佛，不廣為諸弟子說法。契經、祇夜經、授記經、偈經、句經、因緣經、本生經、善道經、方等經、未曾有經、譬喻經、優波提舍經，不為人廣說契經乃至優波提舍經，不結戒亦不說戒，故諸弟子疲厭，是以法不久住。』」《大正藏》22冊，569頁上欄至下欄。

律對個人修行解脫及正法久住都有不可替代的作用。然而，當舍利弗請佛制戒時，佛陀卻拒絕了這樣的請求，因為此時比丘中未有犯戒者；而只有在比丘的行為有所缺失，妨礙其修行時，佛陀才會制戒。[1] 因此，佛陀當時並沒有制定任何成文的戒條，僅僅在一些威儀上對弟子有一些不成文的規定。如《根有律雜事》中，佛陀僅為最初的五比丘宣說了一些諸如「齊整著裙」、「齊整披三衣」的要求。[2] 後須提那子與出家前的妻子犯不淨行，佛陀才制定第一條戒——「大淫戒」。對於佛陀最初制戒的時間，諸律記載不同，《僧祇律》記載為佛陀成道後第五年，[3] 而《根有律》記載佛陀到第十三年才制「大淫戒」。[4]

佛陀隨順緣起，針對弟子所出現的各種問題而制戒。佛陀制戒時的出發點和考量，在佛陀自己敘述的「制戒十利」中有精要的總結。《四分律》記載的「制戒十利」為：「一、攝取於僧，二、令僧歡喜，三、令僧安樂，四、令未信者信，五、已信者令增長，六、難調者令調順，七、慚愧者得安樂，八、斷現在有漏，九、斷未來有漏，十、

1　《四分律》卷 1：「爾時舍利弗從坐而起，偏露右臂、右膝著地，合掌白佛言：『世尊！今正是時，唯願大聖與諸比丘結戒說戒，使修梵行法得久住。』佛告舍利弗：『且止！佛自知時。舍利弗！如來未為諸比丘結戒。何以故？比丘中未有犯有漏法。若有犯有漏法者，然後世尊為諸比丘結戒，斷彼有漏法故。』」《大正藏》22 冊，569 頁下欄。

2　《根有律雜事》卷 40，《大正藏》24 冊，407 頁下欄至 408 頁上欄。

3　《僧祇律》卷 2：「世尊於毗舍離城成佛五年冬分第五半月十二日中食後，東向坐一人半影為長老耶舍迦蘭陀子制此戒。已制當隨順行，是名隨順法。」《大正藏》22 冊，238 頁上欄。

4　《根有律》卷 1：「爾時薄伽梵，從初證覺於十二年中，諸聲聞弟子無有過失，未生瘡疱。……至十三年，在佛栗氏國，時羯闌鐸迦村，羯闌鐸迦子名蘇陣那……」《大正藏》23 冊，628 頁上欄。

正法得久住。」[1]《五分律》[2]、《十誦律》[3]、《僧祇律》[4] 以及《根有律》[5] 中均有「制戒十利」的相關記載。由此可以了解佛陀制戒的意趣主要是，一方面通過戒律規範比丘的行為，使僧眾和合安樂，道業增長，另一方面避免比丘和僧團受到外界譏嫌、增長俗眾信心，達到正法久住的目的。

（2）制戒依據與背景

從律典記載的公案可以看出，佛陀會依據時空因緣，在恰當的時機下制定戒律，其制戒依據大致可以分成以下幾類。

第一，防止比丘造作惡法，障礙自身修行解脫或對眾生造成傷害。這是佛陀制戒最重要的依據，四波羅夷、「打比丘戒」、「行罵戒」、「斷畜生命戒」等等都是為了防止此類行為的發生而制定。比丘

---

1 《四分律》卷 1：「自今已去，與諸比丘結戒，集十句義：一、攝取於僧，二、令僧歡喜，三、令僧安樂，四、令未信者信，五、已信者令增長，六、難調者令調順，七、慚愧者得安樂，八、斷現在有漏，九、斷未來有漏，十、正法得久住。」《大正藏》22 冊，570 頁下欄。

2 《五分律》卷 1：「以十利故為諸比丘結戒。何等為十？所謂：僧和合故、攝僧故、調伏惡人故、慚愧者得安樂故、斷現世漏故、滅後世漏故、令未信者信故、已信者令增廣故、法久住故、分別毗尼梵行久住故。」《大正藏》22 冊，3 頁中欄至下欄。

3 《十誦律》卷 1：「佛如是種種因緣呵已，語諸比丘：『以十利故為諸比丘結戒：攝僧故、極好攝故、僧安樂住故、折伏高心人故、有慚愧者得安樂故、不信者得淨信故、已信者增長信故、遮今世惱漏故、斷後世惡故、梵行久住故。』」《大正藏》23 冊，1 頁下欄。

4 《僧祇律》卷 1：「佛告舍利弗：『有十事利益故，諸佛如來為諸弟子制戒、立說波羅提木叉法。何等十？一者攝僧故；二者極攝僧故；三者令僧安樂故；四者折伏無羞人故；五者有慚愧人得安隱住故；六者不信者令得信故；七者已信者增益信故；八者於現法中得漏盡故；九者未生諸漏令不生故；十者正法得久住。」《大正藏》22 冊，228 頁下欄。

5 《根有律》卷 1：「由此因緣我觀十利，為聲聞弟子於毗奈耶制其學處。云何為十？一、攝取於僧故；二、令僧歡喜故；三、令僧樂住故；四、降伏破戒故；五、慚者得安故；六、不信令信故；七、信者增長故；八、斷現在有漏故；九、斷未來有漏故；十、令梵行得久住故。」《大正藏》23 冊，629 頁中欄。

持淨戒可以得人天善果，[1] 但佛陀只是將此作為接引的方便，[2] 更重要是策發比丘生起出離心，使其認識到「苦集滅道」的真諦。[3] 實際上，持戒對於修行來說不可或缺，比丘由於持戒才能生定發慧，並最終證得解脫。《善見論》記載：「得道果者，戒定慧力也。」[4]《根有律雜事》記載：「此戒定慧，由習戒故定便久住，善修定故淨慧得生，由有慧故於欲瞋癡而得解脫。」[5]

第二，比丘的相關行為引起國王、大臣、居士，乃至於其他比丘譏嫌，佛陀根據實際情況制定相應的戒條。如《四分律》中，六群比丘到軍中觀看軍隊，國王譏嫌，佛陀知道後即制定「觀軍戒」；尊者闡陀在優填王的支持下砍伐城中神樹建造房屋，受到居士譏嫌，佛陀因而制定了「有主房戒」；六群比丘不與欲即離開羯磨現場，影響到整個僧團羯磨的進行，僧眾譏嫌，佛陀因而制「不與欲戒」。

第三，比丘的行為違反了當地的宗教、文化以及社會習俗觀念而引發外部譏嫌；佛陀制戒時，吸收社會觀念中合理的成分，對於不合理的部分進行微調。例如在「掘地戒」中，白衣譏嫌比丘掘地傷害了土地的生命。在當時婆羅門教認為大地是神明，對大地持敬畏的態度，對耕田墾地的行為則極為厭棄；耆那教也認為土地是有觸覺的生命。

1　《四分僧戒本》：「欲得生天上，若生人間者，常當護戒足，勿令有毀損。」《大正藏》22 冊，1023 頁中欄。

2　印度自古即有生天的思想，認為現世積善業、福德，死後即能生於梵天。《大智度論》記載：「佛在天竺國，天竺國常多婆羅門，婆羅門法，所有福德盡願生梵天。」《大正藏》25 冊，211 頁中欄。

3　如《巴利律》中，佛陀先對居士宣說施論、戒論、生天論，接著又說諸欲的過患與出離的功德，當他們生起「堪任心、柔軟心、離障心、歡喜心與明淨心」之後，再為他們開示「諸佛本真說法：苦、集、滅、道」。《犍度》卷 1，《漢譯南傳大藏經》3 冊，22 頁。《四分律》中也有相似記載，卷 33：「世尊即聽，漸次為說勝法。所謂法者，布施、持戒、生天之法，呵欲不淨、讚歎出離為樂。」《大正藏》22 冊，797 頁上欄。

4　《善見論》卷 1，《大正藏》24 冊，677 頁上欄。

5　《根有律雜事》卷 36，《大正藏》24 冊，389 頁上欄。

當時的民眾受這些觀念影響很深。佛教對此的看法有所不同，認為土地並沒生命。[1] 但是為了尊重社會共許的觀念，佛陀制定了「掘地戒」。與此相似，佛陀制「壞生種戒」的原因，是比丘砍伐樹木被民眾認為是殺生害命的行為。這種觀念也源於婆羅門教，他們認為芽生植物屬能夠感知喜怒等情緒的生命。佛陀雖不認同這種觀點，但是認為比丘應該敬畏可能寓居在樹上的神靈，不可隨便砍伐樹木。樹神屬於化生有情，而佛陀教義中「胎卵濕化」的有情觀，可能對婆羅門「胎卵濕芽」的有情觀也有合理的借用。[2] 與外道思想相似而又加以微小變化的情形，在佛教的五戒中也有體現。[3] 其中，四根本戒幾乎是各宗教的共識，此外佛教有「飲酒戒」，婆羅門教是「調伏諸根」[4]，耆那教是「無所有」[5]。佛陀對比丘衣食住行的某些規定，與婆羅門或其他宗教也有一定的相似性。如在「非時食戒」中，白衣譏嫌比丘：「餘沙門、婆羅門一食便足，汝今云何食無晝夜？」[6] 可以看到，古印度沙門[7] 以及婆羅門等修行人同樣過午不食，佛制此戒與當時的修行團體中這一共許的習慣有很大關

1　《僧祇律》卷 19：「佛語比丘：『此中雖無命根，出家之人所不應作，當少事少務，莫為世人所譏，失他善福。從今日後不得自手掘地。』」《大正藏》22 冊，384 頁下欄。

2　高楠順次郎、木村泰賢著：《印度哲學宗教史》，台灣商務印書館，2017 年，302 至 303 頁。

3　Hermann Jacobi, *Jaina Sūtras I & II,* (Delhi, 1989), p. xxiv，也可參考中村元《十善の成立》，他指出佛教的五戒可能是承襲自婆羅門教和耆那教所標榜的五大誓戒的內容而來。中村元：《十善の成立》，載《印度學佛教學研究》19 卷 2 號，1972 年，499 頁。

4　《摩奴法論》：「不殺生（Ahiṃsā）、不妄語（Satyam）、不偷盜（Asteyaṃ）、清淨無垢（Śaucam，指節欲）和調伏諸根（Indriyanigrahaḥ），摩奴說這是四種姓的總法。」蔣忠新譯，中國社會科學出版社 2007 年 8 月，213 頁。

5　Hermann Jacobi, *Jaina Sūtras I & II,* (Delhi, 1989), p. xxiii。耆那教五大誓（Mahavrata）：1. 不殺（Ahiṃsā）；2. 不妄語（Sūnṛtā）；3. 不盜（Asteya）；4. 梵行（Brahma-carya，即獨身不淫）；5. 無所有（Aparigraha）。

6　《五分律》卷 8，《大正藏》22 冊，54 頁上欄。

7　「沙門」梵文 Śramaṇa，是對非婆羅門教的宗教教派和思想流派的總稱，佛教也屬於沙門。

係。而佛教的半月布薩[1]、三月安居[2]等制度也都是借鑒於外道，只是其內涵已經發生了很大的改變。

　　另外，佛陀制戒的背景與古印度的誓言文化有關。人們宣揚守護誓言的功德，對於違背誓言的行為則認為會帶來不好的果報。在古印度史詩《摩訶婆羅多》中，就有大量對守護誓言者的讚歎[3]和違背誓言而下地獄的記載[4]。在這種文化觀念下，當時的人們普遍遵守自身所發誓言或集體的共約。如律典記載，白衣在集會或者迎接佛陀時共同立下協議，若不履行者則會被罰錢。[5]可見，在當時誓言是約束個體行為、保證個體履行團體職責的一種有效方式。而佛陀制定的戒律，也可能與印度這種誓言文化有關係。因為比丘發誓遵守戒律在某種程度上就如同向佛陀作出承諾一樣，這種信守奉持的信念對比丘思想行為會產生強而有力的影響。比丘對戒律的敬畏之心，正是源於這種對誓言的真誠守護。然而，戒律遠非誓言那麼形式單一且不可更改，制戒的目的也絕非以誓言來禁錮人心，它更強調回歸佛法慈悲與智慧的本懷，幫助比丘在具體的情境中能夠妥善抉擇自己的行為。如在律中，佛陀制戒的同時有各種開緣，更希望比丘用智慧根據因緣抉擇和取捨。可

1　《十誦律》卷 22：「佛在王舍城，是時世尊未聽諸比丘布薩、未聽布薩羯磨、未聽說波羅提木叉、未聽會坐。爾時異道梵志問諸比丘：『汝有布薩、布薩羯磨、說波羅提木叉、會坐不？』答言：『不作。』異道梵志嫉妒譏嫌責數言：『餘沙門、婆羅門，尚有布薩、布薩羯磨、說波羅提木叉、會坐。汝諸沙門釋子自稱：「善好有德。」而不作布薩、布薩羯磨、說波羅提木叉、會坐。』」《大正藏》23 冊，158 頁上欄。

2　《四分律》卷 37：「時諸居士見，皆共譏嫌：『……諸外道法尚三月安居，此諸釋子而於一切時春、夏、冬人間遊行。天暴雨水大漲，漂失衣、鉢、坐具、針筒，蹈殺生草木，斷他命根。』」《大正藏》22 冊，830 頁中欄。

3　「優涅那羅之子尸毗王恪守誓言，布施自己的肉體，到達善人的世界，在天國享受快樂。」《摩訶婆羅多》6 冊，黃寶生、葛維鈞、郭良鋆譯，中國社會科學出版社，2005 年，635 頁。

4　「一個人曾經許諾施捨土地而後又食言變卦，或者施捨土地後又無端收回，那麼就會有伐樓拿奉死神之命，前來用套索將他綁縛而去，受苦受難。」《摩訶婆羅多》6 冊，207 頁。

5　如《四分律》：「時舍衛城中諸長者集會，先有制，其有不至者罰錢五百。」《五分律》：「諸釋種聞佛從彼國來，共立制：『若不出迎佛，罰金錢五百！』」

見，持戒重要的不是表象，而是對戒律真正內涵的把握。

由上可知，戒律是社會現實因緣的產物，佛陀制戒時綜合考慮了多種因素，並非無因而憑空制定；戒律也更非宗教禁忌。以上所舉的例證，雖然有很多與其他宗教相似的地方，但是已成文的戒條皆經過佛陀智慧的抉擇，對本土文化進行了選擇性吸收，內涵已經有所不同。總之，佛陀根據現實緣起的變化隨時做出相應的調整，通過與外在因緣的良性互動，賦予了戒律鮮活的生命力，在變化中又把握着不變的原則。

（3）制戒過程

佛陀制戒本身就是「隨犯隨制」的過程，並非一蹴而就。即使在戒條制定之後，也並非沒有改變的可能。當相關的因緣有所變化的時候，佛陀也會根據實際情況對已有戒條做出相應調整，這體現在戒律的本制與隨制上。戒條制而又開、開而又制的例子很多。如「蓄長衣戒」，其制戒緣起為比丘蓄太多衣服受到俗眾譏嫌[1]，而在阿難欲將貴價衣供養大迦葉，對方需要十日才能回來，佛陀開許長衣可以蓄十日[2]；在居士想供養僧團衣服而向佛陀祈請之後，最後又作出了衣服作淨後可以蓄積的開緣[3]。從此戒可以看出，佛陀制戒往往是為了防護俗眾的譏嫌或遮止比丘的煩惱，但當因緣變化時，比如有居士想多供養衣服給比

---

1 《四分律》卷 6：「時六群比丘蓄長衣，或早起衣，或中時衣，或晡時衣，彼常經營莊嚴如是衣服藏舉。諸比丘見已，語六群比丘言：『佛聽持三衣，不得長。此是誰衣？』答曰：『是我等長衣。』諸比丘聞，其中有少欲知足、行頭陀、樂學戒、知慚愧者，嫌責六群比丘言：『如來聽持三衣，汝等云何蓄長衣，早起衣、中時衣、晡時衣？』」《大正藏》22 冊，601 頁下欄。

2 《四分律》卷 6：「時阿難從人得一貴價糞掃衣，欲以奉大迦葉，大迦葉常頭陀著此衣故。迦葉不在，阿難作是念：『世尊與諸比丘結戒，若比丘蓄長衣者，尼薩耆波逸提。我今得此貴價糞掃衣，欲以奉大迦葉。大迦葉常頭陀著此衣而不在，不知云何？』即往至佛所。」《大正藏》22 冊，601 頁下欄至 602 頁上欄。

3 《僧祇律》卷 8：「有諸比丘，長衣滿十日，持是諸衣往白世尊：『此衣滿十日，今當云何？』佛告比丘：『若知識比丘邊作淨施法。若復捨故受新，十日一易。』」《大正藏》22 冊，292 頁上欄。

丘以便獲得福報，佛陀又對原來制定的戒律做出調整。

　　由此可見，戒律並非一成不變，佛陀更希望比丘可以理性分析戒條背後的種種緣起，在理解制戒意趣的基礎上根據實際情況靈活運用。僵化地持守戒文而不去理解戒律背後的意趣，這並不是佛陀所希望的。如「與未受具人共宿戒」中，有比丘為持戒而驅出與他共住的羅睺羅，使其只能在廁所中過宿。佛陀知道後便呵責：「云何愚癡比丘無有慈心，乃驅小兒出？是佛子不護我意耶。」[1] 由此因緣，開緣比丘與未受具戒人共宿二三夜 [2] 在「過量尼師壇戒」中，諸比丘普遍反映之前規定的尺寸太小、使用不便，而作為僧中上座的舍利弗未能及時向上匯報，甚至受到了佛陀的責罰：「眾多梵行人作是論，汝云何默然而聽？今當罰汝在日中立。」而佛陀隨後根據弟子們的需求增加了「聽益一搩手」的開緣 [3] 相反，對於那些能夠理解佛陀本意的行為，佛陀皆會予以讚美。如「捉寶戒」中，居士聽法時忘記了放在樹下的瓔珞衣，阿難尊者看到後揣摩佛意：「世尊所制由此當開。」因此，在佛陀已制「捉寶戒」的情況下將衣服及時收取。對於這種行為，佛陀加以讚歎：「善哉！善哉！阿難陀！我雖未許汝已知時。」隨之也對此戒作了「除時因緣」的開緣 [4] 在「展轉食戒」中，毗舍佉鹿母知道比丘得衣不易，她想讓比丘在請食時還能接受施衣，因此揣摩佛陀「或有開聽」而表達供養之意。佛陀滿足其願望並對戒條作了開緣，最後還讚歎對方「黠慧聰明」。[5] 從上可知，佛陀制戒並非一次成型、一成不變，而是面對實際情況中不斷變化的因緣做出合理應對與調整。這也進一步說明戒律

1　《四分律》卷 11，《大正藏》22 冊，638 頁中欄。
2　《四分律》卷 11，《大正藏》22 冊，638 頁中欄至下欄。
3　《僧祇律》卷 20，《大正藏》22 冊，392 頁下欄至 393 頁上欄。
4　《根有律》卷 40，《大正藏》23 冊，846 頁中欄。
5　《僧祇律》卷 16，《大正藏》22 冊，352 頁下欄至 353 頁上欄。

的制定從一開始就存在隨緣調適的可能性。

（4）形成戒經

在人數眾多的團體中，難免會因為個別人的擾亂而影響整體，此時就需要制定相應的規章制度來加以規範，佛教僧團也不例外。如《僧祇律》記載，有居士衣服被一位比丘盜去，在他向僧團索衣時，諸比丘只能勸慰對方：「此中出家有種種人，譬如一手五指不齊，雜姓出家何得一種？汝好賢者莫廣語人，我等自當上白世尊。」[1] 而當僧團壯大後，物質供養等資源逐漸豐富，也會吸引一些非以修行為目的之人進入佛門。如《根有律》中，有父母送子出家，期望其子成為比丘後「容易持戒，容易修行，取用美食，睡臥不通風之床，⋯⋯生活安樂，無有勞苦」[2]。還有一些比丘出家時並非自願，出家後其行為也會偏離解脫的目的。如淨飯王要求釋迦族中五百貴族弟子隨佛出家，他們卻因為利養很多而「捨少欲耽著財利」[3]。從中可知，隨着僧團規模的不斷擴大，一些人由於不能嚴守戒規，對自身的行為不加約束導致各種不如法的事件不斷發生，因此佛陀制定了相應的戒條來規範比丘的行為，戒條也就這樣不斷增加。

律典中記載，由於外道以及俗眾譏嫌比丘沒有固定的布薩制度，因此，佛陀規定在一定區域內的比丘，每半月都要集中在一起進行布

1　《僧祇律》卷 2：「時諸比丘語浣衣者言：『此中出家有種種人，譬如一手五指不齊，雜姓出家何得一種？汝好賢者莫廣語人，我等自當上白世尊。』」《大正藏》22 冊，242 頁上欄。

2　《經分別》卷 5：「容易持戒，容易修行，取用美食，睡臥不通風之床，若優波離於沙門釋子中出家者，彼於我等死後，生活安樂，無有勞苦。」《漢譯南傳大藏經》2 冊，173 頁。

3　《根有律》卷 18：「時淨飯王即便槌鍾，宣令普告諸釋種中，家別一人出家奉佛，若不肯者必招咎責。即於是時釋種之中，賢善、無滅等五百釋子悉皆出家。如世尊說，若捨貴族而出家者多獲利養。時五百釋子苾芻極招利養，爾時世尊便作是念：『此諸釋子本為解脫而求出家，今捨少欲耽著財利。』世尊欲令絕利養故，即便旋往室羅伐城，在逝多林如昔安住。」《大正藏》23 冊，720 頁中欄至下欄。

薩說戒。[1]布薩說戒按照時間的順序可分為略教期和廣教期兩種。最初，佛陀在僧眾中說善護身口意的偈子為教誡，如《四分律》記載「為無事僧說是戒經」，此處的戒經是指教誡「身莫作諸惡」的偈子。另外，《僧祇律》中的「偈布薩」[2]與《根有律》中的「說略別解脫戒經」[3]，以及《善見論》的「教授波羅提木叉」，皆為略教誡。直到有比丘戒行不清淨參加布薩後，佛陀即宣布自己不再參加布薩，改由比丘們自己誦戒布薩，此時布薩說戒進入廣教期。《四分律》[4]中的「廣分別說」與《善見論》中的「威德波羅提木叉」皆為廣教。如《善見論》記載：「佛語諸比丘：『我從今以後，我不作布薩，我不說教授波羅提木叉，汝輩自說。何以故？如來不得於不清淨眾布薩說波羅提木叉。』從此至今，聲聞弟子說威德波羅提木叉。」[5]《薩婆多論》也有相似的記載。[6]而《五分律》記載，佛陀隨緣制戒，戒條逐漸增多，比丘中間已經出現「不聞者，不

1　《僧祇律》卷 27：「爾時九十六種出家人皆作布薩，時比丘不作布薩，為世人所嫌：『云何九十六種出家人皆作布薩，而沙門釋子不作布薩？』諸比丘以是因緣往白世尊。佛告諸比丘：『正應為世人所嫌。從今日後應作布薩。』」《大正藏》22 冊，446 頁下欄。

2　《僧祇律》卷 27：「第七釋迦牟尼佛、如來、應供、正遍知，為寂靜僧最初說波羅提木叉：『護身為善哉，能護口亦善，護意為善哉，護一切亦善。比丘護一切，便得離眾苦，比丘守口意，身不犯諸惡，是三業道淨，得聖所得道。』是名偈布薩。」《大正藏》22 冊，447 頁上欄。

3　《根有律》卷 1：「爾時薄伽梵，從初證覺於十二年中，諸聲聞弟子無有過失，未生瘡疱。世尊為諸弟子，說略別解脫戒經曰：『一切惡莫作，一切善應修；遍調於自心，是則諸佛教。護身為善哉！能護語亦善；護意為善哉！盡護最為善。芻護一切，能解脫眾苦；善護於口言，亦善護於意。身莫作諸惡，常淨三種業；是則能隨順，大仙所行道。』」《大正藏》23 冊，628 頁上欄。

4　《四分律比丘戒本》：「善護於口言，自淨其志意，身莫作諸惡，此三業道淨，能得如是行，是大仙人道。此是釋迦牟尼如來、無所著、等正覺，於十二年中，為無事僧說是戒經。從是已後，廣分別說。」《大正藏》22 冊，1022 頁下欄。

5　《善見論》卷 5：「是故我等釋迦牟尼佛，從菩提樹下二十年中，皆說教授波羅提木叉。復一時於富婆僧伽藍，於眉伽羅母殿中，諸比丘坐已，佛語諸比丘：『我從今以後，我不作布薩，我不說教授波羅提木叉，汝輩自說。何以故？如來不得於不清淨眾布薩說波羅提木叉。』從此至今，聲聞弟子說威德波羅提木叉。」《大正藏》24 冊，708 頁上欄。

6　《薩婆多論》卷 2：「佛十二年中常在眾說戒，十二年後有惡法出，佛止不說，令弟子說。」《大正藏》23 冊，516 頁上欄。

能誦學，不能憶持」的現象，因此佛制比丘須在布薩時誦戒以加強對戒條的記憶與理解。[1] 由於布薩制度具有一定的強制性，要求全體比丘都必須參加，這樣客觀上促進了戒律的傳播與傳承。在這樣的背景下，為了誦戒的方便而將所有戒條按結罪的輕重分類，同時按照由重到輕的次序編排就形成了五篇戒經的原型：波羅夷、僧伽婆尸沙、波夜提、波羅提提舍尼、越毗尼。[2]

　　佛陀在每次制定新的戒條或對原有戒條做補充說明時，都會集僧宣說。隨着僧團規模不斷壯大，分布區域也不斷擴大，愈來愈難將所有比丘集中在一處。因而新制定的戒條就需要有人到其他僧團宣說，如《根有律》記載，比丘在路上遇到其他比丘，告訴對方佛陀制定了「四月藥請戒」。[3] 而在遇到為僧尼共同制戒的情況時，佛陀則派遣比丘向比丘尼宣說。如《十誦律》記載：「時佛在比丘僧前結同戒，語諸比丘：『汝等以是戒向比丘尼說。』」在安居來臨的時候，更有遠地而來的比丘選擇近佛安居，他們可以親近佛陀與大德比丘聞法。如《十誦律》記載：「隨佛安居處，我等當往安居，是中數得見佛，數得見大德比丘，因他故得聞法。」另外，多部律典記載佛陀每年都要舉行兩次大的集會，[4] 各地比丘都來問詢頂禮佛陀，此時往往也會把安居中發生的事情向佛陀報告。如果有不如法的事情發生，佛陀便會利用這個機會

1　《五分律》卷 18：「爾時世尊亦作是念：『我為諸比丘結戒，而諸比丘有不聞者，不能誦學，不能憶持。我今當聽諸比丘布薩說戒。』」《大正藏》22 冊，121 頁中欄。

2　《僧祇律》卷 20：「五眾罪者，波羅夷、僧伽婆尸沙、波夜提、波羅提提舍尼、越毗尼罪。」《大正藏》22 冊，386 頁中欄。

3　《根有律》卷 41：「問曰：『是何學處？』即為陳說：『若復苾芻有四月請，須時應受。若過受者，除餘時，波逸底迦。若有別請、更請、慇懃請者、常請者，此是時。』」《大正藏》23 冊，855 頁中欄。

4　《五分律》卷 2：「諸佛常法，二時大會，春、夏末月諸方比丘皆來問訊。」《大正藏》22 冊，9 頁上欄。《十誦律》卷 21：「憍薩羅國一處夏安居，諸佛常法，兩時大會：春末月、夏末月。」《大正藏》23 冊，148 頁下欄。《根有律》卷 27：「然佛住世與諸弟子二時大集：一謂五月十五日欲安居時，二謂八月十五日隨意了時。」《大正藏》23 冊，774 頁上欄。

制戒，《五分律》、《四分律》中的「大妄語戒」就是在這樣的場合下制定的。[1]通過這種大眾集會的方式，既能夠使諸比丘之間相互交流學習，同時也可以在一些有紛爭的事項上經佛裁決而達成一致。在受持佛陀新制定的戒條後，僧眾自然需要進一步了解佛陀制戒的緣起，以及戒條的含義和適用的範圍，以便能夠更好的學習與實踐。因而逐漸形成了相應於每條戒的緣起、辨相的雛形。

綜上所述，通過對佛陀制戒緣起到形成戒經的整個過程的回顧，可以更加深刻地體會到，佛陀制戒時觀待各種不同緣起的智慧。在不同的緣起下，戒律隨着不同的因緣而調整，處於動態的發展變化中。隨着戒條不斷增多，為了誦讀和行持的需要，戒經由最初的整理而形成雛形，以後又不斷完善。在佛陀成道十二年後，僧團開始半月布薩誦讀戒本，以此規範僧團行持。從最初的制戒，再到現在各部律典的兩百多學處，也能夠反映出戒本隨不同的因緣而做出了調整。

為了保證教法的長久住世，大迦葉尊者向大眾提議，結集佛陀教法，防止教法因佛陀的離去而迅速衰微。當然，外部因素的刺激也不可忽略。事實上，佛陀生前已經出現了經典結集的雛形。對經典結集的重視來自當時發生的耆那教教團分裂事件的教訓。據《中阿含經》記載，佛在世時，耆那教教主尼乾子去世，由於對教義的解釋不同，其弟子們彼此非難，互相爭論不休，他們的行為甚至引發了在家居士的嫌棄與厭惡。[2]而據《長阿含經》記載，耆那教弟子們最後分成兩部，

1　《五分律》卷 2，《大正藏》22 冊，9 頁上欄至中欄。《四分律》卷 2，《大正藏》22 冊，577 頁下欄至 578 頁上欄。

2　《中阿含經》卷 52：「彼波和中有一尼揵，名曰親子，在彼命終。終後不久，尼揵親子諸弟子等各各破壞，不共和合，各說破壞，不和合事，鬥訟相縛，相憎共諍：『我知此法，汝不知也。汝知何法，如我所知？我齊整，汝不齊整。我相應，汝不相應。應說前而說後，應說後而說前。我勝，汝不如。我問汝事，汝不能答。我已伏汝，當復更問。若汝動者，我重縛汝。』更互憍傲，但求勝說，而無訶者。尼揵親子若有在家白衣弟子，彼皆厭患此尼揵親子諸弟子等。」《大正藏》1 冊，753 頁上欄。

「常共諍訟，相求長短，迭相罵詈，各相是非」[1]。耆那教教團分裂事件激發了佛陀弟子們的危機意識，舍利弗在一次代佛講法時，就以此告誡比丘，並組織撰集佛陀言教，最後得到佛陀印可。[2] 由此可見，佛在世時比丘已經有了對教法結集的準備，再加上一次次的布薩誦戒，律典也在不斷成熟，為佛滅度後的律典結集打下了基礎。

最初律典的結集是在阿闍世王的支持下，大迦葉尊者帶領五百大阿羅漢（或說一千）在王舍城附近的七葉窟進行的。結集時，由阿難尊者誦出經藏，優波離尊者誦出律藏。優波離尊者在誦律時會徵求大眾意見，[3] 經過與會大阿羅漢們討論確認無誤後，結集成最初的律藏。[4]《大智度論》中將這次結集的律典稱作八十部毗尼藏。[5] 而《十誦律》中更詳細記載了每條戒的結集過程，即先由主持者大迦葉問優波離佛陀制每條戒的因緣，優波離對此詳細解說佛陀制戒的緣起及犯相等，之後再由大迦葉按戒臘次序問在場的所有比丘對優波離所說是否認可。當徵詢完所有人的意見後，由大迦葉向大眾宣布該條戒全體通過，可集入

1　《長阿含經》卷8，《大正藏》1冊，49頁下欄。

2　《長阿含經》卷8：「時，國人民奉尼乾者，厭患此輩鬥訟之聲，皆由其法不真正故；法不真正無由出要，譬如朽塔不可復圬，此非三耶三佛所說。諸比丘！唯我釋迦無上尊法，最為真正可得出要，譬如新塔易可嚴飾，此是三耶三佛之所說也。諸比丘！我等今者，宜集法、律，以防諍訟，使梵行久立，多所饒益，天、人獲安。諸比丘！如來說一正法，一切眾生皆仰食存……爾時，世尊印可舍利弗所說。」《大正藏》1冊，49頁下欄。

3　《僧祇律》卷32：「有言：『雖有長老比丘，但世尊記長老成就十四法，除如來、應供、正遍知，持律第一。』優波離言：『諸長老！若使我集者，如法者隨喜，不如法者應遮。若不相應應遮，勿見尊重，是義非義願見告示。』」《大正藏》22冊，491頁下欄至492頁上欄。

4　《僧祇律》卷32，《大正藏》22冊，490頁中欄至492頁下欄。《四分律》卷54，《大正藏》22冊，967頁中欄至968頁中欄。《五分律》卷30，《大正藏》22冊，190頁下欄至191頁中欄。

5　《大智度論》卷2：「須提那迦蘭陀長者子作淫欲，以是因緣故，結初大罪。二百五十戒義作三部，七法、八法、比丘尼毗尼、增一、憂婆利問、雜部、善部；如是等八十部，作毗尼藏。」《大正藏》25冊，69頁下欄。

律藏作為今後所有比丘行持的標準。[1] 從律典的結集過程可以看出，這一結集本身就是消除分歧、統一知見的過程。經由大眾的共同認可，逐條確定世尊制定的戒經、緣起以及對犯相的廣分別說等內容。所以，律典是由佛弟子結集的，以佛陀制定的戒經為核心，加上制戒緣起以及對戒經廣分別說的集合。

關於律典的內容，《四分律》中記載有五事，「毗尼有五事答：一序、二制、三重制、四修多羅、五隨順修多羅，是為五。」其中一序、二制、三重制對應的是制戒緣起；修多羅即契經，這裏指戒經；隨順修多羅是指根據佛陀言教，理解、抉擇戒經的內涵，即廣分別說。戒經是佛語，佛陀親口制定，佛陀在世時僧團就要半月誦戒。制戒緣起是由五百大阿羅漢共同憶持的佛陀制戒過程。廣分別說，在《善見論》中屬於「四毗尼」的「法師語」部分，「集眾五百阿羅漢時，佛先說本，五百阿羅漢廣分別流通，是名法師語」[2]。而《明了論》中則將廣分別說細分為「分別所立戒」和「決判是非」，即關鍵詞和辨相兩個部分。[3] 可知律典中廣分別說部分並非是佛語，而是佛弟子對佛語的理解和詮釋。

通過對律典生成過程的回顧，可以清楚地了解到，律典並不是由佛陀獨一創造，而是在佛陀滅度後，由佛弟子結集而成。它是對佛陀制定的戒經以及導致制戒的緣起事件的回憶，並集合了佛弟子對佛語廣分別說的內容。此外，在律典結集的過程中，也對戒條之外的各種僧團規範進行了總結。需要注意的是，結集者特別是主持者的持戒觀

1　《十誦律》卷 60，《大正藏》23 冊，447 頁下欄至 448 頁中欄。

2　《善見論》卷 6：「集眾五百阿羅漢時，佛先說本，五百阿羅漢廣分別流通，是名法師語。」《大正藏》24 冊，716 頁中欄。

3　《明了論》：「於一一戒中應了別五相：一、緣起，二、起緣起人，三、立戒，四、分別所立戒，五、決判是非。……分別所立戒者，此中何者為比丘性？謂依圓得至得，乃至由犯此罪不得共住。決判是非者，此中比丘於三處犯波羅夷，乃至說戒究竟。」《大正藏》24 冊，666 頁上欄。

有可能會影響整個律典的風格取向。這次結集由大迦葉尊者召集、主導，他終生奉行頭陀苦行，當他年老的時候，佛陀勸說其放棄苦行。對於佛陀的好意，大迦葉表示由於已經習慣了苦行所以不能聽從：「我今不從如來教。所以然者，若當如來不成無上正真道者，我則成辟支佛。然彼辟支佛盡行阿練若……如今不敢捨本所習，更學餘行。」最後佛陀讚歎迦葉的選擇：「此頭陀行在世者，我法亦當久在於世。」[1] 律典中多推崇頭陀比丘的身分或許與此有一定關係。如有些律典每條戒中都會對頭陀比丘表示讚歎：「諸少欲知足、行頭陀、知慚愧、樂學戒者。」[2]

2. 部派律典的形成

（1）小小戒之爭

戒律的制定並非一成不變，當相關緣起發生變化的時候，佛陀就會做出相應的調整，可見制戒過程本身也遵循無常法的規律。隨着時間的發展和佛法的不斷傳播，比丘必然會遇到與佛陀制戒時不同的具體環境。比丘如果不真正理解戒律精神，不善於針對具體情形作必要的變通，久而久之戒律就會與比丘日常生活脫節，難以起到調伏煩惱、促進僧團和合、化世導俗的作用，甚至還會背離佛陀制戒的本懷。基於這樣的考慮，佛陀在涅槃前對阿難教授了「小小戒可捨」。「小小戒可捨」是指在佛陀滅度後，在必要的情況下，僧團可以在和合的

1　《增一阿含經》卷 5，《大正藏》2 冊，570 頁中欄。
2　《四分律》卷 1，《大正藏》22 冊，573 頁上欄。相似內容也多見於《十誦律》，如《十誦律》卷 3：「有比丘少欲知足行頭陀。」《大正藏》23 冊，18 頁中欄。

基礎上通過羯磨的方式捨掉與實際情況不符的小小戒。[1] 通過這個原則佛陀允許後世弟子根據現實緣起的變化，對戒律做出相應的調整。從而讓戒律能夠久住世間，並最終讓正法得以久住。

但在第一次經典結集時，「小小戒」的問題就引發了爭論。集結現場有比丘認為波逸提以下的戒條是小小戒，也有比丘提出捨墮之後的戒條為小小戒，甚至有比丘認為「除四波羅夷，餘者是雜碎戒」。[2] 在僧眾爭論毫無結果的情況下，作為主持者的大迦葉尊者便提議「應共立制，若佛先所不制，今不應制；佛先所制，今不應卻，應隨佛所制而學」，以此來平息這場爭議。其實在結集前，大迦葉尊者就已經知道有比丘想要捨棄戒律，所以若不能及時結集出律藏來作為佛滅後僧團的行持軌範，則很可能令戒法隱沒，外道譏嫌。[3] 因此，大迦葉尊者帶領僧眾立制，以佛制的權威統一大眾知見，盡快完成結集的使命，這也是當時不得已的應對方案。

這種方案在當時顯然是利大於弊，僧眾可以借此平息爭議，完成此結集也能惠及千秋。但是也因此限制了後世比丘對戒律做出適應性

1　《四分律》卷54：「時阿難即從坐起，偏露右肩、右膝著地，合掌白大迦葉言：『我親從佛聞，憶持佛語：「自今已去，為諸比丘捨雜碎戒。」』」《大正藏》22冊，967頁中欄。《五分律》卷30：「阿難復白迦葉言：『我親從佛聞：「吾般泥洹後，若欲除小小戒，聽除。」』」《大正藏》22冊，191頁中欄。《十誦律》卷60：「長老阿難偏袒右肩長跪叉手，白大德訶迦葉：『我面從佛聞受是語，佛言：「我般涅槃後，若僧一心和合，籌量放捨微細戒。」』」《大正藏》23冊，449頁中欄。《毗尼母經》卷3：「阿難偏袒右肩胡跪合掌，白摩訶迦葉言：『親從如來邊聞如是説：「吾滅度後，應集眾僧，捨微細戒。」』」《大正藏》24冊，818頁中欄。《長阿含經》卷4：「佛言：『當自撿心。阿難！汝謂佛滅度後，無復覆護，失所持耶？勿造斯觀，我成佛來所説經戒，即是汝護，是汝所持。阿難！自今日始，聽諸比丘捨小小戒，上下相呼，當順禮度，斯則出家敬順之法。』」《大正藏》1冊，26頁上欄至中欄。

2　《四分律》卷54，《大正藏》22冊，967頁中欄。

3　《四分律》卷54：「時大迦葉燒舍利已，以此因緣集比丘僧，告言：『我先在道行時，聞跋難陀語諸比丘作如是言：「長老且止！莫復愁憂啼哭，我等今於彼摩訶羅邊得解脫。彼在世時教呵我等，是應爾是不應爾，應作是不應作。今我等已得自在，欲作便作，不作便不作。」我等今可共論法毗尼，勿令外道以致餘言譏嫌：「沙門瞿曇法律若煙，其世尊在時皆共學戒，而今滅後無學戒者。」』」《大正藏》22冊，966頁下欄。

調整，並與佛陀的「小小戒可捨」和隨方毗尼等言教相違。當時空因緣發生變化的時候，必然會與無法調整的戒律產生矛盾，而此時僧眾面對矛盾的不同態度往往成為誘發僧團諍論與分裂的原因，並因此導致僧團走向不同的方向。

（2）部派分裂與部派律典

在第一次結集結束時，剛剛趕來的富羅那尊者就對五百羅漢所結集的律典提出了八項質疑。[1] 可見，即便是最初結集的律典，也並沒有完全得到所有僧眾的認可。在佛滅度一百年後，毗舍離的跋耆族比丘與摩偷羅國的耶舍長老，對於能否接受居士金錢供養等「十事」看法不同，引發針對「十事」是否如法的七百人大辯論。最後導致僧團分裂為相對保守的上座部和相對開放的大眾部。[2] 這標誌着和合一味的佛教進入到部派佛教時期。

部派分裂源自比丘對部分戒律持犯的認識不同，而這一點也是本部派區別與他部派最重要的標識。因此，部派分裂後，各部派就會根據自己的宗派見解，結合當時部派弘化地區現實因緣，結集出適應本部派的律典，部派律典由此誕生。例如，一切有部對於「本生」、「譬

---

1 《四分律》卷 54：「時長老富羅那，聞王舍城五百阿羅漢共集法毗尼，即與五百比丘俱，往王舍城，至大迦葉所，語如是言：『我聞大德與五百阿羅漢共集法毗尼，我亦欲豫在其次聞法。』時大迦葉以此因緣集比丘僧，為此比丘更問優波離，乃至集為三藏，如上所説。彼言：『大德迦葉！我盡忍可此事，唯除八事。大德！我親從佛聞，憶持不忘。佛聽內宿、內煮、自煮、自取受食、早起受食、從彼持食來，若雜果、若池水所出可食者，如是皆聽不作餘食法得食。』大迦葉答言：『實如汝所説，世尊以穀貴時世人民相乞求難得，慈愍比丘故，聽此八事。時世還豐，熟飲食多饒，佛還制不聽。』彼復作是言：『大德迦葉！世尊是一切知見，不應制已還開、開已復制。』」《大正藏》22 冊，968 頁中欄至下欄。

2 《島王統史》卷 5：「經過最之百年，達第二之百年時，於上座之説，生起最上之大分裂。（一六）集毗舍離一萬二千跋耆子等於最上之都毗舍離宣示十事。……由上座等所放逐惡比丘跋耆子等，得其他之支持，向眾多之人説非法。（三〇）集合一萬人進行結集法。所以此法之結集，稱為大合誦。（三一）此大合誦之比丘等是決定違背〔正法〕之教〔法〕，破壞根本之輯錄而作其他之輯錄。……〔此等之〕大合誦等，是最初之分派。」《漢譯南傳大藏經》65 冊，30 頁至 32 頁。

喻」等，採取審慎的抉擇態度。屬於有部的《阿毗達磨大毗婆沙論》中說：「應言轉法輪處定問若爾，然燈佛本事當云何通？答此不必須通。所以者何？此非素怛纜、毗奈耶、阿毗達磨所說。但是傳說諸傳所說，或然不然。」[1] 同屬有部的《薩婆多論》說：「凡是本生、因緣，不可依也。此中說者，非是修多羅，非是毗尼，不可以定義。」[2] 因此，有部律典《十誦律》中本生、譬喻的數量非常少。這一點在《大智度論》中亦有記載：「毗尼名比丘作罪，佛結戒：應行是、不應行是，作是事得是罪。略說有八十部。亦有二分：一者，摩偷羅國毗尼，含阿波陀那、本生，有八十部；二者，罽賓國毗尼，除卻本生、阿波陀那，但取要用作十部。」[3] 其中罽賓國毗尼即指《十誦律》。

根據《異部宗輪論》記載，部派分裂也並非一次分裂即結束，在第一次分裂後的幾百年裏，大眾部經過四次或五次分裂，成為九個部派，上座部又經歷過七次或八次分裂，共分為十一個部派。[4] 部派的分裂往往是因為對佛法尤其是戒律的觀點不同而導致的，而在部派形成後，部派偏見更強化了彼此的對立，甚至有個別比丘因此而互相非難

---

1 《阿毗達磨大毗婆沙論》卷 183，《大正藏》27 冊，916 頁中欄。

2 《薩婆多論》卷 1，《大正藏》23 冊，509 頁中欄。

3 《大智度論》卷 100：「毗尼名比丘作罪，佛結戒：應行是、不應行是，作是事得是罪。略說有八十部。亦有二分：一者、摩偷羅國毗尼，含阿波陀那、本生，有八十部；二者、罽賓國毗泥，除卻本生、阿波陀那，但取要用作十部。有八十部毗婆沙解釋。」《大正藏》25 冊，756 頁下欄。

4 《異部宗輪論》卷 1：「如是大眾部四破或五破，本末別說合成九部：一大眾部，二一說部，三說出世部，四雞胤部，五多聞部，六說假部，七制多山部，八西山住部，九北山住部。……如是上座部七破或八破，本末別說成十一部：一說一切有部，二雪山部，三犢子部，四法上部，五賢冑部，六正量部，七密林山部，八化地部，九法藏部，十飲光部，十一經量部。」《大正藏》49 冊，15 頁中欄。

而引發鬥諍。[1] 如有的經中記載，一方非難另一方的經典並非屬於結集，而是因為論師個人愛好而安插進去的。[2] 南傳歷史資料也有相似記載，其中說到有的部派在結集經典時並非全部來自佛語，而是加入了本部派著述的經典。[3] 其實，各派經典都是在不斷結集中確立的。

除了佛教界公認的兩大結集外，還有一些不是教界公認的結集，也說明了存在某一部派結集的事實。《大唐西域記》記載，佛陀滅度四百年後，犍陀羅國的迦膩色迦王有感於佛法部執不同、異議紛爭的局面，因此召集五百阿羅漢，以脅尊者與世友尊者二人為上首，共同結集三藏，並附加解釋。如對律藏的解釋就結集為十萬頌的《毗奈耶毗婆沙論》。[4] 另外，《善見論》記載的銅鍱部第三次結集，即華氏城結集，發生在阿育王時代。因為阿育王的扶持，佛教興盛易得利養，而導致外道混入破壞正法。「有善法比丘便不同諸外道比丘布薩、自恣，乃至長達七年時間不得說戒」[5]，為破異說、恢復正法，由目犍連子帝須主持

---

1 《舍利弗問經》卷 1：「時有一長老比丘，好於名聞亟立諍論，抄治我律，開張增廣迦葉所結，名曰大眾律，外採綜所遺，誑諸始學，別為群黨互言是非。」《大正藏》24 冊，900 頁中欄。

2 《阿毗達磨順正理論》卷 4：「如《舍利子增十經》中，唯作是言：『有十色處。』故知此經非入結集。但是對法諸師，愛無表色，製造安置阿笈摩中。」《大正藏》29 冊，352 頁下欄。

3 《島王統史》卷 5：「彼等從佛陀密意所說，放置於餘處，彼等諸比丘，於文中失去眾多之〔真〕義。（三五）彼等棄一部甚深之經、律而作類似奇異之經、律。（三六）〔律〕內容之摘要，唯波利婆羅、阿毗達磨之論、波致參毗陀、尼泥沙、闍多迦之一部，除此而外，彼等造作不同者。」《漢譯南傳大藏經》65 冊，32 頁。

4 《大唐西域記》卷 3，《大正藏》51 冊，886 頁中欄至 887 頁上欄。

5 《善見論》卷 2：「諸外道比丘，欲以己典，雜亂佛法，遂成垢濁。外道猶行己法，或事火者，或五熱炙身，或大寒入水，或破壞佛法者，是故諸善比丘不與同布薩、自恣及諸僧事。如是展轉，乃至七年不說戒。」《大正藏》24 冊，682 頁中欄。

並完成了這次結集。[1]但這實為單一部派的結集，其他部派沒有參加，因此這一結集北傳佛教並無記載也實屬正常。

　　隨着部派佛教的發展，律典的傳承也帶上了明顯的部派特徵。律典作為部派戒律的核心，各部派戒律的傳承過程中，不同程度的繼承了原始結集的律典內容，並結合自身部派的宗見以及行持的實踐，不斷地整理、發展成現存的律典。現存的廣律主要有法藏部的《四分律》，說一切有部的《鼻奈耶》、《十誦律》，大眾部的《僧祇律》，化地部的《五分律》，根本說一切有部的《根有律》以及銅鍱部的《巴利律》。

（二）律典的傳承

1. 律典的口口相傳

（1）律典的持誦

　　在古印度，經典傳承主要靠師徒之間口耳相傳，這種口誦的傳統在當時是一種普遍的現象，佛教也不例外。在這種傳承形式中，師長

1　《島王統史》卷 7：「經〔佛滅後〕第二百三十六年上座部再生大分裂。（四四）信佛之教〔法〕剎帝力大王法阿育統治於巴連弗城。（四五）彼對最上最勝群之僧伽供與大財，一日與四十萬〔金〕。（四六）一供養支提，（一）為聽聞説法，一為病人，一為與僧伽。（四七）見〔彼〕利得廣大之恭敬而六萬之賊住外道〔止住〕。（四八）於阿育園精舍，斷絕波羅提木叉。大臣殺害聖者中之若干行波羅提木叉。（四九）為絕滅外道等，六萬多數之佛陀聲聞、勝者之子等來集。（五〇）於此之集會長老之目犍連子與師等於大龍象，地上無有如彼者。（五一）王問長老對聖者中若干被殺所行。〔故彼〕行神變而拂王之疑惑。（五二）王於長老之前受教〔法〕已行截斷賊住比丘等之標徵。（五三）不尊重之外道等依自説而出家，恰如混入純金於〔贗金中〕破壞佛語。（五四）彼等悉反對上座説而分派，為絕滅彼等輝揚自説。（五五）長老宣説〔屬〕論事之阿毗曇論書。如是墮負異説之破壞以後已無。（五六）長老宣説〔屬〕論事之阿毗曇論書，為淨自説，〔而確立〕永久之教〔法〕。（五七）導師選千阿羅漢，執最勝者行法之結集。（五八）此第三結集令法王建立於阿育園精舍，九個月而畢。」《漢譯南傳大藏經》65 冊，54 頁。

的作用不可或缺。而對於初出家的比丘來說，戒律的學習是首要的任務，律中規定新受戒的比丘須五年學戒以熟悉戒律。如《四分律》記載，由於比丘不學戒，僧團無人能夠誦戒導致布薩誦戒無法進行，「眾多癡比丘集一處住，語上座言說戒，答言：『我先不誦戒。』次語中座、下座說戒，皆言不誦，即不成說戒」。因此佛陀規定：「自今已去，制五歲比丘，當誦戒、誦羯磨使利，若不者如法治。」[1]而熟悉戒本以及羯磨儀軌是基本要求，之後還須深入廣律。比丘學戒的過程離不開師長的悉心教導，如《南海寄歸內法傳》記載，比丘「既受戒已……本師為指戒本，令識罪相方教誦戒。既其熟已誦大律藏，日日誦過旦旦試之，不恆受持恐損心力，誦律藏了方學經論。此是西方師資途轍，雖復去聖懸遠，然而此法未虧，為此二師喻之父母」[2]。《五分律》中根據能持誦的多寡，將持律者劃分為五個等級[3]，比丘在平時須依更懂戒律的持律者而住，在安居時則更需要依止廣誦律藏的持律者安居。如《五分律》記載：「若比丘不誦戒，非安居時，應依前四種持律；安居時，要應依廣誦一切律者，若不依，突吉羅。」[4]

在佛陀時代，持律、誦律、解律為特長的律師作為一個群體出現。如《根有律》記載，僧團在分房時，律師與律師在一起，經師與經師在一起，他們互相切磋促進能夠使「善品日夜增長」[5]，作為持律者的律師須具備多項素質才能擔當此任，除了需要廣誦律藏外，還須善知

1　《四分律》卷 36，《大正藏》22 冊，825 頁上欄。

2　《南海寄歸內法傳》卷 3，《大正藏》54 冊，220 頁上欄。

3　《五分律》卷 8：「持律者，有五事：一者，誦四事至二不定法；二者，誦四事乃至三十事；三者，廣誦二百五十戒；四者，廣誦二部戒；五者，廣誦一切律。」《大正藏》22 冊，62 頁下欄。

4　《五分律》卷 8，《大正藏》22 冊，62 頁下欄。

5　《根有律》卷 13：「時實力子被眾差為分臥具人已，所有眾僧房舍臥具，皆依同類而處置之。經師經師共同、律師律師共同、論師論師共同、法師法師共同、禪師禪師共同。彼得隨意同住言議無違，所修善品日夜增長，如蓮處池其水充盈見日開發。」《大正藏》23 冊，695 頁下欄。

戒之持犯輕重。他們發揮着類似世間法官的作用，能夠對各類犯戒行為作出準確的判罰。《四分律》記載：「有七法名為持律：知犯、知不犯、知輕、知重、知有餘、知無餘、廣誦二部戒毗尼，是為七。」而《善見論》記載：「有五德六德僧，成律師十一德。」其中提到的「身自護戒」、「能斷他疑」、「守領波羅提木叉」、「知布薩」、「知自恣」、「知授人具足戒法」等，都是作為律師所必備的才能。另外，律師也需要具備公平、公正等道德品質，才能更好地為僧眾服務。唐朝時玄奘大師去印度時發現，雖然當時佛教各個部派思想及修行方法有所差異，但是對經律論的學習卻都很重視，學有專長以及道德高尚者，僧團皆給予他們以相應的待遇，這些制度上的保障對於發揮其個人優勢很有必要。如《大唐西域記》記載：「無云律、論，絓是佛經，講宣一部，乃免僧知事；二部，加上房資具；三部，差侍者祗承；四部，給淨人役使；五部，則行乘象輿；六部，又導從周衛。道德既高，旌命亦異。」律師們既熟悉經典，同時也具備高尚的品質，這些特點在那些來華翻譯律典的梵僧身上也有體現。如罽賓沙門佛陀耶舍可以完整背誦《四分律》，[1] 無獨有偶，弗若多羅則能背誦《十誦律》，[2] 這兩位律師協助鳩摩羅什翻譯律典，為戒律在漢地扎根發揮了不可或缺的作用。

由上可見，每個時期的佛教總有可靠的律師群體將龐雜的律典一代代傳承下去，今天看到的豐富律典即是他們努力的結果。面對語

1　《出三藏記集》卷 33：「初耶舍於罽賓誦《四分律》，不齎胡本而來遊長安。秦司隸校尉姚爽欲請耶舍，於中寺安居，仍令出之。姚主以無胡本難可證信，眾僧多有不同，故未之許也。羅什法師勸曰：『耶舍甚有記功，數聞誦習，未曾脫誤。』於是姚主即以藥方一卷、民藉一卷並可四十許紙，令其誦之三日，便集僧執文，請試之，乃至銖兩、人數、年紀不謬一字。於是咸信伏，遂令出焉。」《大正藏》55 冊，20 頁中欄至下欄。

2　《出三藏記集》卷 33：「至秦弘始之中，有罽賓沙門弗若多羅，誦此十誦胡本來遊關右。羅什法師於長安逍遙園三千僧中共譯出之。始得二分餘未及竟，而多羅亡。」《大正藏》55 冊，20 頁上欄至中欄。

言、理解、記憶的種種挑戰，律師們的信仰與修證保證了律典傳承的穩定與準確性。因此，現在可見的各部律典，歷經兩千多年的結集、口述、傳播、翻譯、成文及印刷等，彼此之間依然還保持了高度的相似性。

（2）語言的差異

古代印度語言經歷了不斷發展變化的過程，最初階段的梵文被稱為吠陀梵文，它表示的是以吠陀文獻為代表的印度最古老的語言。如律中「同誦戒」提到的「婆羅門誦書聲」[1]以及「闡陀偈句」[2]，其獨特的音韻形式就可能與吠陀梵文有關。在波你尼書寫《八章書》總結梵文的語法規則時，梵文已經進入古典梵文時期，而當時梵文也只是上層社會的共同口語。從那個時期的劇本裏可以看出，婆羅門和國王講梵文，婦女、兒童、商人和所有社會下層的人們說方言。[3]到了中古時期，各地普拉克利塔方言非常活躍，此時也是以佛教、耆那教和其他外道為主導的沙門時代。以沙門思潮為主的各個流派[4]皆公開挑戰婆羅門的正統權威地位，在語言的使用上也有意識地反對梵語，如耆那教一直堅持使用方言傳播其教義。

從「同誦戒」中可知，佛世時沒有統一語言，佛陀的弟子們來自

1　《四分律》卷 11：「六群比丘與諸長者共在講堂誦佛經語，語聲高大，如婆羅門誦書聲無異，亂諸坐禪者。」《大正藏》22 冊，638 頁下欄。

2　《十誦比丘戒本》卷 1：「若比丘，以闡陀偈句教未受具戒人者，波夜提。」《大正藏》23 冊，474 頁上欄。

3　李煒：《早期漢譯佛經的來源與翻譯方法初探》，中華書局，2011 年，26 頁。

4　沙門思潮是當時自由思想家的各種觀點、派別的通稱，其中最有影響的是佛教、耆那教、生活派、順世派和不可知論派等。「在公元前六世紀左右，印度出現了『沙門思潮』。沙門思潮也就是非婆羅門教或反婆羅門教的思潮。佛教最初是沙門思潮中的一個派別，後來逐步發展壯大起來。」《印度婆羅門教哲學與佛教哲學比較研究》，245 頁。

不同地域不同種姓，彼此「言音不同」[1]。《十誦律》記載，當時的比丘們共誦佛經時混雜着婆羅門讀吠陀經的聲調，同時也有學算人與捕魚師的方言土語。[2]《五分律》中，佛陀的弟子中有的出身婆羅門，譏呵其他比丘誦經音聲不正，不知梵語詞性、時態以及長短輕重音等語法的變化，然而佛陀並不認可婆羅門比丘這種糾正他人的行為，而是聽許比丘「隨國音讀誦，但不得違失佛意」。[3]《四分律》也記載，婆羅門出家的比丘建議用「世間好言論修理佛經」，卻遭到了佛陀的呵斥。此處的「世間好言論修理」是"saṃskṛta"（完好的，經過整理的）的意譯，指的也是梵語。可見，佛陀不允許比丘用統一的語言比如梵語傳播佛法，而是允許比丘們用各自的方言口口相傳。這種方式能夠讓使用不同語言的比丘們更容易地接觸到佛陀的教法，從而有利於佛法的普及。《十誦律》中，佛陀稱讚從西南邊地來的億耳能以阿槃提語誦讀經典：「善哉比丘！汝善讚法，汝能以阿槃地語聲讚誦，了了清淨盡易解，比丘汝好學好誦。」[4]而佛陀本人也通曉各種語言，如《十誦律》記載了四大天王與無數眷屬來禮佛陀，聽佛說法的一段內容：「佛以聖語說四諦法、苦集盡道，二天王解得道、二天王不解。佛更為二天王，以馱婆羅語說法……是二天王一解、一不解。佛復作彌梨車語……四

1　《毗尼母經》卷 4：「佛弟子中，有種種性、種種國土人、種種郡縣人，言音不同。」《大正藏》24 冊，822 頁上欄。

2　《十誦律》卷 9：「寺內出大音聲高聲、多人眾聲、似學算人聲，似婆羅門讀圍陀經時、如捕魚師失魚時聲。」《大正藏》23 冊，71 頁上欄。

3　《五分律》卷 26：「有婆羅門兄弟二人誦闡陀鞞陀書，後於正法出家，聞諸比丘誦經不正，譏呵言：『諸大德！久出家，而不知男、女語，一語、多語，現在、過去、未來語，長、短音，輕、重音，乃作如此誦讀佛經！』諸比丘聞羞恥。二比丘往至佛所，具以白佛。佛言：『聽隨國音讀誦，但不得違失佛意！不聽以佛語，作外書語，犯者偷蘭遮！』」《大正藏》22 冊，174 頁中欄。

4　《十誦律》卷 25，《大正藏》23 冊，181 頁中欄。

天王盡解。」[1] 從中可以看出，佛陀講法更注重當機眾對於義理的理解而不強調語言形式的統一，其靈活的語言政策也是為了適應受眾者的需求。

佛教後來使用梵語作為其經典語言，也是由時代因緣的變化所促成的。巽迦王朝時期，婆羅門階層取得了當政者的支持，婆羅門教吸收沙門宗教的出世文化與思想之後轉變為印度教。「由印度史詩與法論經典所帶動的新的梵語化過程不僅為印度教帶來了新動力，也讓沙門傳統面臨了相當大的挑戰。印度教在語言和宗教上勢必也對佛教產生了深遠的衝擊。」[2] 此時的梵語已經不是像早期那樣只屬於精英階層，它在社會上的使用也愈來愈普及。為了有效應對宗教論戰，同時也為了吸引更多的信眾和護法者特別是統治階層，佛教自然採取了新的語言策略，以更好地應對形勢發展。

作為記錄南傳佛教三藏聖典所用的巴利語，也屬於中古印度俗語方言。它的來源有兩種説法，一種認為是東部摩揭陀語，一種認為是印度西部方言。據學者研究，現今的巴利語雖然帶有摩揭陀語的特徵，但是也與之存在着明顯差異。其原因是在阿育王時期，阿育王派遣長老摩哂陀[3] 去錫蘭（今斯里蘭卡）傳播佛教。摩哂陀既能背誦三藏，[4] 同時也將一部分佛經帶到了錫蘭。[5] 摩哂陀來自印度中部西邊的毗地

1　《十誦律》卷 26，《大正藏》23 冊，193 頁上欄。

2　黃柏棋：《梵語成為印度佛教經典探討》，《正觀》第 64 期，2013 年，44 頁。

3　《善見論》記載他是阿育王的長子，《大唐西域記》說是阿育王的兄弟。《善見論》卷 2，《大正藏》24 冊，686 頁中欄至下欄。《大唐西域記》卷 8，《大正藏》51 冊，911 頁下欄至 912 頁上欄。

4　《善見論》卷 2：「摩哂陀於師受經及毗尼藏，摩哂陀於三藏中，一切佛法皆悉總持，同學一千，摩哂陀最大。」《大正藏》24 冊，682 頁上欄。

5　《善見論》卷 2：「摩哂陀是阿育王兒也，持律藏至師子國。」《大正藏》24 冊，684 頁中欄。

寫（Vidiśā）[1]，因此傳譯佛語時自然帶有西部方言的特徵。「因此，最古老的佛教文本被從佛陀家鄉的東部摩揭陀方言譯為巴利文文本。在這期間，個別摩揭陀方言的語言成分留在了巴利文中」[2]可見，巴利文也是印度方言的一種，只不過又攜帶了佛教由印度東部向西部發展的印記。[3]在佛教傳入南傳等國家後，巴利語是當地僧眾不斷在使用、也不斷在豐富的語言。如今，巴利語在印度本土早已消失，但是在另一個時空下卻形成了其完整而獨特的巴利語三藏經典。

（3）理解的不易

從律典的記載，世尊每次制戒前，都會將附近的僧眾召集一處，然後再宣說戒條。如《四分律》中，慈地比丘無端指責僧執事沓婆摩羅子行事不公，「世尊即以此因緣集比丘僧」，「嫌罵戒」便因此而制定。這種集僧並以口頭通告形式制戒的場景在律典中隨處可見，可以說是佛陀制戒的通用模式。可見，在佛世傳播戒條時，口語是唯一的傳播途徑，它有賴於人與人面對面的傳播，強調當事人在場情境下的理解。但口語內容往往是描述性的，缺乏細緻的分析，它不如書面文

1　《善見論》稱為卑地寫。卑地寫：梵名 Vidiśā 或 Vaidiśā，巴利名 Vedisa 或 Vidisagiri。又作卑提寫、吠你勢、毗提寫。乃古代南印度優禪尼國（梵 Ujjayanī）之山名及都市名，或謂即阿盤提國（梵 Avanti）之都市名。相當於現今中央地方波帕耳州北部毗盧沙市（Bhilsa）附近。市東約十公里處之山琦村（梵 Sañchī）附近，殘存數座紀元前三世紀頃之塔，內有世所周知之山琦塔。阿育王即位前曾出掌此地，與長者之女戴蜚（梵 Devī）婚配而生王子摩哂陀（梵 Mahinda）。摩哂陀出家後，為弘布佛教，將渡師子洲（今斯里蘭卡），先來此省母，母大喜而立大寺，寺名卑地寫。又山上多佛堂、塔婆，故又稱支提山（梵 Caitya-giri）。廢塔散布在兩沙丘上，內外有十一座之多。山高約六十餘公尺。另據《大唐西域記》卷十一載，謂此地乃屬鄔闍衍那國（即優禪尼），即今尼布達河（Nerbuddha）之北的摩爾瓦地方（Malwa），其地即今烏占（Ujjain）之省府。（善見律毗婆沙卷二）《佛光大辭典》，3090 頁。

2　《早期漢譯佛經的來源與翻譯方法初探》，30 頁。

3　徐真友《關於佛典語言的一些研究》：「雖然巴利文是印度西部及中西部的語言，盧達斯卻成功地指出巴利文受到早期東印度方言的影響，而影響巴利文的這些東印度方言和孔雀王朝阿育王時期的文字極其相近。因此，無可否認的，巴利文反映了佛教漸漸從印度東部向西部發展的歷史。」朱慶之編：《佛教漢語研究》，商務印書館，2009 年，199 頁。

字那樣更注重言語的精確化定義與邏輯化的思考。[1] 口述方式的傳遞，使得經律的傳播不能過於注重語言的精確表述，而更加注重語言內涵的傳達，佛教一直有「依義不依語」的原則。然而，口語傳播過程中比丘要經過理解，再將資訊傳遞給另一位比丘，難免會因為理解的偏差導致戒條內涵的損失。因此，在律典中經常有比丘對口語傳播的戒條產生片面理解，這種情況往往和口語傳播手段的不足有一定關係。比如「大淫戒」中，獮猴比丘之所以犯戒，是由於其認為佛制此戒只是針對人。[2] 而實際上，「大淫戒」是針對不淨行而制，其中包括動物。而在「大盜戒」緣起中，有比丘認為該戒只是針對聚落的物品，而不包括郊外的物品，因此犯盜。[3] 而在「惡見違諫戒」中，阿梨吒甚至在聽聞佛法的過程中得出與佛說完全相反的看法：「我知世尊說法，犯淫欲非障道法。」[4] 佛制的戒條由一傳十、十傳百的口述方式傳播，如果缺乏深入的交流和討論，很容易導致比丘對內涵理解不準確而犯戒。

由於資訊傳遞的過程僅憑口耳相傳，沒有採取如書寫等手段將音聲記錄下來，資訊傳播範圍狹隘，而在時間上也是轉瞬而逝，[5] 因此，出家眾需要很好的記憶力才能準確掌握相關戒條。如《十誦律》中，比

1　「口語稍縱即逝，根本來不及進行分析。邏輯是書面文字的產物，這一點在各自獨立發展出邏輯學的古希臘、古印度或古中國都概莫能外。」[美] 詹姆斯‧格雷克著：《信息簡史》，人民郵電出版社，2013 年，35 頁至 36 頁。

2　《四分律》卷 1：「諸比丘見已即來語言：『如來不制言：比丘不得行不淨行耶？』彼比丘報言：『如來所制男犯婦女，不制畜生。』」《大正藏》22 冊，571 頁上欄。

3　《僧祇律》卷 2：「佛告比丘：『汝不聞佛制戒不得不與取耶？』『世尊！我知制戒，自謂城邑聚落，不謂空地。』佛言：『癡人！聚落中不與、空地不與，有何等異？此非法、非律、非是佛教，不可以是長養善法。』」《大正藏》22 冊，242 頁上欄。

4　《四分律》卷 17：「時諸比丘聞阿梨吒比丘有如是惡見生：『我知世尊說法，犯淫欲非障道法。』」《大正藏》22 冊，682 頁上欄。

5　「而現在，人們留下的則是白紙黑字的痕迹。文字來到世間，為的就是將資訊保存下來，讓其能跨越時空。在文字出現以前，傳播不僅稍縱即逝，而且只限於狹隘的區域，因為說話聲音傳出數米之遠後就消失無蹤。口語的稍縱即逝，是不『言』而喻的。」《信息簡史》，30 頁。

丘尼僧請求佛陀能夠教導戒律以便持誦，佛陀則要求派遣念知力強的比丘尼來聽取教誡：「若比丘尼能一聞我語能受持者將來。」[1]佛滅度之後，出家眾對於經義的理解已經因傳持者疏忽而出現了偏差。《根有律雜事》記載，阿難老年的時候，聽到一位比丘將偈頌中的「了於生滅」誤誦為「見水白鶴」。阿難糾正其錯誤並告知正確的讀法，[2]此比丘之師反而說阿難年老，記憶衰退，讓弟子繼續按照原來所教的文句讀誦。可見，因持誦者的謬誤，使文義變得風馬牛不相及，導致後世比丘對佛意的理解產生了極大偏差。

因此，為了避免上述情況發生，佛要求比丘受戒後五年內不離依止，沙彌更必須向和尚、阿闍梨接受教育，目的是通過長時間的訓練，使比丘能夠熟悉戒律並正確憶持。《巴利律》記載：「諸比丘！許聰明賢能之比丘依止五年，暗昧者乃至命終應依止而住。」[3]另外，半月布薩時大眾共集在一處參與誦戒，比丘通過互相交流探討也可以增進對戒律的理解。

（4）文本的出現

據《根有律雜事》記載，佛在世時鄔波離尊者即已擔憂後世比丘可能會出現「人多健忘，念力寡少」的情況。他詢問佛陀如何解決這個問題，佛陀回答說「應寫紙葉讀誦受持」[4]。這預示佛教的語言必然要經過從口口相傳轉變為文本書寫的過程。東晉僧人法顯去印度取經時，那時的印度比丘大多數還在堅守口耳相承的傳統，以文字書寫的律本雖已經出現，但是比較稀少，很難獲得。《法顯傳》記載：「法顯本求

1　《十誦律》卷 39，《大正藏》23 冊，281 頁上欄。

2　《根有律雜事》卷 40，《大正藏》24 冊，409 頁下欄。

3　《犍度》卷 1，《漢譯南傳大藏經》3 冊，100 頁。

4　《根有律雜事》卷 25，《大正藏》24 冊，328 頁下欄。

戒律，而北天竺諸國，皆師師口傳，無本可寫。是以遠涉，乃至中天竺……復得一部抄律……亦皆師師口相傳授，不書之於文字。」

然而，要追溯最早的佛教文本卻並非易事。由最新的考古發現及學術研究可知，現今在中亞及我國新疆等地出土的佉盧瑟底文（Kharoṣṭhī）書寫的犍陀羅語寫卷，很可能是世界上現存最早的佛典。有很多學者認為犍陀羅語在中亞與中國佛教傳播中起到樞紐的作用，乃至於推測一些早期漢譯佛典的原語即屬於犍陀羅語，或者是由犍陀羅語梵化的語言。但是也有的學者認為不能簡單地把早期漢譯佛經的原語歸為犍陀羅語，它實際上是中古印度俗語、地域性方言以及梵語的混合體。[1]

而從歷史記載來看，傳入漢地的律典文本更可能是梵本。據《法顯傳》記載，法顯大師去印度經過西域地區時，見到當時西域胡國雖然有自己的語言，但是出家人研讀的卻是梵語的佛經，「諸國俗人及沙門盡行天竺法，但有精粗。從此西行所經諸國，類皆如是。唯國國胡語不同，然出家人皆習天竺書天竺語」[2]。由此可見，西域作為律典傳播的驛站，而西域的僧人作為律典傳播的信使，確實發揮了重要的作用，但從文本的形態來說，漢譯律典文本可能更多的是受到了印度本地梵

---

1 有學者將《長阿含經》原語中出現的五百個音譯詞作為研究資料，對照其他大量梵文文本、巴利文文本，發現這些詞能和梵文、巴利文等對應的音譯詞已經達到二百八十個，而與碑文上的犍陀羅語卻相差很大。「總之，我們不能簡單地把《長阿含經》的原語歸為犍陀羅語。如果我們仔細地研究起來就能看出，它是犍陀羅語以外的中期印度語、地域方言、梵語要素渾然一體、十分複雜的一個混合體。我們也許可以從廣義上把這一語言稱為犍陀羅語，但是有必要說明一句，它與西北印度的碑文上的犍陀羅語相距甚遠」。辛嶋靜志：《佛典語言及傳承》，中西書局，2016年，17頁。

2 《高僧法顯傳》卷1，《大正藏》51冊，857頁上欄。

語而非西域語言的影響。[1]

2. 律典文本的傳播
（1）戒律傳入中國

隨着佛教進入部派佛教時期，律典也逐漸打上部派的烙印，並且藉由佛教的向外傳播而不斷擴散到新的區域。其中，向南由印度中部傳播到南印度以及斯里蘭卡，進而至東南亞；向北則傳入罽賓和中亞，之後向東翻越蔥嶺，傳入于闐等我國西域一帶，最後在梵僧和中國僧人共同努力下又傳入中原大地。可見，中亞、西域等地區是包括律典在內的佛教典籍傳入漢地的重要中轉站。據相關資料記載，最早在中亞立足的可能是法藏部，該部從阿跋蘭多出發，經過伊朗到達安息，繼而沿着絲綢之路向東進入中亞。[2]《十誦律》作為說一切有部經典，主要在舍衛城、波羅奈城（鹿野苑附近）和摩偷羅一帶傳播，後來逐漸轉向西北的犍陀羅和罽賓國。罽賓的僧人向漢地弘揚戒律時，往往都要經過龜茲，而這一地區在魏晉南北朝時期達到鼎盛，成為佛教的中心。[3]正是罽賓的卑摩羅叉將《十誦律》帶到了龜茲，並在那裏弘揚此律，大批僧人包括鳩摩羅什都在他的座下受教。這也為《十誦律》日後傳入中原、並在中國其他區域的弘傳奠定了基礎。[4]

1　傳統上有觀點認為最初的漢譯文本受中亞或新疆一帶的吐火羅文等語言影響，這樣的結論並不符合實際。新近的學術研究更從西域考古資料、漢代墓葬出土的文物以及若干東漢譯經詞彙的音寫語料，證明了早期漢代佛教的傳入，並非「借由近距離感染式的『接觸傳播』而來，反而是一種『遠程傳遞』的結果」。可參考萬金川：《宗教傳播與語文變遷：漢譯佛典研究的語言學轉向所顯示的意義》，朱慶之編《佛教漢語研究》，商務印書館，2009 年，516 頁。同時可參考許理和：《漢代佛教與西域》，《國際漢學》第 2 輯，大象出版社，1998 年，291 頁至 310 頁。

2　杜繼文：《佛教史》，江蘇人民出版社，2008 年，35 頁。

3　魏長虹：《西域佛教史》，新疆美術攝影出版社，1998 年 10 月，18 頁至 24 頁。

4　黃夏年：《龜茲〈十誦律〉在江南地區的傳播與影響》，《新疆師範大學學報（哲學社會科學版）》，2013 年第 34 卷第 2 期，60 頁至 70 頁。

佛教自公元一世紀由中亞通過絲綢之路傳入中國，之後的三、四百年，經過廣泛討論並獲得了社會接納與認可。這個時期，戒律思想的傳播早於律典本身的傳入，它最初主要來源於來華高僧所翻譯的佛經中。竺法蘭和迦葉摩騰的《四十二章經》是最早譯出的佛經，其中講述了戒律的一些重要概念。[1]安世高是佛教早期著名的譯經者，其譯作《佛說阿含正行經》[2]、《佛說舍利弗悔過經》[3]等成為早期中國佛教戒律方面的重要經典，對於規範當時僧眾的修行具有重要意義。以戒律教導徒眾的佛圖澄以及道安大師的「僧制」探索，也為律典隨後傳入奠定了思想基礎。

　　據文獻記載，中土首次出現《戒本》是在 250 年，中天竺沙門曇柯迦羅在洛陽白馬寺譯出《僧祇戒心》。幾年後（254–256 年），安息國沙門曇諦來到洛陽，於白馬寺譯出《曇無德羯磨》。[4]至此，漢地真正同時具備了戒本和羯磨儀軌，可謂是律學發展的里程碑。但此時中原地區仍然沒有廣律，直到一百多年後《鼻奈耶》的譯出才填補了這一空白。在道安大師撰寫的《鼻奈耶序》中有這樣的描述：「道安常恨三藏不具，以為闕然。歲在壬午，鳩摩羅佛提齎《阿毗曇抄》、《四阿含抄》來至長安。……又其伴罽賓鼻奈，厥名耶舍，諷鼻奈經甚利，即令出之。佛提梵書，佛念為譯，曇景筆受，自正月十二日出，至三月

1　《四十二章經》卷 1：「身三者：殺、盜、婬；口四者：兩舌、惡罵、妄言、綺語；意三者：嫉、恚、癡。」《大正藏》17 冊，722 頁中欄。

2　《佛說阿含正行經》卷 1：「雖不能大精進者，當持五戒：一不殺，二不盜，三不兩舌，四不婬逸，五不飲酒。」《大正藏》2 冊，884 頁上欄。

3　《佛說舍利弗悔過經》卷 1：「若犯身三、口四、意三，自殺生、教人殺生、見人殺生代其喜。」《大正藏》24 冊，1090 頁上欄。

4　《高僧傳》卷 1：「迦羅以律部曲制文言繁廣，佛教未昌，必不承用，乃譯出《僧祇戒心》。……中夏戒律始自於此，迦羅後不知所終。……又有安息國沙門曇帝，亦善律學，以魏正元之中，來遊洛陽，出《曇無德羯磨》。」《大正藏》50 冊，325 頁上欄。

二十五日乃了，凡為四卷。」[1]然而，竺佛念翻譯的《鼻奈耶》較為簡略，真正完備的廣律是 404 年，由罽賓僧人弗若多羅在長安誦出的《十誦律》。隨後的十餘年中，《四分律》、《僧祇律》、《五分律》也相繼被譯出，實現了廣律在中國從無到有、由少到多的發展過程。

戒律傳入的過程需要克服很多困難，因為中印兩國的文化習俗和社會背景有着巨大差異。比如，梁朝僧佑所著的《弘明集》記載了當時的僧俗之間關於「踞食」的爭論。印度傳入的戒律裏規定比丘應踞坐而食，這顯然有悖於漢地的傳統飲食禮儀，因此漢地出家人是否應遵循佛制戒律的要求便引起了當時社會上的爭議。有人便認為：「始明玄宗，自敷高座，皆結加趺坐，不偏踞也。坐禪取定，義不夷俟。踞食之美，在乎食不求飽，此皆一國偏法，非天下通制。」[2]又如，慧遠大師的《沙門不敬王者論》、《沙門袒服論》等，皆反映了佛教戒律在中國不斷適應的過程。

（2）語言與翻譯

隨着漢地比丘對戒律的渴求與日俱增，愈來愈多律典得以傳入和翻譯。在公元 400 年之後的短短二十多年間，主要的律典陸續被翻譯出來。律典在傳入中國之前，主要按照不同的部派和流傳區域加以傳承。比如，誦出《四分律》的佛陀耶舍以及誦出《十誦律》的弗若多羅都來自罽賓，並曾長期在龜茲一帶弘法；而《僧祇律》和《五分律》的梵本則由法顯大師分別從印度本土和斯里蘭卡取回。此外，傳入年代較後的《根有律》由唐朝的義淨三藏從印度帶回並親自翻譯。

這些律典在傳入中國的過程中，不同語言間的差異也會導致在翻譯時造成其內容的變化。道安大師對此曾總結出「五失本三不易」的翻

1　《鼻奈耶》卷 1，《大正藏》24 冊，851 頁上欄。
2　《弘明集》卷 12，《大正藏》52 冊，77 頁下欄。

譯問題和難點。[1] 例如，漢、梵兩種語言的句式結構、修辭手法、表述風格等多個方面都有不同，即有可能造成由梵轉漢過程中原意的丟失。而隨着時代的變遷、語言的流變，想要「刪雅古以適今時」實屬不易。另一方面，後期翻譯的律典也會受到早期翻譯風格的影響，越後期的翻譯，其譯語也更加統一。此外，文本的翻譯也會因不同的人和不同語言而出現差異。比如，同樣是《根有律》的戒經，漢譯本與藏譯本乃至梵文本相比，偈文的數目都不同。漢譯本中有六偈之處，梵文戒經為十三偈，藏譯則有十七偈。藏譯偈數最多，似乎有許多是自其他地方補充的。

（3）文化差異

除了語言之外，因文化差異和思想不同，會造成所譯律典文意的變化，尤其略去了很多與中國傳統倫理觀念相衝突的內容。例如，中國文化傳統上普遍有一種含蓄、內斂的特徵，他們對「性」的描述常常比較隱晦。「與尼期行戒」的緣起中，《四分律》有這樣的描述：「時諸比丘尼在後，為賊所劫失衣鉢。」[2] 而《巴利律》中相關的文字為「於是，從其後而行之諸比丘尼於道中，遇劫賊出而污剝諸尼」[3]，此處「污剝」

1　《出三藏記集》卷 8：「譯胡為秦，有五失本也：一者，胡語盡倒，而使從秦，一失本也；二者，胡經尚質，秦人好文，傳可眾心，非文不合，斯二失本也；三者，胡經委悉，至於嘆詠，丁寧反覆，或三或四，不嫌其煩，而今裁斥，三失本也；四者，胡有義記，正似亂辭，尋說向語，文無以異，或千五百，刈而不存，四失本也；五者，事已全成，將更傍及，反騰前辭，已乃後說，而悉除此，五失本也。然《般若經》，三達之心，覆面所演。聖必因時，時俗有易，而刪雅古以適今時，一不易也。愚智天隔，聖人叵階，乃欲以千歲之上微言，傳使合百王之下末俗，二不易也。阿難出經，去佛未久，尊大迦葉令五百六通迭察迭書，今離千年而以近意量截，彼阿羅漢乃兢兢若此，此生死人而平平若此，豈將不知法者勇乎？斯三不易也。涉茲五失經三不易，譯胡為秦，詎可不慎乎。」《大正藏》55 冊，52 頁中欄至下欄。
2　《四分律》卷 13，《大正藏》22 冊，652 頁中欄。
3　《經分別》卷 5，《漢譯南傳大藏經》2 冊，84 頁。

所對應的巴利語原文是 "acchindiṃsu ca dūsesuñca"（搶劫和強暴）[1]。可見，《四分律》中僅提到「失衣鉢」，而漢譯的《巴利律》則表達了「強暴」的含義。在「實得道向未具者說戒」中，有比丘在俗人前示現神通，佛陀有一句呵責的話語。《僧祇律》記載為「譬如淫女賣色自活」。《毗尼母經》記載為「譬如淫女為半錢故示人形體」。此處的「賣色」、「人形體」，巴利語律典的對應詞彙為 "kopinaṃ"（女根）[2]。按此，這句話的本意應是：佛陀斥責該比丘（為了木鉢）在俗人面前示現神通，猶如淫女（為了錢）於眾人前暴露女根。[3]神聖的律典不應出現漢地文化無法接受的詞彙，因此在翻譯時使「性」的色彩淡化，成為合理的方案。類似的例子還有，如《僧祇律》中記載比丘尼向佛陀請益如果女人「內猶故臭」是否可以清洗[4]，這裏的「內」字也是在隱晦地指代「女根」。

從一些律典的文辭中還能明顯看出中國儒家倫理思想對其翻譯的影響。律典中記載，「大淫戒」是因為須提那返家，被家人勸說同其故二行不淨後才制定的。《五分律》中，須提那的父母如此勸說：「爾雖吾子，今為釋種，違我以道，夫復何言？但祖宗輟祠，人倫情重，王憲嗣絕，財物沒官，吾備之矣！汝豈不知，餘願所期在汝續種，汝其思之，吾言盡矣！」[5]此處用到的「祖宗」、「人倫」等文辭，帶有中國儒家文化的印記，且有宗族文化的意味。另外，中國傳統尊師重道觀念以及君臣關係也體現在律典文本中。[6]

---

1 此處對應的英文解釋是 "robbed them and raped them"，參見 Ṭhānissaro Bhikkhu，*The Buddhist Monastic Code I*, third edition, revised: 2013, p.435.

2 此處對應的英文解釋是 "expose her vagina"，參見 Ṭhānissaro Bhikkhu，*The Buddhist Monastic Code I*. third edition, revised: 2013, p.379.

3 《毗尼母經》卷 5，《大正藏》24 冊，826 頁中欄至下欄。

4 《僧祇律》卷 40，《大正藏》22 冊，545 頁下欄。

5 《五分律》卷 1，《大正藏》22 冊，3 頁上欄。

6 Hai Van Nguyen, *Uposatha, Vassāvāsa, and Pavāraṇā of the Pāli Vinaya and the Four-Part Vinaya: A Comparative Study*, University of the West, 2015 (a Ph.D dissertation), p.142-165.

另外，對一些新的概念，古時的譯者亦會採用中國儒道文化固有的解釋來比附。例如，將五戒與儒家的「仁、義、禮、智、信」五常視為相符一致。又如以孝為戒，將戒律的內涵與重孝的觀念統一，對佛教戒律的精神作出新的詮釋。[1]這些對比的方式雖是傳播的必要，但已經與文本原意有所差別。

3. 律典文本的演變

（1）後期整理

律典本身的內容亦具有其演變過程。雖然同源於佛陀的教授，但經過不同部派的解釋和傳播之後，流傳到後世的過程中勢必會產生一定變化，表現為各部律典有部分差異。律典的內容複雜而龐大，其形成需要多種因緣，除了佛親口所說的戒本之外，還有弟子描述佛陀制戒的緣起以及律師們對戒相的解釋。在描述緣起時，若有地點和人物記不清的情況，佛便開許地點可說在六大城，而人物為給孤獨長者等。如《十誦律》中，優波離問：「『世尊！我等不知佛在何處說修多羅、毗尼、阿毗曇。我等不知云何？』佛言：『在六大城：瞻波國、舍衛國、毗舍離國、王舍城、波羅㮈、迦維羅衛城。何以故？我多在彼住，種種變化皆在是處。』」《根有律》：「『若忘王等名，欲說何者？』佛言：『王說勝光、長者給孤獨、鄔波斯迦毗舍佉，如是應知，於餘方處隨王、長者而為稱說。』」

這些緣起內容有的是直接來源於當時已有的佛教典籍。如「非時食戒」中，《僧祇律》記載的一個緣起故事提到了「如《跋陀利線經》中廣說」[2]，而此處的《跋陀利線經》即是《中阿含經》中的《跋陀和利

---

1 《梵網經古迹記》卷 2：「戒為萬善之基，諸佛本原，善從此生。孝名為戒，惡從此滅，亦名制止，所以孝、戒，名異義同。」《大正藏》40 冊，702 頁中欄。

2 《僧祇律》卷 17，《大正藏》22 冊，359 頁中欄。

經》。因此，可以說《僧祇律》中的這則緣起故事很大程度上是《阿含經》中原故事的「略寫」。當然，經、律中都有的公案，並非前後總是一致，中間也會有少許變化和調整的痕跡。又如，「非時食戒」在《四分律》、《鼻奈耶》、《五分律》中的緣起故事則是迦留陀夷於雷電交加的深夜去白衣家乞食，由於驚嚇到一懷孕婦女令其流產而遭到該婦人辱罵、譏嫌。《阿含經》中也有類似的案例[1]，但故事中的人物不是「迦留陀夷」而是迦留陀夷講述的「昔一比丘」。有觀點認為這種差異來自律典結集和傳承的過程中，為了達到故事的警策性，後世律師對比丘形象作了「臉譜化」的改編創造。皮膚黝黑的迦留陀夷由於其外貌及個性特徵正好可以在律典中成為反面典型。但更有可能是在《阿含經》的結集和傳承中，經師為避免貶低迦留陀夷尊者而做出調整，因為來自多個部派的律典說法基本一致，而《阿含經》中只是孤證。

此外，各律典緣起故事中，緣起比丘出現次數最多的均是六群比丘。尤其是眾學法部分，六群比丘在《四分律》、《鼻奈耶》中出現次數的比例高達 99%，在《根有律》、《巴利律》中均超過 90%，而比例最少的《僧祇律》也達到了 74%。如此超高的比例，顯然不太現實。前面「戒本的形成」中有談到，眾學法部分本來就是後期逐步補充進去的。從其中的內容也可看出，諸律典中所描述的緣起情節都非常簡單，除了一些具體的行為有部分差異外，其餘均一致，很像是用同一個模板記述出來的。這很有可能是後代律師把六群比丘作為不持守戒

1　《中阿含經》卷 50：「尊者烏陀夷答曰：『……世尊！昔一比丘夜闇微雨，睒睒掣電，而非時行入他家乞食。彼家婦人爾時出外洗蕩食器，彼時婦人於電光中遙見比丘，謂為是鬼，見已驚怖，身毛皆豎，失聲大呼，即便墮娠，而作是語：「尊是鬼！尊是鬼！」時，彼比丘語婦人曰：「妹！我非鬼，我是沙門，今來乞食。」爾時，婦人恚罵比丘至苦至惡，而作是語：「令此沙門命根早斷，令此沙門父母早死，令此沙門種族絕滅，令此沙門腹裂破壞，禿頭沙門以黑自纏，無子斷種，汝寧可持利刀自破其腹，不應非時夜行乞食，坐此沙門而墮我娠。」』」《大正藏》1 冊，741 頁中欄。

律的典型進行了模式化的處理。

後人對語言理解的偏差，也反映在了文本的不同和流變中。例如「與尼期行戒」中，《四分律》的戒條裏提到了「與賈客行」的開緣情況，而在《十誦律》、《五分律》等律典中則為「多伴行」或類似的表述。從詞源角度分析，「賈客」對應的梵文是 "sārtha"，巴利文是 "sattha"，它們既可以解釋為「商旅、商人」，也可以翻譯為「結伴、群伙」。這表明不同律典文本中的不同表述，很可能是來源於對詞意的不同理解與取捨。除此以外，《根有律》的戒條中提到了「共商旅期行」，而且其緣起故事中也多處涉及到「商旅」、「商人」等情節，如「夏既終已，欲詣給園禮世尊足，出求商旅，於商人中見有苾芻」[1]。從中也能看出，不同律典中該詞的表述差異並不是由翻譯導致的，而是因為不同部派對該詞的理解不同導致了對緣起的整理有所不同。這或許從另一方面說明律典中的緣起部分可能經歷了後世逐步添加的過程。

（2）前後不一

伴隨着部派的發展，律典文本也在不斷變化更新之中。即使是同一部律典，也會出現前後不一致的情況。比如「減六年臥具戒」，《十誦律》、《僧祇律》、《五分律》、《根有律》、《巴利律》、藏傳《苾芻學處》等大部分律典的記載都是，無論舊臥具捨或不捨，不滿六年而作新臥具即正犯本戒。但作為《根有律》釋論的《根有律攝》卻有可以捨舊作新的開緣[2]。《四分律》中更是將戒條直接改為「若減六年，不捨故更作新臥具，尼薩耆波逸提」，這就意味着比丘只要捨去舊臥具便可以隨意作新臥具，相當於使本戒失去了其應有的約束力。這樣的做法及闡釋或許是部派律師根據現實需要所作的調整。

1　《根有律》卷 33，《大正藏》23 冊，806 頁下欄。
2　《根有律攝》卷 6：「若捨前作後或為他作者，無犯。」《大正藏》24 冊，559 頁下欄。

對於「捉錢寶戒」來說，在《根有律》的緣起故事中，比丘是不能直接捉金錢的，需要時可以請淨施主幫忙捉持，這與其他律典的記載相同。而在之後的辨相中，當找不到淨施主時，通過與其他比丘作對首說淨法，即可捉持金錢。如「受已持物對一苾芻作如是語：『具壽存念！我苾芻某甲得此不淨物，我當持此不淨之物換取淨財。』如是三說，隨情受用勿致疑心」。可見，在辨相部分對此戒的要求已經較為寬鬆。而後代律師在《根有律攝》中的解釋則更為寬鬆，只需作淨施主物想即可捉持。這些說淨法在其他律典中都沒有記錄，是根本說一切有部獨特的行持，顯然是該部律師為適應實踐而作的調整。這些戒律行持的變化，可能與後來社會經濟發展、社會生活中對錢的使用愈來愈依賴有關。

還有一些本來有實際作用的行持方式，由於社會背景的變化失去了原有作用，而更多地成為了作法儀軌，起到傳承佛世行儀、提策比丘持戒意識的作用。如佛世的時候，三衣是比丘生活的必需品，衣料也是十分難得的物資，而比丘將收集到的衣料用來作衣是當時一項比較普遍和重要的工作。每年夏三月安居結束後的一個月被稱為「迦提月」，是比丘們集中作衣為後續的參方遊學做準備的時間段。據《巴利律》描述，當時比丘作衣所用的一種工具被稱為「迦絺那」（Kaṭhina）[1]，而且還有專門作衣的地方被稱作「迦絺那堂」、「迦絺那廊」[2]。「迦絺那」

1　《犍度》卷15：「爾時，諸比丘處處繫樁而縫衣，衣不正。諸比丘以此事白世尊，〔世尊曰：〕『諸比丘！許用迦絺那及迦絺那繩處處結而縫衣。』於不平處展張迦絺那，而迦絺那壞。『諸比丘！不得於不平處展張迦絺那，展張者墮惡作。』於地上展張迦絺那，灰塵污迦絺那。『諸比丘！許用草敷具。』迦絺那之緣損壞。『諸比丘！許編緣。』不適迦絺那。『諸比丘！許有橫木之迦絺那，結串、籌、結繩、結線而縫衣。』」《漢譯南傳大藏經》4冊，157頁。

2　《犍度》卷15：「爾時，諸比丘於露地縫衣，因寒、熱而極疲。諸比丘以此事白世尊，〔世尊曰：〕『諸比丘！許用迦絺那堂、迦絺那廊。』迦絺那堂地低而積水。」《漢譯南傳大藏經》4冊，158頁。

一詞本身也具有「堅固」的含義。隨着比丘作衣需求的增加以及大眾在三個月安居期間的精進用功，佛陀後來開許比丘在安居自恣後可接受迦絺那衣，這樣就可以使迦提月額外增加四個月，並享有五種利益[1]。這時的「迦絺那」或者「迦絺那衣」具有現實作用，它使比丘有更為充裕的時間來準備衣物，滿足各自的基本生活需要。因此，受持「迦絺那」具有了「勝利」、「饒益」[2]，安居後授受迦絺那衣有了一定的儀式內涵。而隨着社會生產力的發展，比丘自己作衣的需求逐步減弱直至消失，迦絺那衣的實用性內涵也逐漸被儀式性功能所代替，成為今天我們所熟知的「功德衣」。無論是在中國，還是在泰國、斯里蘭卡等南傳佛教國家，一年一度的迦絺那衣儀式既是僧眾提策道心、接受供養的日子，也是俗眾培植福田的機會。但「迦絺那」早已同其最初具有的內涵和作用相去甚遠。

（3）部派律典的同異

不同部派的律典之間，既有高度的整體相似性，又存在不少具體的差異之處。

首先，從整體結構上看，諸律典的篇聚順序基本相似，均是從首篇的波羅夷到最後的眾學法及七滅諍法。具體到每一條戒的順序而言，諸律的波羅夷和二不定法完全相同，僧殘和捨墮部分除了個別差異外，基本上也都完全相同。剩餘的篇聚中，儘管眾學法和七滅諍法的順序上存在一定差異，但在波逸提及提舍尼部分，仍可以找到局部

---

1 《四分律》卷 43：「受功德衣已，得五事。何等五？得畜長衣、離衣宿、別眾食、展轉食、食前食後不囑比丘入聚落。」《大正藏》22 冊，878 頁上欄。

2 《根有律羯恥那衣事》卷 1：「聽諸苾芻張羯恥那衣，張此衣時，有五勝利：一、無過十日犯；二、無過一月犯；三、無過經宿離衣犯；四、唯著上下二衣，得人間遊行；五、得隨意多畜長衣。復有五種饒益：一、得別眾食；二、得數數食；三、俗家不請，得往受食；四、得隨意多求衣；五、始從八月半，至正月半時，經五個月所得財物，皆是羯恥那衣利養。」《大正藏》24 冊，97 頁中欄。

的一致性。在內容的構成方面，每條戒一般都是以「緣起、戒本、關鍵詞、辨相」這樣一種順序來記敘，各部派的律典基本一致。而根據本書對各律典中所犯境、能犯心、方便加行、究竟成犯和其他等五個方面的數據所做的統計分析，十六部律典中至少有十三部都相同的數據佔56%，七部廣律至少有五部相同的數據達65%。這進一步說明了諸律典之間的同源性。

其次，對於每條戒中的具體內容而言，除關鍵詞部分的相似性偏低外，緣起、戒本、辨相三者的整體相同比例均過半，尤其是以戒本最高，達到60.44%。由於戒本是比丘日常行持中最常用到的部分，也是每半月誦戒的基本內容，因而在千餘年來的流傳過程中，仍保持了主體的不變性。如果去除與諸律差異較大的《鼻奈耶》這一因素，其他六部廣律的戒本兩兩之間的相似度均值可高達79%。此外，從細節內容的比對中也能發現諸律間的相似性。以制戒地點來說，除眾學法之外，《四分律》、《鼻奈耶》、《十誦律》、《僧祇律》、《五分律》、《根有律》以及《巴利律》，此七部律典的制戒地點都主要在舍衛城和王舍城，佔總數的80%左右。對緣起比丘而言，此七部律典中六群比丘、迦留陀夷以及跋難陀三者都佔到一半以上。

然而，諸律典之間也存在很多不同。比如，此七部律典中，只有十八條戒的緣起比丘以及三十八條戒的制戒地點，是完全一致的，而其他戒條中，或多或少都有一些不同。即在絕大多數的戒條中，至少有一部律典發生了變化。

此外，被認為是同一部派的律典之間也有差異。《鼻奈耶》與《十誦律》同屬於說一切有部的經典，與其他的律典（《四分律》、《五分律》、《僧祇律》等比較來看，二者在戒條的數量和順序上有更多的相似之處。除眾學法之外，此兩部律典在緣起比丘、犯戒內因方面也有較高的一致性。然而，即使二者同屬一個部派的律典，在某些方面，

也存在一些差異。比如緣起故事中的制戒地點和因緣數量就有較大不同。《鼻奈耶》記載的制戒地點中，舍衛國有一百一十七條，而《十誦律》僅七十一條。此外，《十誦律》中因緣的數量比《鼻奈耶》少三十二條。這些都反映出同一個部派流傳的律典之間的演變。

各律典對待實踐中出現的同一問題，其看法有時也不盡相同。例如「與尼屏坐戒」，大部分律典只提到共坐時正犯，而《巴利律》、《根有律》還提到共臥亦正犯，《根有律》和藏傳《苾芻學處》則認為共立也正犯。可見，比丘與比丘尼屏處共坐很可能是本戒最原始的內容，而不同部派律師顯然對屏處共臥或共立這類行為是否犯戒存在着不同的觀點與理解。另如《僧祇律》中記載，若「水中若有浮萍遍滿水上」，不能直接用手取水，但是可以將石頭扔到天上而作意是扔到梵天，再次落入水中之後取水來用。這樣一種說淨方式是比較獨特的，而其他律典中都沒有提到此種說淨方法。

《四分律》與其他律典相比，其較大的不同之處在於百眾學部分多了二十多條和佛塔相關的戒條。這些戒條的加入，與法藏部的部派思想是有關的。據《異部宗輪論》和《部執異論》的記載，法藏部宗義尤其尊崇佛塔，認為供養僧團的果報趕不上供養佛塔的果報大。如「然別施佛果大非僧，於窣堵波興供養業獲廣大果」[1]，又如「僧中有佛世尊，依藪斗陂起恭敬有勝報，恭敬大眾則不及」[2]。法藏部的《佛本行集經》也記載了供養佛的髮爪塔能夠使「無量眾生千萬億數而得涅槃」[3]。但是制多山部、西山住部、北山住部等部派卻並不認同這一觀點。[4] 另

---

1 《異部宗輪論》卷1，《大正藏》49冊，17頁上欄。
2 《部執異論》卷1，《大正藏》49冊，22頁中欄。
3 《佛本行集經》卷32，《大正藏》3冊，803頁中欄。
4 《異部宗輪論》卷1：「制多山部、西山住部、北山住部，如是三部本宗同義，謂諸菩薩不脫惡趣，於窣堵波興供養業，不得大果。」《大正藏》49冊，16頁上欄。

外，《部執異論》還記載正地部亦不認為恭敬佛塔有功德，如「依藪斗陂，恭敬事無有報」[1]。由此可見，很可能在「供塔得福」思想的影響下，法藏部律典在發展過程中，將佛塔相關戒條補入到了眾學法中，而其他部派則沒有此類變更。

（4）部派思想的交流

部派律典雖然存在種種的差異，但不同部派之間也存在交流和融合。可見，律藏本身就是各部派不同觀點交流的平台，這也意味着部派之間可能會吸收對方的觀點並補充到自己所屬的部派體系中。例如，從數據分析的角度看，被認為是同一部派的律典，有些內容反而與不同部派的內容相似，說明這一部派可能吸取了其他部派的思想。根據本書對七部廣律中緣起部分（包括緣起比丘、緣起地點、文本類型、內因外緣、事件等六項）的數據統計和對比結果，說一切有部的《十誦律》同曇無德部《四分律》的相似度較高，甚至高於和《十誦律》同屬一系的《鼻奈耶》。除了《鼻奈耶》本身內容較簡略外，其原因很可能是《四分律》與《十誦律》都曾流行於罽賓和犍陀羅地區，兩者之間互有吸收和借鑒。又如，根據對七部廣律的緣起和戒本內容進行兩兩對比的結果，《四分律》和《巴利律》具有最高的相似性，與學者認為南傳上座部的律論應看作「法藏南系」的觀點[2]較為符合。儘管如此，從辨相部分境想差別的判罪情況來看，同屬法藏部的《四分律》和《巴利律》之間仍然具有不同的判罪特點，即《四分律》偏「心」判罪而《巴利律》偏「境」判罪。《四分律》以「心」為重的判罰特徵與其受大乘思想的影響密切相關。

不同部派之間常常發生的辯論和相互駁斥，也是吸收對方觀點和

1　《部執異論》卷 1，《大正藏》49 冊，22 頁中欄。

2　呂澂：《印度佛學源流略講》，上海人民出版社，2005 年，243 頁。

發展本部派思想的機會。部派之間的分歧雖然難以調和，但某一部派的比丘也可以有機會學習到其他部派的論點和思想，吸收其優點，進而推動本部派思想的發展。比如世親菩薩雖於有部出家，但他傳承了北印度犍陀羅的有部思想以及中印度的經部思想。後以經部思想改進有部的教理，寫出《俱舍論》，其中反映的戒律思想也融合了兩部的長處，具體內容詳見後文。《大唐西域記》亦提到位於犍陀羅北方的烏仗那國，雖敬信大乘佛教，但僅此一地就有五部律儀傳誦。[1] 從中或可得知，同一地區的不同部派有條件互相交流，也可以相互吸收與融合。

部派的思想，從某種意義上，正是從不同的角度對佛教義理的深入探討和辨析。雖然部派之間存在着不少分歧，但正是這種差異，使人們對佛教戒律的理解愈來愈深入，也為戒律的實踐提供了多種可能。

4. 原因、張力和調適

（1）文本變異的原因分類

前述律典傳承過程中產生的種種變化，按其成因大概可以分成幾類。

第一類是由於技術因素的原因而產生的文本流變，比如口口相傳過程中的資訊衰減和失真，不同語言之間的翻譯所產生的變化，手寫、印刷的版本流變等。第二類是思想的發展變化導致律典文本的變化，包括部派思想對律典的影響，也包括傳播過程中對本地思想的借用和格義而對文本產生的影響。第三類是持戒外部環境的變化導致持戒方式不得不隨之調整，這種變化穩定之後即可能反饋於文本中。第

---

1 《大唐西域記》卷 3：「舊有一千四百伽藍，多已荒蕪。昔僧徒一萬八千，今漸減少。並學大乘，寂定為業，善誦其文，未究深義，戒行清潔，特閑禁咒。律儀傳訓，有五部焉：一、法密部，二、化地部，三、飲光部，四、說一切有部，五、大眾部。」《大正藏》51 冊，882 頁中欄。

四類，部派律學本身系統化過程中的整理差異，也會導致律典的文本變化。例如，一個比較全面的辨相判罪主要分為六個方面，即所犯境、發起心、想心、方便加行、究竟成犯以及犯戒主體。但不同廣律中同一條戒辨相所包含的這六個元素也存在不同。一般而言，犯緣的多少，反映了各部派辨相整理的完備性程度。根據本書對七部廣律中辨相的數據統計和對比結果，銅鍱部的《巴利律》和法藏部的《四分律》，其辨相相對比較完備，大眾部的《僧祇律》和化地部的《五分律》辨相整理的完備性較低。

（2）律制規定和時代因緣之張力

思想的發展和持戒環境的變遷導致的律典文本變化，顯示出一個重要的事實：戒律文本一旦形成和開始傳承，就存在戒律規定和時空因緣之間的矛盾。

佛陀制定的戒律，是因緣所生法，當時印度的社會地理、思想文化等因素是重要的因緣。戒律與當時、當地的外部因素切合，比丘行持戒律時感到和所處環境相協調，戒律的落實就相對容易。佛世時，遇到戒律無法適應環境的情況，佛陀可以直接調整戒律，但佛陀涅槃後則失去了這樣的機制。之後戒律進一步固化成律典文本，一方面促進了戒律的傳播，比丘行持也有經典依據可依。另一方面，隨着教法流布和時代變遷，持戒的外部環境相較佛世時已經有大的改變，某些戒條的戒相與現實之間就產生了偏差。靜態的戒律文本和動態的時代因緣之間的張力，不可避免的產生。此時，對戒律文本的重新詮釋和戒律思想的調整，對於保持戒律的生命力和實踐性十分必要。

由此帶來的進一步的問題是，律典文本的再詮釋和戒律行持的調整，應該以怎樣的標準和方法來進行？本來佛陀所開許的「隨方毗尼」乃至「小小戒可捨」提供了這方面的方法和依據，可以說兩者都是佛陀為了保證戒律的開放性和時代適應性而設立的律制原則和調適方案。

但是，這些律制原則和方案在歷史上並沒有得到很好的貫徹和運用。第一次王舍城結集中，為了解決對戒律的種種爭議，當時的僧眾制定「我等已集法竟，若佛所不制，不應妄制；若已制，不得有違」[1]的規定。由此，根據時空因緣而取捨「小小戒可捨」和「隨方毗尼」的可能性被否決。當然，仍然有少數僧團通達佛意，不顧結集時的規定，沿用了佛陀的「隨方毗尼」和「小小戒可捨」的原則，如第二次結集時的大眾部。雖然其調整最後被判為「十事非法」，但也為戒律的新適應做了積極嘗試。再後期的《瑜伽師地論》也記載了五種情況下可以「止息學處」，說明仍有僧團遵循了佛陀對戒律的遺訓。[2]

（3）張力調適——文本的變和不變

在這樣的結集背景下，戒律規定和時空因緣之間的張力，該如何得到適當釋放？現實中可以看到兩種主要的調適方式。一種是後世律師根據實際行持的需要，通過各種途徑對律典文本做了修改或者增補，這從前文所述傳承過程中各律典文本的差異就能看出來。而之所以直接修改律典文本，是因為後世僧團對戒律再詮釋的權力已經被結集時的規定否決。既然無法通過對戒律的再詮釋來調整戒律行持，那麼只能通過修改律典文本獲得調整戒律行持的可能。通過修改文本，新的行持被賦予了合法性，避免了某些戒條因時代的變遷無法落實甚至障礙修行，以化解困境。另一方面，由於前述原因，全體僧伽公開討論戒律而作取捨的途徑已被關閉，調整方式被局限在部派內部或者僧團內部，並且只能由少數律師非公開地進行。這樣，各自持續累積的文本變動，使得各部派之間分野的加深成為必然結果。

另一種張力調適的模式是，雖然律典文本沒有變化，但是戒律的

---

1 《五分律》卷30，《大正藏》22冊，191頁上欄至中欄。
2 《瑜伽師地論》卷69，《大正藏》30冊，679頁下欄至680頁上欄。

實踐終究還是隨新的因緣而做了實際的調整。以三衣為例，佛制三衣大概有三個主要的作用：第一，最直接的作用即為御寒蔽體；第二，使比丘統一著裝以與外道沙門區分，從這個角度看三衣即是比丘的身分標識之一；第三，成為僧事法服，有相關的威儀要求，以保證僧事的莊嚴有序。可以說佛世比丘在日常生活中都離不開三衣。佛世比丘三衣不離身包括不離衣宿等戒律要求，是以三衣的實用性和生活化為大前提的。

而戒法傳入中國，三衣的樣式和穿法，即面臨與中國的地理文化風俗等相適應的問題。中國大部分地區，和佛制三衣時所依據的印度地理氣候條件迥異，若照搬印度三衣之樣式和作法，不能完全滿足漢地比丘的現實需要。另外，印度偏袒右肩、裸露肩背的著衣風格，與中國傳統風俗和禮教有所衝突，難以被大眾接受。中國漢地的出家人，在相關律制要求和現實因緣之間，做了非常有智慧的調適：三衣作為出家法服的整體形式被保留，但是基本上脫離了御寒蔽體的實用性，而讓位於符合漢地傳統的服飾。實用性的脫離也導致三衣的穿著方式發生了變化，不再區分上衣、下衣和外衣。但是保留了三衣割截福田衣的製作樣式和偏袒右肩的穿著方式，這就保留了三衣作為宗教和身分標誌的作用。比丘在上殿、過堂、布薩以及相關佛事中穿著三衣，能夠凸顯出宗教儀式的莊嚴性。三衣在中國完成從生活化到儀式化的演變，是佛教律制隨時空因緣而變通的體現。與之類似的，還有坐具、迦絺那衣等例子。了解這一歷史變遷，對當代比丘正確理解和持守相關戒律是很重要的，只有這樣才不會盲目因循文本細節，又不隨心散漫而為。

除了以上兩種對戒律的調適方式，僧團還另闢蹊徑，以制定僧制的方式對原有的戒律作補充。早在印度時，僧制的作用已經大大增

加，甚至寺院要求半月誦僧制[1]，與戒律的地位持平。及至佛教傳入漢地，祖師依據戒律的精神，制定了種種僧制和清規，在中國佛教史上發揮了重要作用[2]。

（4）傳統和變革的對立與融合

戒律在形成和傳承的過程中，各時代的比丘面臨上述矛盾時，通常有兩種不同的應對方式，反映出不同的思維模式：一種是恪守傳統的做法，以不變為穩妥；另一種則主張隨形勢而調整，以變革求突破。第一次王舍城結集時，「佛未制不制，已制不違」，即是保持傳統的做法。而後世應對新的時代因緣而做出文本或實踐上的調整，屬於變革。傳統和變革之間的對立和融合，可以說貫穿整個佛教律制史。

然而，孰是孰非不能一概而論。恪守傳統的做法有其優點和缺點，變革的做法亦如是。比如結集時規定「佛未制不制，已制不違」，在當時的因緣下，這種做法對於保存佛陀教法的原貌、維護僧團的統一性，發揮了重大的作用。這是大迦葉尊者為首的五百羅漢的智慧抉擇。但任何做法都不是萬能藥，都具有兩面性，這個規定在解決當時嚴重問題的同時，也限制了後世應對時代因緣變化的調整能力。變革的做法使得戒律在面對新的時空因緣時能繼續維持其生命力，但若缺少對原則的準確把握，也有脫軌的危險，從而偏離佛制戒律的本意。依據佛陀制戒的精神，在理解律典內涵的前提下，參照時空因緣，才是傳統和變革之間的中道，這必須立足於通達義理、精研律學和明察因緣的基礎上。

1　《南海寄歸內法傳》卷 2：「又見每月四齋之日，合寺大眾晡後咸集，俱聽寺制，遵而奉行，深生敬仰。」《大正藏》54 冊，213 頁下欄。

2　紀華傳：《中國佛教制度及其演變——以僧制為中心》，《宗教研究》，2016 年（春），38 頁至 39 頁。

（三）小結

綜上所述，無論是佛陀的制戒、律典的結集，還是後期部派分裂以及各部派律典的再結集都體現了無常法的本質。律典的形成以及傳承並非由佛陀一次性制定完成，然後由佛弟子們原封不動地繼承下來，而是一個逐漸形成、不斷調整、進而結集的動態變化過程。其中律典中的戒經部分在傳承過程中得到了較好的保存，不同律典之間差異性較小，緣起以及廣分別說部分，則有較大差異。

而推動其改變的背後力量正是在時空背景下不斷變化的思想、社會、文化、經濟、宗教等各種因素。深諳這一無常規律的佛陀，結合現實緣起，對戒律制而又開，開而又制。同時，也留下了「隨方毗尼」和「小小戒可捨」等應對無常變化的教授，正是希望後世的佛弟子真正做到以戒為師，使戒律跨越歷史的長河，突破時空的局限，持續煥發生命力，以指導比丘的日常修行生活。

無常是有為法的規律。希望通過恆守固定的佛制來遵循佛陀的根本精神，無異於刻舟求劍，這恰恰違背了佛陀的根本精神。佛陀制戒都是根據當時的因緣，當相應的緣起發生變化時佛陀就會做出相應的調整。因而佛陀所謂的「佛制」是指能因應緣起變化而隨時做出適應性調整的規範，它本身就包含了無常的內涵。如果罔顧現實緣起一味固守戒律文本字面的意思，恰恰是偏離了戒律的本質。此時所抓住的看似是常的文本，其實只是無法抓取的無常幻相。從結集到部派的分裂再到不斷的傳譯，律典文本一直經歷着變化。固守文本，不僅無法把握其形式，更錯失了它的實質。

但同時，我們也應清晰的認識，無常也有其相對性，並非絕對。無常觀本身也只是對治法，而非絕對真理，「如是人觀無常，是對治悉

檀，非第一義」[1]。因此，不能認為文本存在無常性，就可以隨意詮釋或更改，更不是廢棄律典而求其他。律典畢竟相似相續地傳承着佛陀的言教，也凝結了歷代律師的智慧，需要辯證地看待文本的無常性。因此，後世比丘必須在深研律典的基礎上，才能通達和繼承佛陀的制戒智慧，從而能夠真正做到以戒為師，把握戒律的根本精神。

1　《大智度論》卷 1，《大正藏》25 冊，60 頁中欄。

二、因緣觀

（一）綜述因緣觀

「法不孤起，仗境方生」，佛教認為沒有什麼事物是可以孤立獨存的，任何一法都是由內外眾多的因緣條件重重組合的結果。一切法如此，佛法當然也不例外。因此，要研究這樣一種多面體、高維度的對象，也就必然要引入更多研究角度，使用更多研究方法。單一的研究路徑，充其量只能窺視一個平面切片上的局部，雖然對某一維度上的認識和了解有一定的幫助，但始終無法還原對象的全貌，更難說要會悟「如來真實意」。所以在佛法的研究上，方法論的辨析就變得尤為關鍵和必要。《大智度論》中將佛法分成「四種悉檀」[1]，這就足以窺見教法的多面性、深邃性和複雜性。再加上「佛學研究」這一命題，在傳統與現代、東方與西方、信仰與理性的種種矛盾對立中糾纏已久，也就更加凸顯出對此討論、總結和探索的急切訴求。

戒律同樣是眾緣和合的產物，研究戒律也需要在使用傳統研究方法的同時能夠融攝更多現代社會科學的方法。通過多種研究方法的角度，辨析構成戒律的諸多因緣，才能體會佛陀制戒之本懷，把握戒律真正的精神。佛陀因事而制戒，每一條戒的背後都有眾多特定的因緣，需要用不同的視角才能觀察清楚。可以從傳統解毗尼之角度，用三相、五事等方法認識戒律；可以從傳統義學信解行證的角度體會戒律；可以從社會背景的角度，在不同地域文化、地理、宗教、習俗對戒

1　《大智度論》卷 1：「四種悉檀：一者、世界悉檀，二者、各各為人悉檀，三者、對治悉檀，四者、第一義悉檀。」《大正藏》25 冊，59 頁中欄。

律的影響中體會戒之意趣；也可以從史學的角度，觀察戒律在歷史長河中經歷的無常變化；可以從現代語言文獻學角度，對比梵、巴、藏、漢，考察文本的流變，還原文本真實；可以從現代資訊學的角度，用數據分析戒律等等。每一種角度、每一種方法都是觀察戒律的一扇窗戶。

（二）傳統解毗尼方法

傳統解毗尼方法，就是以律典為核心，通過辨析此戒的緣起、戒條、關鍵詞、辨相等各部分內容，達到對此戒的深入理解。

使用傳統解毗尼的方法來理解戒律，律典之中多有應用。如《十誦律》中的「三事決定知比尼相：一、本起；二、結戒；三、隨結」。其中，「本起」就是制戒緣起，「結戒」就是所制戒條，「隨結」就是初制之後的隨制。《明了論》中記載「五相」解毗尼，「一、緣起，二、起緣起人，三、立戒，四、分別所立戒，五、決判是非」。前兩項是緣起情節和緣起比丘的介紹，後兩項是戒律的戒本和戒本分別（即關鍵詞解釋），最後一項是辨相判罪的內容。此外，《四分律》和《僧祇律》中記載「五事」解毗尼，以及《善見論》中的「四毗尼」，均為此種方法，內涵相同。究其內容主要可以概括為緣起、戒條、關鍵詞和辨相四個部分。

緣起的故事主要起到案例法和教育後世比丘的作用。通過緣起，一方面能夠作為判案的實例，對純粹理論辨相的判罰作有效的補充；另一方面幫助理解此戒由哪些內因、外緣而引發，持守可以帶來哪些利益、避免哪些過患。對後世的比丘有重要的警示與指導意義。戒條作為整個律典的核心，通過戒條能夠快速把握這一條戒的主要內容。隨後的關鍵詞解釋，解釋戒條之中出現的重點詞彙，有助理解戒條。而辨相部分，詳細辨析戒相，全面梳理此戒的開、遮、持、犯。

本書寫作過程中，借鑒上述傳統解毗尼方法，按照緣起、戒本、關鍵詞、辨相等思路，規劃每條戒的寫作方案。緣起辨析中又分為犯戒內因、外緣等七個部分深入辨析；戒本辨析中分為諸律相同、相似、部分差異、差異較大的對比級別；辨相中分為所犯境、能犯心、方便加行、究竟成犯和犯戒主體辨析開遮持犯。每一條戒的寫作，首先陳述諸律典相關內容，然後，再展開同異對比分析，力圖把握每條戒的文字內涵及背後的制戒意趣，最終達到對戒律全面準確的理解。

傳統解毗尼方法立足於律典，通過戒條、緣起和辨相的不同角度，重視實踐性。但是其不足之處在於視野相對單一，對戒律背後的社會背景以及歷史變化等方面缺乏關注。

（三）傳統義學方法

「義學」一詞，原指儒家講求經義之學，大概於魏晉時期佛教開始借用並代指解詮佛教經義之學，如《高僧傳》中就已經出現「義解」僧[1]的分類。之後逐步泛化，囊括了注解、疏鈔等方式[2]。其治學的特點，是以「信解行證」為原則，為了指導實踐獲得成就對佛教義理加以解釋和闡發。

具體到戒律研究，古來律師主要採取以律解律、以經論解律和阿毗達磨等方法，來解讀律學義理。

1　《高僧傳》卷 4：「道以義解馳聲矣。」《大正藏》50 冊，350 頁上欄。
2　《釋氏稽古略》卷 4：「兩街止是南山律部、慈恩、賢首疏鈔義學而已。」《大正藏》49 冊，867 頁中欄。

1. 以律解律

這一方法，就是採用各個部派的廣律及專門論述戒律的相關論典，通過對諸律進行歸納、取捨和詮釋，以此建立起更為統一、抽象的理論。由於漢地擁有多個部派的律典資源，因此主要是漢傳佛教採用了這一方法。就會通各派的做法而言，在藏、南傳佛教的戒律傳統中較少運用。

道宣律師在《行事鈔》中說明了這一方法之意趣，「若不鏡覽諸部，偏執一隅。涉事，事則不周；校文，文無可據。遂師心臆見，各競是非，互指為迷，誠由無教」[1]。從中可以看出道宣律師的考慮，通過廣泛採集諸律的觀點，找出最優的持戒方案。此外，從其他律典之中採集出來的相關規定，相比「偏執一隅」、「各競是非」而言，具有更高的合法性。

（1）利用原典會通

南山律以當時漢地流行的《四分律》為主，在碰到「律文不了、事在廢前、有義無文、無事」[2]的情況下，則用其他律典內容補充。《行事鈔》中，還提出了當時取捨戒律的六種做法：1. 只取本部觀點；2. 本部缺文，用他律補全；3. 以本部義理為主，根據他律稍加擴展；4. 本部雖然有相關規定，但是為其他律典所廢止，於是隨之廢除；5. 不執一宗，在諸律中廣泛採集運用各種規定；6. 用大乘思想來抉擇一切律典。道宣律師表明自己是以第3、6兩種方法為主，同時也會使用其他的幾種方法。[3]

1　《四分律刪繁補闕行事鈔校釋》，34 頁。

2　《四分律刪繁補闕行事鈔校釋》，33 頁。

3　《行事鈔》卷 1：「又世中持律，略有六焉：一、唯執《四分》一部，不用外宗。……此鈔所宗，意存第三、第六。餘亦參取，得失隨機，知時故也。」《四分律刪繁補闕行事鈔校釋》，35 頁至 36 頁。

這種方法在律典研究中多有運用，比如《四分律》對犯前二篇的方便罪沒有分出輕重，而《十誦律》則從初二篇中分出四種偷蘭遮。[1]《四分律》這樣的罪階布局在實踐中會遇到難題。例如「大殺戒」中，想要殺人而差點將對方殺死的比丘，和只是準備了刀具卻並未對對方造成傷害的比丘，兩人同犯殺戒的方便偷蘭，這樣的判罪較為模糊，將偷蘭遮一概而論，不能準確辨別比丘方便罪的情節輕重。《行事鈔》為了解決這一問題，採用《明了論》中初二篇中的「三方便」[2]，同時結合《十誦律》中初二篇中的「輕重」分判，於是將初二篇罪中三品方便結罪分出了輕重，即三品偷蘭（初篇近，為上品偷蘭；初篇遠，二篇近，為中品偷蘭；二篇遠，為下品偷蘭）。[3]通過上文的會通，南山律將前二篇的方便罪區分出了等級，使罪階系統變得更完整，也更符合實際行持的需要。

在「摩觸戒」中，《四分律》沒有對緊急情況下觸女眾做出開緣。而在實際行持中，比丘可能會碰到要救落水的女人的情況。面對這一問題，《行事鈔》借鑒《十誦律》等律典的開緣做出會通，如果遇到「母女姊妹為病患，及水火刀兵、深坑惡獸難」的緊急情況，就可以前去營救而不犯此戒。[4]

（2）建構理論與會通諸律

除了上文提到的，在諸律間互取互補外，道宣律師還根據「統明

1　《十誦律》卷 57：「有四種偷蘭遮：有偷蘭遮罪從波羅夷生重、有偷蘭遮罪從波羅夷生輕、有偷蘭遮從僧伽婆尸沙生重、有偷蘭遮從僧伽婆尸沙生輕。」《大正藏》23 冊，425 頁上欄。

2　《行事鈔》卷 2：「《明了論》中，初篇、二篇有三方便。」《四分律刪繁補闕行事鈔校釋》，1233 頁。

3　《行事鈔》卷 2：「約初篇中『淫戒』以明。如內心淫意，身口未現，名『遠方便』。」《四分律刪繁補闕行事鈔校釋》，1234 頁。

4　《行事鈔》卷 2：「《十誦》：『若母女姊妹……但捉一處莫放。到岸，不應故觸，得殘。』」《四分律刪繁補闕行事鈔校釋》，750 頁。

律藏，本實一文，但為機悟不同，致令諸計岳立」的認知，認為「佛語互不違背」。因此，面對各部之間明顯的不同，南山律也不惜通過建構更為深細的理論來消除諸律間的差異，來證成「本實一文」的觀點。例如：

《僧祇律》的「摩觸戒」中記載「謂是黃門……男子……而是女人，乃至推拍，僧伽婆尸沙」[1]，意為：只要對方是女人，不管作男子還是黃門想而觸摸，都犯僧殘。而道宣律師認為這樣的判法和《四分律》及其他律典不同，差異較大。於是道宣律師在《行事鈔》中採用了會通的方法，將這段記載詮釋為：比丘之前已經有了要觸摸女人的方便心，在觸摸時突然轉想，認為觸摸的是男子、黃門，於是犯下了僧殘罪。這樣一來，通過會通的方式消除了諸律間的差異。[2]

按照南山律從心結罪的原則，在「大殺戒」中比丘「人作非人想」而殺，應該犯突吉羅才對。因為比丘的發起心是想殺非人，而且又沒有非人被殺死，此時應該只結一個偷蘭遮的方便，也就是突吉羅罪。但是，《四分律》將其判為偷蘭遮。為了解決這一矛盾，《行事鈔》又構建了「境想分別」這一理論。也就是比丘一開始是人作人想而起方便殺人的，可是在此過程中，自己又「轉想」了，最終將所殺對象當成了非人而殺，因此最後結一個殺人方便的偷蘭遮和一個「人作非人想殺」的突吉羅罪。突吉羅罪由於比較小，所以律文將其隱去。[3]

除了上述基於律學本身所進行的理論建構外，還有一類則是為了解決當時戒律行持中出現的實際問題。下面舉「分通大乘」和「不學

1　《僧祇律》卷 5：「謂是黃門，而是女人。」《大正藏》22 冊，266 頁上欄。

2　《行事鈔》卷 2：「《十誦》：『若觸不能女、男身者，俱蘭。』《僧祇》：『意謂男子、黃門，而是女人，觸者殘。』謂前有方便心，後採本境。」《四分律刪繁補闕行事鈔校釋》，748 頁。

3　《行事鈔》卷 2：「若異境後心，《律》並不結其罪。（如非人疑想偷蘭者，是本想蘭也；後作非人疑想之時，但得吉羅。具足五緣，殺非人蘭；今作人想，亦吉羅也）。」《四分律刪繁補闕行事鈔校釋》，1255 頁。

無知」為例：

　　道宣律師為了反駁「大乘行者不用持比丘戒」的見解，並在《羯磨疏》中列出了五點理由來證明《四分律》通大乘，這五點理由分別為：「沓婆厭無學，知非牢固也；施生成佛道，知餘非向也；相召為佛子，知無異乘也；捨財用非重，知心虛通也；塵境非根曉，知識了義也。」通過建構「《四分律》分通大乘」這一理論，道宣律師達成了讓比丘重視持戒的目的。

　　此外，對於當時有些人認為的不學戒就不會犯戒，即「不知者無罪」的論調，道宣律師給予了有力的回應。為了對治這樣的邪見，道宣律師在《行事鈔》中，借助「恐舉先言戒」[1]和「拒勸學戒」[2]建構了「不學無知」的理論。這一理論構建後，如果比丘因為對戒律內容不熟悉而導致的犯罪，不僅不能以「無知者無罪」為理由免罪，反而可能會結犯「不學罪」和「無知罪」。比丘受戒後如果發心不學戒律，則會結犯「不學罪」；當面對持犯的境界而不能了然於心則會結犯「無知罪」。通過這樣的構建，破斥了上述「不知者無罪」的邪見，為比丘受戒之後，努力學戒和認真持守提供了理論保障。

　　這一方法通過吸收諸律，輔以祖師的揀擇，為戒律的實際行持提供了一套更可行的方案。同時，通過會通諸律而建構的持戒標準，因為有律典的依據而凸顯其合法性。另外，也巧妙地迴避了「師心自用」的指責以及其他種種爭論。但是其不足之處在於忽略各部律典實際存在的差異，強行會通的結果很容易導致臆測文義、理論繁複乃至與實踐脫離的弊病。

1　《資持記》卷2：「問：『不學罪為出何處？』答：『受戒說相，即制依師。今違此教，故結吉罪。』」《四分律行事鈔資持記校釋》，2126頁。
2　《行事鈔》卷2：「無知有二：若全根本無知，得重，故《律》云『重增無知波逸提』；若疑者，得輕，是吉羅也。」《四分律刪繁補闕行事鈔校釋》，1202頁。

本書繼承了南山律的會通方法，根據戒律行持中的需要，廣集諸律的戒條、辨相並對其作出取捨，為比丘提供了戒律行持方面的參照。同時，不避諱諸律間的差異，本着實事求是的處理方式，深入理解差異背後的意義。

2. 以經、論解戒律

這裏的「經論」專指「經、律、論」三藏中除去律藏的部分，即借用經文和論典中的內容和思想來闡釋律學。在各系佛教針對比丘戒的律學論述著作中，較厚重的理論補充試舉以下兩例：

（1）業果理論

這一點，在宗喀巴大師的《苾芻學處》中體現得較為明顯。

早在部派佛教時期，有部的代表作《俱舍論》中，在對業果的分析上，已經提出了「意樂」、「加行」、「究竟」等概念[1]，不過相對還比較模糊和零碎。到後期唯識派所尊崇的《瑜伽師地論》裏，對業果的分析就有了更為明確和系統的説法：「一由意樂，二由方便，三由無治，四由邪執，五由其事。」[2] 犯戒的行為，本身就可以看作是一種造業的活動，所以借用造業的理論來指導判罪也有着足夠的合理性。這一理論也被宗喀巴大師所繼承，用以構建《苾芻學處》中的判罪體系。此外，在對想心「想不錯亂」、發起心「相續未斷」等意業的強調和這些細節的要求上，同樣可以看出唯識派業果理論的運用。本書的辨相部分也基本繼承了這一理論。

（2）慧解立宗

道宣律師在其著述的律學著作中，引入了大量與「慧」學相關的

1　《阿毗達摩俱舍論》卷 18，《大正藏》29 冊，96 頁下欄至 98 頁中欄。
2　《瑜伽師地論》卷 59，《大正藏》30 冊，630 頁上欄。

經教理論，使原先僅僅作為解脫基礎的「律學」，發展成為「律宗」這樣一套導向成佛的修學體系。

例如在「戒體」理論的闡釋中，道宣律師以《法華經》、《涅槃經》建立成佛宗旨，並依唯識觀點將戒體視為阿賴耶識中的善法種子。[1] 進一步，道宣律師說明，在持戒的過程中，依靠這一戒體的力量，內心不斷淨息妄源，就是在行持菩薩三聚淨戒。[2] 借鑒唯識、如來藏以及瑜伽菩薩戒的理論，將比丘戒的持守融歸於菩薩三聚淨戒中，並與直至成佛的目標相會通。

在慧觀方面，道宣律師在《行事鈔》中，提出了「南山三觀」[3]。其中，為了解釋「理懺」的方法，廣泛借用大小乘經論的思想，將教理慧解的方法判作「性空」、「相空」和「唯識」三種，並借用《攝大乘論》等論述，以確立後者圓深的地位。而在後代元照律師《資持記》的注釋中，除了引用更廣博的經論以證明道宣律師的觀點外，又以天台的《摩訶止觀》為歸旨。[4]

不過，誠如元照律師在《資持記》開篇的序文中所說「三藏分宗所詮乃異，據行則雖通兼濟，在教則各有司存」[5]，強調「經、律、論」三者之間有融通的基礎，也同樣存在本質上的區別。如果引用合適、

1　《資持記》卷 2：「欲了妄情，須知妄業。故作法受，還熏妄心，於本藏識成善種子，此戒體也。」《四分律行事鈔資持記校釋》，115 頁。

2　《濟緣記》卷 3：「是故行人，常思此行，即攝律儀，用為法佛清淨心也。以妄覆真，不令明淨；故須修顯，名法身佛。」《四分律刪補隨機羯磨疏濟緣記校釋》，845 頁。

3　《行事鈔》卷 2：「一者，諸法性空無我。此理照心，名為小乘。二者，諸法本相是空，唯情妄見。此理照用，屬小菩薩。三者，諸法外塵本無，實唯有識。此理深妙，唯意緣知，是大菩薩佛果證行。」《四分律刪繁補闕行事鈔校釋》，1264 頁至 1265 頁。

4　《資持記》卷 2：「若乃決白自心，的指妙境，甄別大小，簡練偏圓，歷位淺深，涉道次序，唯天台《摩訶止觀》是可投心。」《四分律行事鈔資持記校釋》，2271 頁至 2272 頁。

5　《資持記》卷 1：「三藏分宗，所詮乃異。據行則雖通兼濟，在教則各有司存。」《四分律行事鈔資持記校釋》，10 頁。

分寸得當，就律學自身而言，對於深入理解戒律的教理基礎、構建體系化的判罪準則和指導實際的行持都有非常積極的意義；而就教法住世的層面來說，經論中的著述為針砭時代流弊、糾正觀念偏差提供了更豐富的材料和更深邃的理論依據。這兩方面在本書中都有所涉及，如上文提到的辨相中借用業果理論而成的「五緣」成犯，在諸多專題的論述上，也廣泛引用《大智度論》、《瑜伽師地論》等經論中的觀點作為證明。

但同時也要警惕「廣談論學以亂律乘」的弊病。這種引入律學以外的典籍進行理論化構建的做法，在一定程度上，對戒律的落實和行持而言，是需要乃至必要的。而一旦過度，又會落入與行持脫節的尷尬境遇。尤其是引入「戒」學之外的「定、慧」內容，更是極大地增加了學習的難度，從某種意義上說也更加脫離了戒律作為修行基礎和日常規範的本意。從元照律師的批評中可以看出，這一傾向實屬整個時代的律學風氣。[1] 道宣律師撰寫《行事鈔》就是要扭轉以往律學著作多糾纏於名詞法相辨析的局面，期望能夠以更切實的文字來指導實踐。[2] 即便如此，像上述對「戒體」的分別、「理懺」部分的闡釋，如果沒有對部派佛教、大小二乘、漢地宗派之間義理的了解和通達，真正理解這些內容極其困難。此外，過於高深的理論也很容易帶入宗派的色彩，進而導致後世的紛爭，從南山後學對元照律師的評論中就可見一斑。[3]

1　《資持記》卷 1：「往哲未詳，固多濫涉。並廣談論學，以亂律乘（即《增輝》等記，隨文結釋。『涅槃』『四果』等，並依法相廣列章門是也）。」《四分律行事鈔資持記校釋》，10 頁至 11 頁。

2　如道宣律師在「妄語戒」的「見聞觸知」解釋的部分就有大段省略，對比智首律師的《四分律疏》中則有大量篇幅的描述：「言見者。眼識能見解復初句不淨境……以五識所得事誑他言見。即成妄語。亦是不見言見。下三句可以類知。不煩更解。」《卍續藏》42 冊，317 頁上欄至下欄。

3　《律宗問答》卷 1：「以理則為上智深位所用，此則扶成荊溪所破之義、屈抑祖道。若的指投心之語，蓋《資持》不達，祖師在歸敬中用妙觀處，故有語，其猶棄堂上之親，拜陌路為父。」《卍續藏》59 冊，711 頁中欄。

因此，除了理解戒律必需的基礎教義，戒律之外的義理辨析在本書中不予涉及，希望能夠以此保持律學基礎、純粹和易行的特點。

3. 阿毗達磨與優波提舍法等

傳統律學義理研究，除了借鑑經律論的思想來辨析律學義理，還借鑑佛教論著中獨特的建構形式，得到廣泛運用的是阿毗達磨和優波提舍。

阿毗達磨，梵語 "Abhi-dharma"。前綴 "Abhi" 有兩層意思：一種是在論藏中更多強調的是「大、勝、無比」之意；另一種是「對」之意，即對向諸法，議論抉擇。其有關解釋之形式，重在法門分別，把法相分成各式各樣的門類。《大乘起信論義記》記載：「今譯為對法，謂阿毗是能對智，達磨是所對境法。謂以正智，妙盡法源，簡擇法相，分明指掌，如對面見，故云對法。」[1]

《薩婆多論》中「大淫戒」制戒因緣部分，每段以「……者」[2]的形式數數宣說，從犯緣到輕重諸多情況的分別辨析，均是阿毗達磨嚴密的邏輯思辨法。《行宗記》對前者的吸收無處不在，同樣是「大淫戒」，行淫處者、淫心、受樂、輕重，分門別類抽繹諸般差別。藏傳《苾芻學處》也是借鑑阿毗達磨方式，從敘意、受戒法、事師法、隨順事到五篇墮罪及眾多學法，非常系統完整地構建了其律學體系。至於南傳佛教亦如是，《分別論》中第十四品學處分別，通過對法分別將五學處（遠離斷人命之學處，遠離不與取之學處，遠離欲邪行之學處，遠離虛

1　《大乘起信論義記》卷 1，《大正藏》44 冊，241 頁下欄。
2　《薩婆多論》卷 2：「生信心者，信三寶生人天中、信邪墮三惡道。信知苦、斷習、證滅、修道……遠離鄉土者，夫出家者為滅垢累，家者是煩惱因緣，是故宜應極遠離也。施食者，得五功德：一者得色，二者端政，三者得力，四者得辯，五者得壽……」《大正藏》23 冊，512 頁下欄。

妄語之學處，遠離宰羅酒、迷麗耶酒、末陀酒、放逸處之學處）清晰羅列，組合比對，最後由「如何諸法為『學』耶」整合分析給出答案。本書在寫作過程中，也多有借鑒這種方法。比如，除了上述傳統解毗尼方法之戒本、關鍵詞、辨相、緣起外，特別增加專題、原理、總結和現代行持參考部分，分門別類，多層並解戒條內涵，皆是阿毗達磨法的具體應用。

還有一類律學研究方法，常以自問自答的方式闡明觀點，以議論的方式來討論戒律，此即名為優波提舍。它的梵語為合成詞 "Upa-deśa"。"Upa" 有「隨」的意思，"Deśa" 的詞根是 "Diś"，有「示」的意思，英譯即 "Discuss"，作者常以自己設問自己回答的方式論議對某議題之看法。此法在律典中多有運用，如《薩婆多論》：「問曰：『淨主比丘不犯，長財犯耶？』答曰：『無犯。此方便施，是他物故。』」[1] 這便是自問自答寫法的典型代表。南山律中，如《行事鈔》：「云何名『欲』？『欲』者，所作事樂隨喜。」[2] 又如《行宗記》：「問：『「業」與「體」何別？』答：『「體」取戒法，「業」據受體。』」[3] 此二例都是這種方法的具體運用。通過問題的形式提出，再層次分明地予以解答，這種思路，在本書專題部分也常有應用。

通過阿毗達磨與優波提舍法的形式，能夠使辨析邏輯嚴密，思慮周全，遍攝問題多個角度，甚至各個細節處。但是，其局限在於，一味講求容易陷入繁複枝末，與現實脫節。

此外，傳統義學中，還有一類「訓詁學」解義方式。訓詁學，屬於傳統經學中的一種方法，通過對具體字詞意思的考證，使讀者了解

1　《薩婆多論》卷 4：「問曰：『淨主比丘不犯，長財犯耶？』答曰：『無犯。此方便施，是他物故。』」《大正藏》23 冊，526 頁中欄。

2　《行事鈔》卷 1，《四分律刪繁補闕行事鈔校釋》，130 頁。

3　《行宗記》卷 1，《四分律含注戒本疏行宗記校釋》，42 頁。

這一字詞的含義，進而增進對經典的理解。律典傳入中國之後，一些律學詞彙在翻譯中被創造出來，如「波羅提木叉」、「越毗尼」、「明相」等，這些詞彙需要解釋才能理解。南山律就經常使用這一方法，用訓詁學來解釋律典詞彙。例如《行事鈔》在解釋「布薩」的含義為：「『布薩』，此云『淨住』。《出要律儀》云：『是憍薩羅國語。』……《三千威儀》云：『布薩者，秦言「淨住」，義言「長養」，又言「和合」也。』」[1]本書的關鍵詞部分，即吸收了這類方法，對戒律相關的名詞作詳細的解釋。

（四）部派思想對比方法

不同律部思想對比方法的目的很明確，即明確諸律典有同一來源的傳承，但也有因部執而存在的差異。在此基礎上梳理、比較諸律同異，從而補足傳統研究方法對部執宗見的忽視。然後在此前提下進一步會通諸律差異以加深對戒律的理解。

例如，在「大盜戒」三寶物轉用的研究中，要理清佛物與僧物互用判罪的情況，就需要考查部派之間對佛陀的不同看法。《四分律》中瓶沙王要布施竹園給佛，佛說：「汝今以此園施佛及四方僧。何以故？若是佛所有，若園、園物，若房、房物，若衣、鉢、坐具、針筒，一切諸天、世人、魔王、梵王、沙門、婆羅門無能用者，應恭敬如塔。」[2]這裏強調供養佛陀的物資，僧眾弟子等是不堪使用的。非常相似的故事，《五分律》中記載當國王奉上新衣時，世尊勸諫：「可以施僧，得大果報！」「可以施僧，我在僧數。」這與《四分律》的記載大為不同。《異

1　《四分律刪繁補闕行事鈔校釋》，391頁至392頁。

2　《四分律》卷50，《大正藏》22冊，936頁下欄。

部宗輪論》明確記載了化地部主張「僧中有佛，故施僧者便得大果，非別施佛」[1]，法藏部則是「佛雖在僧中所攝，然別施佛，果大非僧」[2]。如果依傳統的諸律「本實一文」[3]的樸素理解，難免會忽略掉這些部派思想上的本質差異，導致參閱諸律後重新擬定的相關判罪結果「雜引經論，輕重不定」[4]。

以上便是為解決混淆律部差異問題而引入的不同律部思想對比方法。畢竟各部律典本來就是部派佛教的產物，加之各個部派的成立還受到時代、地域的諸多因素影響，所以理清差異、了解其背後的緣由，才能真正把握律學本意，進而作出更為妥當的取捨。否則，很容易造成「若於一部不犯，於餘部犯者，故名破戒；若於五部盡無違犯，方名持戒」[5]的做法。因而招致義淨三藏「諸部互牽，而講說撰錄之家遂乃章鈔繁雜，五篇七聚易處更難，方便犯持顯而還隱」[6]的批判。

但這一方法也是為解決混淆差異、交纏雜糅的問題而引入，需要避免矯枉過正的危險。傳統上會通諸律的原則依然可貴，畢竟各部派律典的傳承來自同一源頭，之間的相似性仍然是顯著的。

（五）語言學、文獻學方法

這一方法簡單說來，就是充分使用漢語律典文獻對應的相關梵文、巴利文和藏文文獻，再相互比對、推敲，來消除單一語言、文本

1　《異部宗輪論》卷1，《大正藏》49 冊，17 頁上欄。

2　《異部宗輪論》卷1，《大正藏》49 冊，17 頁上欄。

3　《四分律刪繁補闕行事鈔校釋》，31 頁。

4　呂澂：《律宗》。

5　《四部律並論要用抄》卷2，《大正藏》85 冊，718 頁上欄。

6　《南海寄歸內法傳》卷1，《大正藏》54 冊，205 頁下欄。

下，文意的模糊、歧義或差錯。

　　雖然傳統義學中同樣也使用了校勘、訓詁等方法，但這裏需要特別強調的是由引入語言學所帶來的不共的意義。比如《四分律》「二不定法」中，第一條的「非法語」和第二條中的「粗惡語」該如何區別理解，以及第二條中獨有的「說淫欲事」的內容，在漢譯版本中就很有爭議[1]。但是通過比對第一條不定法的所有外文律典，發現其中都沒有《四分律》說「非法語」的內容，意味着只要兩人在屏處坐時被居士發現了就可以滿足判罪的條件。而第二條的梵文[2]、巴利文[3]的表述上雖然各個部派並不一致，但也恰好證明了二不定法的兩條戒之間的主要區別，並不在於說語的內容上。因此，運用語言學方法對於準確理解戒條，避免望文生義，把握文詞的核心意趣等方面，確實能夠補充漢譯文獻的不足。

　　在一些關鍵判罪原則的把握上，其他語種的律典也提供了極佳的參考。以「摩觸戒」中被動接觸的情形作為例，漢文典籍多把「受樂」動身判作是正犯，「受樂」一詞如何解釋，就成了定罪、判罰的關鍵。而漢語中一般都把「受樂」理解為純粹生理上的樂受，但是巴利文的《巴利律》和藏文的《根有律》中對應「受樂」這一內容（巴：Sādiyati，藏：བདག་གིར་བྱེད）的詞意上，就和漢文明顯不同。兩部律典均

1　呂澂《律學重光的先決問題》：「第二條説比丘共女人獨在露處坐作粗惡語説淫欲事云云，『四分律』牒第二條沒有『説淫欲事』四字，於是懷素、道宣的輯錄本便都將四字刪除了。這從表面看，似乎也説得去。但按照四分戒本的譯例，原是以淫欲粗惡語連説的（見第三僧殘戒文），而在這裏淫欲粗惡語又正是非法語的同意語，但因修辭關係影顯互用的。現在一加刪改，便容易使人誤會這兩戒在屏處、露處的相對以外，還有非法語與粗惡語之不同（後來靈芝的『資持記』就有此解），這不能算是妥帖的。」《法音》，1998 年第 3 期。

2　梵文《説出世部戒經》：duṣṭhullāya vācāya obhāṣituṃ pāpikāya maithunopasaṃhitaya，梵文《有部戒經》：duṣṭhulayā vācā ābhāṣeta pāpikayā asabhyayā maithunopasaṃhitayā，兩部戒經的意思相似，皆為：説與淫欲事相關的粗惡語；梵文《根有戒經》：無對應內容，藏譯中同樣缺乏。

3　巴利《戒經》：duṭṭhullāhi vācāhi obhāṣituṃ，意思是：説粗惡語。

指明，「受樂」其實蘊含着一種在主觀意願驅使下的主動領受樂觸的動機。這種解釋相比漢語的通常理解，要更符合情理，也更有可操作性。

　　另外，在區分各個部派間的戒本差異上，梵、巴文獻也提供了非常有用的參考，可以用來剔除由翻譯過程帶來的差異。如「譏教尼人戒」中，《四分律》、《鼻奈耶》、《僧祇律》、《根有律》等表述的「飲食」，與《十誦律》、《五分律》中對應的「財利」和「供養利」，實際上在梵文、巴利文中都對應的是同一個詞 "āmiṣa"，這個語詞的含義是非常廣泛的。因此，容易判定上述漢譯律典之間的差別，並不是由部派的原因而產生，這樣也就保證了對比結果更加精確。

　　最後，在界定和理解一些律典裏出現過的諸如迦絺那（梵、巴：Kaṭhina，藏：ཀ་ཐི་ན）、臥具（梵：Saṃstara，巴：Santhata，藏：སྟན）、兜羅綿（梵、巴：Tūla，藏：ལ་ཤིང་བལ）等印度文化風俗所特有的事物上，這一方法也發揮了必要的作用。

　　由於現在所能接觸到的律典資料可能比以往歷史中任何時期都要豐富，那麼也就意味着更容易通過文獻間的比較，來抵消單一文獻在歷史中的脫落、增益或變遷所帶來的影響。換言之，相對於單一部派的「一家之言」，通過這種方法，可以從眾多部派的「各抒己見」，去理解事物的全貌，認清佛陀的本意。例如，《四分律》、《巴利律》在「假根謗戒」的緣起中介紹，緣起比丘因為看見兩隻羊在行淫，以此作為「異分事中取片」，污衊其他清淨比丘與比丘尼行淫。不過這樣的理解，就造成與「無根謗戒」所制約的行為混淆不清。但是，如果查看《鼻奈耶》、《十誦律》、《僧祇律》這三部律典中的緣起，會發現其中則是一個「小小過」的情節：即被誹謗的清淨比丘事先有與比丘尼共坐、共立或是共同出入的微小過失。在這些律典中，「假根謗」指對對方的「小小過」誇大誹謗。如此一來，就與「無根謗戒」的界線非常明顯。而《五分律》、《根有律》的緣起則是上述兩者的整合：被誹謗

的清淨比丘先與比丘尼共坐聽法，緣起比丘伺機誹謗，無意間看見兩隻動物行淫，進而編造出比丘和比丘尼行淫的謊言。對此不難推測，完整的故事情節是：最初，緣起比丘先看到清淨比丘的微小過失，又看到動物行淫，進而聯想編造出誹謗的內容。也就是說「假根謗」的最初誘因應該是對方的微小過失。但是部分律典在後續整理過程中，把這一誘因的內容省略了，就只剩下動物行淫的情節（如《四分律》、《巴利律》）；而有些律典或許是認為動物行淫的情節無關緊要而予以刪除，僅剩下對方有「小小過」的記載（如《鼻奈耶》、《十誦律》、《僧祇律》）；也有些律典完整地保留下故事的全貌（如《五分律》、《根有律》）。由此，「假根謗戒」的制戒緣起，及其與「無根謗戒」的區別才得以清晰。

雖然這一方法在本項研究中廣泛使用而且獲得了一些成果，但平心而論，它在國內佛學研究領域尤其是律學領域仍然是比較薄弱的[1]。推究其中的原因，一方面，可能受困於特定時代風氣下產生的流弊，輕視繁瑣細緻的文字訓釋為無用的「蟲魚之學」[2]；另一方面，也可能缺乏必要的語言學習經驗和長久的積澱。

不過，對語言和文獻學方法的運用也不能絕對化。在歐美、日本的學術研究領域中，這一方法大行其道，甚至有學者論言：「若只於漢譯上費去千言萬言，僅需（梵、巴）原典一冊，未嘗不可即席顛破其說者也！」[3]這一說法是否中允尚待推敲，但其中未必沒有民族、政治和宗派因素的影響。單就佛典語言史的立場來說，這種過於抬高外文典籍而貶低漢譯典籍的傾向也是極不合理的。最新的研究表明，現今獲

1　華方田：《改革開放以來中國內地佛學研究管窺》，《佛學研究論》，189 頁。
2　龔雋：《近代中國佛學研究方法及其批判》，《二十一世紀》，1997 年 10 月。
3　木村泰賢：《佛教研究之大方針》，《現代佛教學術叢刊》41 冊，大乘文化出版社，1978 年，97 頁。

得的很多梵文文獻的形成時期，實際上要遠遠晚於漢譯的典籍。[1]這意味着某些漢譯典籍保存了更原始的文本資訊，其文本來源尚需探討，但是其價值卻不能忽略。如果梳理清楚佛典文獻在歷史中的複雜流變，那麼預設梵文、巴利文文獻一定比漢譯文獻更加原始、純正的觀點就顯得過於武斷。

然而學術界對這一方法最主要的批判[2]，還是集中在它不能、也不應該為它自身提供目的。換言之，語言、文獻的最大意義在於消除語言、文字本身所帶來的影響，而要使它所指代的意義能夠明確和彰顯，其實是為後續理解制戒意趣、制定判罪規範和指導現實行持提供深厚、堅實的基礎。因為對文獻的重視而受限於文獻，對原典語言的重視則受限於語言，將其中所承載的深邃思想和解脫之道棄而不顧，僅僅化作種種簡單的文字符號，無疑是莫大的損失。誠如道安大師所言：「考文以微其理者，昏其趣也；察句以驗真義者，迷其旨者也。」這也是需要我們予以警惕和迴避的。

（六）資訊學方法

自上世紀七十年代以來新的科技革命中，資訊科學（Information Science）的發展取得了長足進步，並對社會經濟的方方面面乃至人類的思維方式都產生了相當的影響。在其表面上彰顯的強大技術能力和背後代表的科學實證思想的影響下，也滲入到一些傳統的人文社科領域的研究中，進而誕生了諸如計算語言學（Computational Linguistics）、計算風格學（Computational Stylistics）等種種新興的交

1　辛嶋靜志：《佛典語言與傳承》，154 頁。
2　吳汝鈞：《佛學研究方法論》，學生書局，1983 年，28 頁。

叉學科。

在本書的對比研究中，也嘗試和借鑒了計算語言學的一些理念和思路，使用現有的數據工具提取文本中所蘊含的資訊進行編碼，再用統計學進行數據處理和分析，並以數據可視化（Data Visualization）的方式予以直觀的呈現和表現，最終為定性的命題假設提供宏觀、精準的定量描述來予以證明。

例如，從緣起故事的人物、地點、情節、犯戒內因、犯戒外緣這幾個方面的對比來看，諸部律典中，與其他律典相似度較高的是《四分律》、《十誦律》和《巴利律》。而戒本對比的結果，同樣表明此三部律典保留了更多與其他律典相似的資訊。在關鍵詞的對比中，篩選的關鍵詞詞條與解釋均相同的數據中，《十誦律》和《巴利律》仍具有較高的相似度，《四分律》則相對差異較大。辨相部分的內容，則是《四分律》、《十誦律》、《五分律》具有較高的相似度。

此外，緣起、戒本、關鍵詞以及辨相四個部分的對比數據中，所有律典兩兩對比的數據總量中，相同數據的比例分別為 57.7%、62.1%、20.1% 以及 53.44%。可見，緣起和戒本的整體相似度較高。

從多部律典中相同的資訊來看，在戒本、緣起和辨相中，有五部律典均相同的資訊佔接近一半的比例。另外，從每條戒的變化程度來看，前二篇的變化要遠小於其他篇聚的戒條。

而上述的命題，如仍然以傳統文科中一般的定性方法來解答的話，還是難以避免受作者的主觀臆斷和以偏概全的局限。但是借助數理統計的工具和引入計算機處理的手段，不僅能夠以更為客觀公正的數據來證明，同時也讓快速處理海量文本成為可能，因此得以分析和展現總體的全貌特徵。這都是其他方法難以企及和比擬的。

但不得不承認，由於漢語在計量語言學（Quantitative Linguistics）

等更為基礎研究領域的落後，[1]特別是針對古漢語的文言文，一些最為關鍵的語言定律、語料庫、分詞系統的缺失，致使更深層研究工作面臨無從下手的局面。因此，目前的嘗試僅能算作是初步的嘗試，而更深入的研究則需要這一領域的基礎理論建設、語言數據收集及底層系統開發等諸多相關工作的推進和完善。這一方法對研究人員的自身素質、知識結構也提出了更高的要求，除了要對律典的語言文本、歷史文獻等方面有所理解和把握外，還要對數理統計、數據處理、計算編程等技術手段能夠熟練掌握。當然，這種方法也有其自身局限性，其只能針對可以定量化的問題，並且僅僅聚焦於形式化的語言層面，因此在運用時需要充分了解其適用範疇。

（七）社會科學研究方法

啟蒙運動以來，對人類社會、文化行為等方面的研究日趨增多，至今方興未艾，由此也逐漸形成了諸多的社會科學，揭示着不同層面的人類和社會的種種現象和特徵。

佛教的戒律，同樣作為一種社會現象，不可避免地受到地理、氣候、文化、宗教、經濟和歷史等諸多層面、不同因素的影響。因此，本書借鑒和使用了現代社會科學中的經濟學、政治學、法學、倫理學、歷史學、社會學、心理學、人類學等學科的視角和現有理論來對戒律作出相應的觀察和剖析，以此來探尋戒律的深層內涵，期望能夠達到更全面、更深入理解的目的。具體有以下學科的角度：

---

1 劉海濤、黃偉：《計量語言學的現狀、理論與方法》，《浙江大學學報（人文社會科學版）》第42卷（第2期），2012年，181頁至182頁。

1. 地理的角度

在「綿作臥具戒」中，多數律典明確區分了臥具和三衣，三衣不為臥具戒所攝，但《薩婆多論》、《僧祇律》中，三衣也被納入為「臥具戒」的所犯境。這一差異的原因，可能與部派所處地區的氣候條件有關。佛世時，僧團的比丘多活動於恆河兩岸，氣候相對炎熱，三衣與臥具材質不同。隨着佛教的傳播，一些部派的比丘生活在緯度更高的北方地區，原先的三衣已不足以御寒，因此改用保溫性更佳的氈等材料來製作三衣。因為臥具和三衣所使用的材質逐漸趨同，《薩婆多論》、《僧祇律》中才將三衣也納入到了臥具相關的戒條當中。

此外，「殘宿食戒」的制定也與印度的氣候有關。印度由於地處亞熱帶，氣候炎熱、潮濕，食物非常容易變質，不容易保存。如果食用了腐敗變質的食物，容易導致消化系統等疾病。律典中就有世人在天熱時不留殘餘食物的記載。[1] 這一氣候原因，實際上也影響到律典中其他一些與比丘飲食相關的要求，諸如避免對飲食的觸碰，強調洗鉢、洗手等。

2. 宗教比較的角度

古印度宗教信仰的氣氛濃郁，各種宗教盛行。在這樣的社會環境下，佛教戒律的制定不可避免地會受到其他宗教的影響。

「掘地戒」和「露地燃火戒」等戒條的制定，就和古印度原始信仰的「萬物有靈論」有着密切的關係。如古印度外道數論派的《金七十論》中，有將山石等視為生命的記載，認為這種生命「有憂樂，為暗癡伏

1　《十誦律》卷 12：「時舍衛城晡時，有大海諸估客至，置寶物城外各相謂言：『當入城買飲食。』即遣人求，以二因緣故，求不能得。一以世儉，二以時熱食不留殘。」《大正藏》23 冊，87 頁下欄。

逼故」[1]。婆羅門教的《摩奴法論》中也有類似記載。而律典中記載比丘「修治講堂，繞堂周匝自掘地」，世人便譏嫌比丘的行為是「不知慚恥，斷他命根」[2]。

3. 文化習俗的角度

古印度的文化習俗對戒律也有很大影響。比如「立小便戒」，古印度人對立小便的方式非常譏嫌，這與印度人的穿衣方式和印度習俗重視潔淨有重要關係，佛陀是隨順習俗而制戒。然而中國卻沒有這種習俗，並且有時蹲着小便反而會引發旁人異樣的眼光。明末清初的弘贊律師在《四分戒本如釋》中就寫道：「原五天竺境，小行之時，人皆蹲踞。至於蕃胡諸國，亦多符此。其惟東夏，方處不同，事非一定。立者多而蹲者寡，若非蹲鄉而蹲者，譏為不男。」[3]

再如「不受食戒」、「與外道食戒」，正好從相對的兩面體現了古印度強調親手供養的風俗。「親手施與」是居士授予比丘食物的最佳方式，不但可以證明比丘接受食物的合法性，也能表達施主的虔誠，凸顯比丘的尊貴。這種親手授予的方式，蘊涵了施主的意願與態度。相反地，如果比丘親手給予外道食物，可能給人造成外道尊貴、超勝，而比丘不如對方的印象。正如《五分律》記載，有居士誤解比丘供養外道而降低了對比丘的信心：「沙門釋子尚供養外道，我等何為而不奉

1 　《金七十論》卷3：「向上喜樂多者，梵生處等喜樂最為多，此亦有憂闇，為喜樂伏逼故，梵等諸天多受歡樂。根生多癡暗者，謂獸翅乃至柱等不行生，此中暗癡為多，此亦有憂樂，為暗癡伏逼故，獸等多暗癡。根生者三生，其最下故説根。中生多憂苦者，人生中憂苦為多。亦有喜暗癡，以憂多故，伏逼喜闇故，人中多憂苦。人道名中者，三道居中故。最後生者：云何説名柱？謂草木山石等。」《大正藏》54冊，1259頁中欄。

2 　《四分律》卷11，《大正藏》22冊，641頁上欄。

3 　《四分戒本如釋》卷11，《卍續藏》40冊，286頁中欄。

事？」[1]而有的外道接受比丘食物後，不知感恩反而滋生驕慢，辱罵比丘為「禿頭居士」、「沙門釋子復以我為福田」。因此產生種種過患，佛陀因而制定與外道食戒。

古印度的文化習俗深刻地影響着比丘的生活，因此對戒律的制定也有着複雜的影響。了解制戒的文化習俗背景，就能更加深刻地把握制戒精神，並根據隨方毗尼原則，隨緣變通，而不是一味執著戒相。

4. 經濟、歷史的角度

隨着歷史的前進，戒律也隨着時代發生變化。如果以一成不變的眼光來看待戒律，難免會對律典之間的差異、律典自身的差異感到迷惑不解。以歷史發展的角度來看待戒律，這樣才能更好地理解律典自身的差異和不同律典之間的差異，掌握戒律流變的歷史脈絡。由於史學方法的原理和應用在上一章節「無常觀」中已經作過詳細的論述，這裏不再重複。

社會的經濟發展也是理解戒律變化的重要角度。以「蓄錢寶戒」為例，《根有律》、《根有律攝》和《薩婆多論》中，比丘在對錢寶作淨之後，可以親自保管和使用，而《四分律》和其他律典中卻不可自己保管。這種差異產生的原因若從經濟發展的角度來看就比較容易解釋。《四分律》記載，佛世時期王舍城的比丘拿錢，受到了當時上至國王、下至民眾的譴責；而在佛陀滅度後的一百年，七百結集之時，毗舍離國的居士們已經開始用金錢供養跋闍比丘。經濟發展導致社會環境的變革，比起使用各種物品來供養比丘，金錢的供養對於施主和比丘雙方來講都更為方便。對此，一些律師在詮釋律典時，為了完善淨施法的內容，加入了一些比較容易行持的錢寶作淨法，以此順應時代因緣

1　《五分律》卷 8，《大正藏》22 冊，54 頁下欄。

的發展。

以「索美食戒」來說，古印度以農耕經濟為主，畜牧業發展有限，所以像乳、酪、魚、肉等通過畜牧或養殖才能得到的食物相對比較稀缺，故稱為美食。而且有限的美食只有富貴人家才能獲得，普通大眾並不能經常得到。因此，比丘向居士乞索美食容易受到「如國王、大臣」的譏嫌。同時，美食的種類也會發生變化，往往受到一個地區食物供需程度、經濟發展水平的影響。如甘蔗煉製出的糖，僅在《僧祇律》、《巴利律》中屬於美食。這種差異很可能因為其他律典流傳的區域有較多的甘蔗種植，使得糖的獲得相對容易。同樣，捨墮篇中與衣相關的多條戒，反映了古印度紡織手工業的特點，而今天紡織工業發達、獲衣容易，就需要考慮行持上如何作相應的調適。

5. 心理、法律的角度

從心理學角度來研究戒律，有助於理解戒律制定背後的心理因素。如在「多人語」行籌的過程中，當行籌人確信如法的比丘佔多數的時候，採取公開行籌的方法能夠給僧眾一個正面的暗示，讓大家能夠做出正確的選擇。這種方法在心理學上稱為「從眾心理」。從眾（Conformity）是指根據他人的行為而做出相似的行為或者改變自己原有的觀念。而在本書的緣起對比和原理部分，也常以心理學角度分析比丘的內心活動，探尋其犯戒的內在原因，由此更好地理解制戒精神。

戒律和法律，兩者在原理上有着許多相似之處。通過與法學原理的對比，以法學原理來分析戒律中的一些疑難問題，可以幫助辨明戒律中容易混淆的概念，增進對戒律的理解。比如，「大殺戒」的判罰方式，可以和法律中「希望主義」判罪方法做類比。「希望主義」強調犯罪人的意志因素，以行為人對結果是否抱着希望的態度作為區分罪過的主要標準。依據律典公案並參考法律理論分析，可以將「大殺戒」的

能犯心分為「希望心」、「放任心」和「不放任心」三種情況，使判罪的分析更加精準。

通過社會科學的諸多視角來看待戒律，優點是能夠借用現代學科的知識成果，多角度了解、分析戒律產生與發展變化的諸多因緣。與古代中國的律師相比，現代社會科學對印度地理、氣候、文化、習俗等影響戒律的因素，揭示得更加全面、透徹；而借鑒心理、法律的知識，對一些犯戒判罪的情況，能夠剖析得更為細緻、準確。當然，使用這類方法也需要注意避免單一的視角，產生文化決定論、風土決定論、經濟決定論等問題。因此，雖然有些戒律的制定受到特定時空環境的影響，但也不能代表可以隨意變更或廢除，而是需要更圓融、智慧的簡擇。在運用多種方法的同時，尤其要注意戒律內在的解脫訴求和「轉凡成聖」的獨特內涵。

（八）方法論概述

綜上所述，本書運用了上述眾多的方法，從不同角度解讀戒律。上述方法可概括為兩大類：一類就是傳統佛學研究方法，有傳統解毗尼方法、傳統義學方法和部派思想分析方法；另一類就是現代學術研究方法，有社會科學方法、語言文獻學方法和現代資訊學方法。下文就方法論層面，對諸多方法之價值和限度進行整體分析，以此探尋戒律研究，乃至佛學研究方法論之關鍵。

猶如龍樹菩薩在「八不中道」提出的「不常亦不斷，不一亦不異」的原則，同樣體現於各種佛學方法在時間上的「連續性」和「獨創性」，以及關係上的「對立性」和「互補性」。換句話說，要更加深刻地認識和了解各種方法，就必須將其放回到歷史的語境和脈絡之下，作一個簡要的說明。

在西方開創現代佛學研究以前，漢地傳統的佛學研究仍是採用傳統治學的方式，着重根據特定經論的內容，加以注釋、闡發，進而構建出獨特的思想、修行體系。最輝煌的成就體現在隋唐時期，天台、三論、唯識、華嚴、禪宗、律宗、淨土、密宗等八宗並弘，一時間百花齊放、競放異彩。此外漢地的各個宗派依據自己獨立見解和創造性思維，將全體佛教的經典和流派作出高低先後、次第分明的系統安排，形成了漢傳佛教獨一無二的判教系統。其間每一學派、宗派的教理體系都是吸收佛教眾多經典和流派，學習其他佛教學派、宗派，乃至圓融別的宗教學說的思想結晶，相互之間能夠兼容並蓄、各取所長。最突出的就是天台和華嚴的例子。天台宗作為漢地最初創立的宗派，以「法華三經」為基礎，融合了《中論》、《大智度論》、《大品般若經》等經論而立宗。天台創立之後，北地的地論師吸取它的思想，又結合《華嚴經》和《起信論》的經義而成立華嚴宗。之後華嚴的教義又反過來激發了天台宗的門生湛然，用以補充天台的教法。不過經過唐武宗滅佛之後，相對於禪宗的一枝獨秀，其他宗派則陷入因循守舊、無多創見，最終消沉沒落。

一般認為的現代西方佛教研究，最初從十九世紀初由畢爾奴夫（Eugene Burnouf）等人開創。早期主要傾注在使用語言、文獻學方法，以掌握原典文獻為首務，對現存譯本或考古資料進行校勘、翻譯、注釋等工作，從而奠定了學術研究的基礎。此種基於對印度學（Indology）、東方學（Orientology）的興趣而開展的佛學研究，與歐洲的殖民政策、基督教傳教活動、新世界觀的建構、浪漫主義風潮的鼓吹等因素有着極為密切的關聯。[1] 由於最初研究都以文獻學為主，所以西

1　朱文光：《漢語佛學研究的方法論轉向》，《印順導師思想之理論與實踐（第 4 屆）——「人間佛教・薪火相傳」學術研討會論文集》，2003 年。

方的學者開始是從巴利語、梵語文獻中獲得對佛教最初的了解。也由此奠定了印度原始佛教作為「純粹佛教」（Pure Buddhism），相比後期發展出的漢傳、藏傳佛教，更為正統、優越地位的第一印象。此外，在處理佛教這種異質的宗教、文化時，也不自覺地將西方特有的「前理解（Pre-understanding）」和「成見（Pre-judgment）」引入。實際上西方佛教研究經歷兩個世紀的摸索以後，也逐漸引發一些更深層次對上述研究方法問題的反思。特別是北美地區，在上世紀九十年代的討論中，已經意識到原先主流的語言文獻學的局限性，要跳出「前理解」和「成見」產生的「詮釋循環」（Hermeneutic Circle），必須要先以「入乎其內」（etic）的方式去理解。[1] 而佛教義理也並非單靠語言辭典就能把握的，由此凸顯哲學、比較宗教學和文化人類學等研究領域開展的必要。此外，在對詮釋策略的反思上，也逐漸認識到缺乏「同情的詮釋」（Hermeneutic of Reappropriation）的態度，而一味以「懷疑的詮釋」將佛教義理與西方哲學作出簡單比附，實際是一種偏離詮釋主體的「洋格義」，反倒是在借用佛教來詮說各自秉持的哲學思想。[2] 在對「純粹佛教」的反思上，這種觀點其實是「基督新教以經典為中心的神學型式，殖民主義者的文化優越感，以及理性的濫用」所合成的學術原教旨主

---

1   "In any event, in its crudest inhibiting form as something in which the interpreter and scholar is so to speak imprisoned in his pre-understanding and in the limitations of his pre-judgments, the 'hermeneutic circle' can, I think, be got out of if a real effort is made. And an analysis and critique in 'etic' terms of philosophical thought will only become genuinely meaningful and useful once one has understood..." David Seyfort Ruegg, "Some Reflections on the Place of Philosophy in the Study of Buddhism", *Journal of the International Association of Buddhist Studies*, Vol.18, 1995, p.160.

2   唐忠毛：《「學」、「證」之間──近代以來佛教研究方法的困境及其反思》，《華東師範大學學報（哲學社會科學版）》，2008（04）:22-30，26頁。

義（Fundamentalism），相信只有「原始」文本才是最權威、最本質的。[1]

　　在看待佛教各個流派的態度上，也有學者提出：「存在着不是單一的佛教，而是許多佛教，佛教發展的每一個支部各自形成了經典，其自身的解釋在經典中都追溯到創建者本人。然而，試圖在上述大量的差異中認識一個單一的『真正的佛教』是錯誤的——相反，這一巨大的多層面的傳統作為一個整體構成了真正的佛教。」[2]

　　現代西方佛教研究方法在明治維新以後就傳入日本，最初由南條文雄等人將語言文獻學方法帶回本國後，引發效仿西學的風潮。之後，語言文獻學的方法繼續大為流行，並配合史學、思想史、哲學等方法產出了豐富的研究結果。但研究方法引入的同時，其中所蘊含的價值預設也隨之滲入，並且缺乏對研究方法自身的局限和適用範疇的警覺與反思，難免會產生過於偏激、武斷的結論。例如，有學者提出「如來藏」思想本質上是一種實體論，與佛陀基於緣起的「無我」、「空」的思想相矛盾。由於他們認為「如來藏」深受印度教「梵我」思想滲透，因此宣稱「如來藏不是佛教」而對大乘佛教加以徹底批判。[3] 也有學者在考察各個時期漢傳佛教與本土道家理論後，認為漢傳佛教一直

1　"Such claims are indeed a rare combination of Protestant models of scripture-centered theology, colonialist presumptions of cultural privilege, and a misuse of rationality as a key to understanding the non-rational. The exotic combination creates a scholarly fundamentalism that asserts that only texts, and only 'old' or 'primary' texts should have authority, that texts have fixed, immutable, 'original' meanings whichi inhere in the text itself, and above all that there is a sharp distinction between textual truth and the truth of daily superstition." Luis O. Gómez, "Unspoken Paradigms: Meanderings through the Metaphors of a Field", *Journal of the International Association of Buddhist Studies*, Vol.18, 1995, p.194.

2　[英] 約翰・希克：《宗教之解釋——人類對超越者的回應》，王志成譯，四川人民出版社 1988 版，332 頁。

3　松本史朗：《如來藏思想不是佛教》，《修剪菩提樹——「批判佛教」的風暴》，（美）霍巴德著，龔雋譯，上海古籍出版社 2004 版，166 頁。

是通過「道」、「理」哲學這一道家思想來理解佛教。由於「道」、「理」根源上與佛教的緣起無我思想相悖，所以他們據此認為漢傳佛教本質上都是「格義佛教」。[1]

得出上述偏頗論斷的原因，多少與對佛教核心義理不明有關。「如來藏」與「梵我」思想發生聯繫，需要從文化背景的角度來理解。《大般涅槃經》中，佛陀為了避免眾生產生斷滅見，同時也為了度化執著「梵我」思想的外道而說常樂我淨的佛性。[2] 業、輪迴、解脫原來就是婆羅門教等一些古印度宗教共有的概念，佛陀借其開演佛法，但已經置換了這些概念的涵義。正如不能因為《阿含經》有這些概念而否定《阿含經》的佛教屬性，也不能夠因為「如來藏」與「梵我」表面的相似性而否定「如來藏」的佛教屬性。《楞伽經》指出，如來藏與「空、無相、無所有」等之間的含義相同：「『云何世尊同外道說我，言有如來藏耶？世尊！外道亦說有常、作者離於求那，周遍不滅。世尊！彼說有我。』佛告大慧：『我說如來藏，不同外道所說之我。大慧！有時說空、無相、無願、如、實際、法性、法身、涅槃、離自性、不生不滅、本來寂靜、自性涅槃，如是等句，說如來藏已。如來、應供、等正覺，為斷愚夫畏無我句故，說離妄想無所有境界如來藏門。』」[3] 就中觀的角度而說，「無常、苦、空、無我」屬對治法[4]，因眾生的執著而與此藥。由

1　伊藤隆壽：《中國佛教之批判的研究》，大藏出版，1992 年。

2　《大般涅槃經》卷 27：「彼梵志言：『瞿曇先於處處經中說諸眾生悉無有我。既言無我，云何而言非斷見耶？若無我者，持戒者誰？破戒者誰？』佛言：『我亦不說一切眾生悉無有我，我常宣說一切眾生悉有佛性，佛性者豈非我耶？以是義故，我不說斷見。一切眾生不見佛性故，無常、無我、無樂、無淨，如是則名說斷見也。』時諸梵志聞說佛性即是我故，即發阿耨多羅三藐三菩提心，尋時出家修菩提道。」《大正藏》12 冊，525 頁上欄。

3　《楞伽阿跋多羅寶經》卷 2，《大正藏》16 冊，489 頁中欄。

4　《大智度論》卷 1：「一切有為法無常，苦、無我等亦如是。如是等相，名為對治悉檀。」《大正藏》25 冊，60 頁下欄。

於眾生迷執不同，佛應機而說「有我」與「無我」[1]，其目的都是為了導向「言語道斷、心行處滅」的究竟真實，與上述「法性、法身、不生不滅、本來寂靜」的境界一致。所以中觀、如來藏可謂殊途同歸，相輔相成。這一點，呂澂也有過論述：「佛學而與佛無關，何貴此學，故四門所趣必至於如來藏，此義極為重要。如來藏義，非楞伽獨倡，自佛說法以來，無處不說，無經不載，但以異門立說，所謂空、無生、無二、以及無自性相，如是等名，與如來藏義，原無差別。」[2] 因此，「無我」之見也僅僅是第二義的方便，一旦把這種方便當作究竟，那麼也會落為中觀要破斥的對象：「各各自依見，戲論起諍競；若能知彼非，是為知正見。」[3] 再者，佛陀、祖師創立、詮釋教法的初衷和目的一定是用來指導修行實踐，趨向超越語言、邏輯的實相，而不是單單致力於構建一套縝密、精細的思想體系。因此要理解教法，就必須回到實踐論的本位，這也是佛陀在《箭喻經》中對止於思辨而不予修行的人所提出的警誡[4]。

對「格義佛教」的批判，透露出西方佛學研究方法中的價值滲透。漢傳佛教最初的「格義」，並不是為了要替換名言背後的義理思想，而是兩種異質文化、語言間最初的碰撞和磨合時的必然過程，也是祖師傳譯時所採用的善巧方便。正因為「格義」這一方法的使用，幫助中國民眾更好地理解了佛教教義，才使得佛教得以在另一種文化形態中得

1　《大智度論》卷 26：「又佛處處說有我，處處說無我；處處說諸法有，處處說諸法無。」《大正藏》25 冊，251 頁中欄。

2　呂澂：《入楞伽經講記》，載《呂澂佛學論著選集》卷二，齊魯書社，1986 年，1261 頁。

3　《大智度論》卷 1，《大正藏》25 冊，60 頁下欄。

4　《箭喻經》卷 1：「猶若有人身中毒箭，彼親屬慈愍之，欲令安隱、欲饒益之，求索除毒箭師。於是彼人作是念：『我不除箭，要知彼人己姓是、字是、像是，若長，若短，若中，若黑，若白，若剎利姓，若婆羅門姓，若居士姓，若工師姓，若東方、南方、西方、北方，誰以箭中我？……』彼人亦不能知，於中間當命終。」《大正藏》1 冊，917 頁下欄至 918 頁上欄。

到了留存和傳播。如果無視歷史背景和義理發展過程的必然性這些因素，僅僅通過表相來批判「格義佛教」，是不是太過草率？相似的是，印度佛教本身並不是一個孤立的個體，而是在印度文化、其他宗教互動影響下的產物。這樣看來印度佛教本身也是被印度宗教文化「格義」了的佛教，而漢地的「格義」過程恰恰又是這種剝去印度化的表象來領會佛教真意、呈現真正佛法的過程。

清末民初，社會動盪、思想也處於激盪之中，一批學者懷揣着不同的目的，紛紛將眼光投注到佛教。使得本已隱沒很久的佛學研究，一時成為新思潮中最為實用的學問。也是由於受到日本方面的影響，中國才開始出現一批稱得上是佛學研究者的人。其中，先驅者首推楊文會，他的學生歐陽竟無成立的支那內學院則接續了傳統研究的方法，強調佛法作為「內學」的不共性，對其研究必須回歸原典。因此，本着「結論後之研究，非研究而得結論」[1]的原則，引入了更多近代研究方法，特別是語言、文獻學，着力於經典的考訂。其後他的門生呂澂，在此基礎上引入現代學術界更多通行的研究方法和結論，由此產生了一批豐碩的研究成果。但他們在判定「聖言量」的標準、文獻的真偽鑑定上，摻入了主觀宗派色彩，比如宗仰法相唯識學而否定《楞嚴經》、《起信論》等經典。歐陽竟無在書信中提及：「今時之最可憐者，無知之佛教徒，好奇之哲學徒，名雖好聽不得已而抑起信，或於二者有稍益歟？」[2]對於這一結論，先不評判真偽判斷標準是否有疑問，可看太虛大師對此的回應：「而東洋人之道術，則皆從內心熏修印證得來；又不然，則從遺言索隱闡幽得來。故與西洋人學術進化之歷程適相反對，而佛學尤甚希。用西洋學術進化論以律東洋其餘之道術，已方枘

1　歐陽竟無：《今日之佛法研究》，《內學年刊》第一輯，支那內學院，1924 年，8 頁至 13 頁。
2　歐陽竟無：《〈大乘起信論真偽〉序》。

圓鑿，格格不入，況可以之治佛學乎？」[1] 既然佛法是「心」的體證，所以史料的考據並不是第一位的。經典的內容是否符合佛陀的本懷，比文獻歷史出處的考據更為重要，這也符合佛陀所宣四大教法 [2] 中對所聞教法應持的評判標準。若能採取這樣的標準和立場，則相關研究就會得出不一樣的結論。

在新文化運動時期，使用史學、考據學的研究者中，最具代表的要算胡適。雖然標榜「大膽假設，小心求證」[3]，但在他在禪宗的研究上卻自覺地擔當起「捉妖」、「打鬼」[4] 的使命：「大體上說來，我對我所持的對禪宗佛教嚴厲批評的態度——甚至有些或多或少的橫蠻理論，認為禪宗文獻在百分之九十五以上是欺人的偽作——這一點，我是義無反顧的。在很多的場合裏我都迫不得已，非挺身而出，來充當個反面角色，做個破壞的批判家不可。」[5] 缺乏對佛教義理的深入了解，考據學上的證據也不充分，僅憑個人訴求來對歷史妄下論斷，由此而得出的結論自然也是錯誤與武斷的。

1　太虛：《評大乘起信論考證》，載《太虛大師全書》卷 28，宗教文化出版社，2005 年 1 月，27 頁。

2　《四分律》卷 58：「爾時世尊在婆闍國地城中，告諸比丘：『我說四種廣說，汝等善聽，當為汝說……』」《大正藏》22 冊，998 頁下欄。原文過長，以下摘錄《四分律行事鈔批》卷 1 中對此的總結：「謂律文有四大廣說，即增四文中明也。一有人云：『我從佛邊聞如是語』；二從四人已上和合僧邊聞；三從三人已下眾多人邊聞；四從一人邊聞者未得即信，應勘挍三藏教法同者，應語云：『大德所說。與教相應。不相應等（云云）。』」《卍續藏》42 冊，619 頁中欄。

3　胡適：《介紹我自己的思想——〈胡適文選〉自序》，《胡適文集 人生有何意義》，北京理工大學出版社，2016 年。

4　「我自己自信，雖然不能殺菌，卻頗能捉妖、打鬼。這回到巴黎、倫敦跑了一趟，蒐得不少據款結案的證據，可以把達摩、慧能，以至西天二十八祖的原形都給打出來。據款結案，就是打鬼。打出原形，就是捉妖。這是整理國故的目的與功用，這是整理國故的好結果。」《胡適文存》第 3 集，125 頁至 126 頁。

5　唐德剛：《胡適的自傳》，《胡適哲學思想資料選》下冊，華東師範大學出版社，1981 年，263 頁至 264 頁。

中國現在的佛學研究大概可以分為三類：一類是強調信仰本位，以虔誠心深入經律論、重視傳統義學，對現代學術不感興趣乃至採取否定的態度；一類是立足信仰和傳統的同時，主動學習和運用現代學術，希望以此推動佛學復興；第三類則是採取純學術立場，有意識地從信仰中抽離，對佛教進行學術性的研究與批判。採取了不同策略的佛學研究雖然都有各自的進展，但由於缺乏對自身立場和方法論的反思，信仰與理性、修行和學術之間的融合仍然存有障礙，因此都存在一定的局限性。

經由上述的梳理和判別，有必要在下面作一定的總結：

1. 傳統佛學方法總結

傳統的佛學研究強調「信解行證」，以信仰作為基石並一以貫之，仍然是非常可貴的。在文字義理間推求、鑽研的目的，無非都是為了以個人生命的行持來印證所理解的佛法。而求證也必須憑藉信仰作為入門和深入的開始。那麼，在信仰的前提下，教內人士應該如何面對現代學術研究方法，以及經由現代學術方法得出的一些研究結果？不可否認，有時教內人士在面對一些現代學術研究結果與傳統信仰有所不同時，會產生對以學術方法進行佛學研究的牴觸情緒。所以我們也必須要在此反思，所謂的「信」到底指的是什麼？「云何為信？於實德能深忍樂欲，心淨為性」[1]，這裏的「實德能」實際是對所信對象的描述，其中包含了三個層面的內涵：「實」指相信佛陀所講的究竟真理；「德」為相信三寶具足的真實功德；「能」為相信自己通過佛法修行，最終能夠具足和佛陀一樣的功德。顯而易見，這裏指出的並不是對某些確定佛學結論或者自宗宗見的固定執取，而是對三寶的終極意義和追求方

---

1 《成唯識論》卷6，《大正藏》31冊，29頁中欄。

向有着篤定的信念。因為有真摯的嚮往和仰慕，進而使內心趨於平靜並策發出無盡的動力。

真正的信，可先依託和借助於文本的導入和啟發，但是最終還是要超越文本的視角；只要在內心體證佛法之離言和超越的境界，就能獲得對佛法真正的信心。教內人士應該對此佛法境界的存在與證入抱有絕對的信心，在此基礎上，就能坦然面對乃至歡迎現代學術在佛學研究方面的加入和發現。而對大乘的修行次第來說，在證得初地「淨勝意樂」之前，必須不斷依靠教量的聽聞和比量的推理來獲得淨信。換句話說，信仰和理性在這個層面上相輔相成、相得益彰。理性可以使信仰愈加純粹和確定，在有理性輔助的「聞」和「思」之後，再進入「修」的層面對所得義理有所契入和實證，則是佛法的特異性所在，也是以信為先導再回歸到對生命真實之證成的目的這一過程的完成。因此，佛教的「信解行證」或「聞思修」之次第，對於理性之於信仰的探討和檢驗都是持開放乃至視之為必要的態度的。

回顧歷史，佛教教理的發展和深入，即有得益於與當時先進學術思想方法溝通和吸納的先例。以印度佛學的發展為例，佛教邏輯之「因明」，即是源於印度自公元二世紀起發展出的邏輯推理體系，這種邏輯體系在印度本土乃至形成了專門的「正理學派」。唯識學派的代表人物無著、世親，其著作所採用的方法論中即運用了「因明」並且加以發展；在唯識學派的重要典籍《瑜伽師地論》中就有對因明的詳細介紹。之後，陳那、法稱對因明之說又進一步發展，特別是到了陳那，對因明的運用不再限於對自宗學說的論議上，而是「把它貫穿到佛學的全體，成為了一種佛家的認識論，即『量論』」[1]。可以說，唯識學說的發展和完整，即得益於對外派學說的吸收和發展。這種與外部學說的交

1　《印度佛學源流略講》，190 頁。

流和吸納，對於佛教與外道進行有效辯論、發揚自宗等目的，是必不可少的。至於在中國，佛教教理經由「格義佛教」的階段，乃至以佛教圓融吸收道家和儒家的智慧，有力地促進了佛教在中國的傳播和深入發展。這些都是歷史上佛教可以堅持佛教本位而與外部思想和學術有所交流和收益的案例。

在宗教、思想和學術都趨於全球化的今天，佛法義理要繼續發展和傳播，要與世界主流學術接軌，就必須與西方哲學和科學等進行比較研究、各種形式的深入對話和交流；在這新一輪的「格義」當中，佛教的義理也將得到進一步的闡釋與弘揚。從弘法的角度看，現代人普遍接受了源於西方教育體系的科學主義教育，尤其反對一味的「迷信」。如果一味排斥和外界的學習、交流，不僅會將自己置於被人斥以「有信無智，增長愚癡」[1]的境地，也將使得佛法無法經由現代化的詮釋而去適應現代人的根器，這將非常不利於佛教在當代的發展和傳播。

以太虛大師為例，他廣涉東西、內外之學後的著述，無不「亦皆為振興佛教，弘濟人群之方便耳！」從中不難看出大師的悲心願力。而在他宣誓「不為專承一宗之徒裔」上，更是秉持着「以為由佛之無上遍直覺所證明之法界性相，度為眾生應機設教，則法有多門，故法本一味而方便門則無量無邊」的極高旨趣。[2]

所以，佛學研究不僅要關注超越時空的內心體驗，而且要以理性、寬廣的心態來關注和面對現實時空下教法的方便演化。一味排斥與現代學術交流，過於偏執維護文本、祖師、宗派表面上的絕對和崇高，可能導致抓住了形式的表象卻錯過了本質，最終使得佛學研究淪落為一門純粹的護教之學。所以，要學習和借鑒現代佛學的研究成

---

1 《法華經玄贊釋》卷 1，《卍續藏》34 冊，943 頁中欄。

2 太虛：《優婆塞戒經講錄》，載《太虛大師全書》卷 17，25 頁至 26 頁。

果，特別是語言文獻學和史學的運用。從長遠看，這對佛學研究和佛教發展都是極為基礎和大有裨益的事情。以佛法為本位去溝通和融攝外部學術思想，為佛法本具之能力，既有歷史之先例，又有現實之需要，對佛法深具信仰的佛弟子應有極大的信心和動力去做相關的工作。

2. 現代學術方法總結

而現代的學術研究，由於擁有着廣泛的研究視野和研究方法，無疑更大程度豐富了佛教研究的成果。

一方面，佛教義理有其極強的實踐特色，並以最終達到「證悟」為目標。相對來說，現代學術已從早期西方哲學所秉持的，求索用以指導人生實踐真理的導向中獨立出來，以先驗的懷疑來檢視一切，尤其是與自己的稟性相異質的歷史與傳統。因此，在佛學研究領域，所得出的結果更多僅停留在「解」的層面，而這個「解」既不以「信」為基礎，又不以「行」、「證」為歸屬。最終導致要麼是偏於知識而忽略行持，要麼是重視理性與經驗而輕視體悟與超驗。正如太虛大師所指出的那樣：「近世西洋學者與各國學者之沉醉於西洋學風的，大抵皆已不知有教養的（或修養）及解脫的知識類型存在。故只認實證或實用的知識為知識，而排斥教養的及解脫的知識為非知識」[1]，即沉迷於自身世俗世界的經驗之中，抹殺了所有超驗、超越的可能。由於佛學在指導個人修證和心性體悟這一本位上，具有強烈的個體主觀、不可言說的特點。因此，如果缺乏心性上的體悟，僅追求文字表面的考證，相關研究就只能在佛法核心之外展開。對此湯用彤有過論述：

「佛法，亦宗教，亦哲學。宗教情緒，深存人心，往往以莫須有之史實為象徵，發揮神妙之作用。故如僅憑陳迹之搜討，而無同情之

1　太虛：《評社會學與三種知識》，載《太虛大師全書》卷 28，373 頁。

默應，必不能得其真。哲學精微，悟入實相。古哲慧發天真，慎思明辨，往往言約旨遠，取譬雖近，而見道深弘。故如徒於文字考證上尋求，而乏心性之體會，則所獲者其糟粕而已。」[1]

因此，教外研究者在習慣使用「出乎其外（etic）」這一立場，以自己的視角和立場對佛教作出解讀之前，應該能夠先「入乎其內」地了解內容內在的意圖和情境，得出的分析和結論才可能更有意義。至少也應該帶有一種「同情之默應」的態度，正視並努力縮小這一詮釋上的差距。但略帶居高臨下之感的「同情」畢竟與追求解行相應的「自證」不同，與體會佛法核心之間的距離、隔閡仍是不容消除的。因此，如能以佛法應用於自己的身心，產生些許切實的「心性之體會」，那就更加難能可貴了。

另一方面，與東方古哲頗為相似的是，西方早期的哲學家和科學家對世界的整體性認識也極為重視。他們認為，宇宙的各個組成部分，彼此密切地交織成一幅關聯而且相互依存的複雜網絡，並且與人緊密相聯。[2]然而，現代科學在不斷精細化、專業化的過程中，雖然大大豐富和加深了人們對於事物的認識，同時也逐漸喪失了這種整體性視野。由於其研究主題和對象日趨孤立和狹窄，研究方法強調切割與解剖而變得瑣碎與繁雜，人們對世界與自身的認識也日趨支離破碎。

由於方法論本身不單單是知識論的問題，它也涉及學術體制、權利、意識形態等諸多因素，因此，面對方法論的多元化，需要對其之間的界限和其自身合法性進行的反思與抉擇。無論是教內還是教外，都有着各自不同的優勢。因此，互相借鑒、學習是更加明智的做法。教內研究者既需要在信的基礎上，自覺的堅持傳統佛學研究方法中所

---

1   湯用彤：《〈漢魏兩晉南北朝佛教史〉跋》，上海書店，1991 年。

2   ［美］普林西比（Principe L.）：《科學革命》，張卜天譯，譯林出版社，2013 年。

強調的體證和修持的特色；同時也需要在更寬廣的視野中發現其不足，不斷學習具備理性思辨的現代學術，廣泛借鑒各種學術方法，以更加廣闊的胸懷來適應現代人的思維和文化習慣。對教法，特別是解行相關的內容進行現代詮釋和重構，規避一味的因循守舊以致落入迷信的地步。教外的研究，則需要對佛教的義理有所了解，以理解佛教修持的實踐性與特殊性。同時要對現代學術方法的局限性和適用範疇保持足夠的警惕和反思，從而為現代社會對佛教的了解提供更豐富、客觀的參照。

再回到當下律學的研究來說，作為教內人士，不應滿足於文字概念上的理解，而是要切實將戒律落實到自身行持之中，貫徹到長久的時空因緣之中。所以在秉承傳統研究方法的基礎上，也需要盡可能融攝更多現代學科方法，來補足傳統研究方法視角單一的缺陷，借用更多的維度，塑造一個更立體、全面、透徹的律學體系。

因此，本書的這一方法論嘗試也僅是開端，希望能對將來的佛教戒律研究乃至其他義理的研究和闡發，提供一份參考。

三、圓融觀

　　針對新的時代因緣，對戒律進行重新詮釋和調適，解決律學和時代對接的問題，以保持其生命力，這是律學研究的主要目的。和合一味的教法，符合佛陀的本懷；圓融諸部、採擷眾長，是南山律學的優點。領納佛陀旨趣，繼承南山精神，本書採用的研究進路，即是考察、剖析諸律之間的差別，直面時代問題，以修行實踐為旨歸，用中道思想來圓融、統攝諸律，構建一個符合時代需要的律學方案。

　　詳細而言，通過無常觀的視角體察律典文本和思想的變遷，以因緣觀的種種研究方法對諸律作出多角度剖析，從而加深了解部派律學的脈絡及其背後的種種因緣，構成律學研究的寶貴思想資源。而要更好融會諸律的差別相，應對快速變化的外部因緣，建立切合時代需要的戒律體系，則必須以佛法的最高原則——圓融中道為指導；不然將難以超越文本、思想、時代因緣之間種種表面的差異。以佛法的中道原則為指導，在差別相中尋找背後的同一性，在變化中尋找不變的因素，不偏不倚，圓融統一，否則處處矛盾，處處滯礙。面對矛盾而無智慧化解，就可能走向兩個極端——教條主義和自由主義。可以說，圓融中道是本書採用的方法論，也是本書所秉持的戒律觀。圓融中道的理念，也充分體現於佛陀的四大教法、隨方毗尼等教授當中，這些教授都是指導今天戒律研究和行持實踐的重要原則。本書的目的，除了提供一個切合現代需要的律學參考方案，也有意在詳盡的分析、論述之間，與讀者分享圓融中道的理念和思路，領納和掌握這些理念和思路，面對具體問題時就能心無滯礙而又不偏離戒律本意。

　　比丘戒不是一個孤立的體系，以比丘戒為核心，建立能夠應對時代因緣的清規和現代管理制度，就是隨方毗尼的運用。因為後者本身

就是僧制，是比丘戒的外延。戒律、清規與現代管理制度三者結合才能切實滿足比丘個人持戒和僧團適應時代、對外弘法的需要。比丘戒和菩薩戒的關係，認識上歷來多有誤區；認識到兩者不一不異的關係，大乘比丘會把比丘戒作為修持的必須，同時也能在比丘戒行持中更好地彰顯大乘精神。上述都是這個時代需要面對的重要問題，將研究視野擴展到這些比丘戒之外的相關領域，考察它們之間的互動關係，圓融中道的戒律觀才得以完整構建。

（一）圓融之必要

1. 回歸佛陀本懷

佛滅後百年，印度東西方的比丘因十件戒律問題而引起激烈的諍論，即使有上座比丘裁定「十事」為非法，但仍有部分比丘並不認同，因此導致了僧團的分裂。隨後，從律諍到理諍，隨着分歧的擴大，部派也從兩部逐漸分裂成二十部乃至更多。

這種分裂的部派模式從一開始就偏離了和合僧的內涵。雖然見和同解是僧團的內在要求，但其內涵是在保證原則相同的前提下，對非原則性的具體問題可以有不同的應對方案。因為佛陀本來就是應機說法，沒有必要因為強求細行的統一而造成僧團分裂。即使在僧團中有了諍事，也應如法滅諍，而不應任其走向分裂。就如同在提婆達多分裂僧團之時，佛陀也曾或親自或派人勸諫；在其分裂僧團之後，佛陀亦允許舍利弗和目犍連兩位尊者繼續勸導。[1] 佛法的圓融精神，並不代

---

1 《根有律破僧事》卷 20：「便入眾中見世尊，稽首頂禮，卻坐一面，而白佛言：『我聞惡人提婆達多已破僧眾，我欲和合。未審世尊，垂慈許不？』爾時世尊即便歎曰：『善哉，善哉！若能如是和合僧者，得福無量。』」《大正藏》24 冊，203 頁上欄。

表每個人都必須要有完全相同的見解，亦不必因身分、見解不同而水火不容，反而正是在諍論與滅諍的過程中，以更廣闊的視野和心胸相互學習和包容，進而超越自我的偏見。佛陀平等地看待所有的眾生，接引來自社會各階層的求法者。面對古印度森嚴的等級制度，佛陀宣告，「於我法中，四種姓：剎利、婆羅門、毗舍、首陀，以信堅固從家捨家學道，滅本名皆稱為沙門釋子」[1]。圓融的精神即意味着對立的消融，求同存異，和而不同。因此，不論比丘是行頭陀行還是依聚落住，佛陀都平等的對待，[2]並引導大眾要依止僧團，僧即是和合的意思。「與僧和合歡喜不諍」，如此才能夠「增益安樂住」[3]。雖然和合僧是佛陀的期許，但經典中也記載了佛陀預計到後世的部派分裂，[4]這是眾生人法二執發展的必然。同時，部派佛教彼此雖有差異但都沒有偏離佛陀的解脫意趣，[5]而且各自留下了因應不同緣起而發展出來的不同思想資源，提供了看待戒律形態的多維角度。對諸律的會通正是秉承佛陀圓融的精神，超越部派的執著，從而最大限度地繼承部派律典的智慧資源，回到佛陀的本懷。

1　《四分律》卷 36，《大正藏》22 冊，824 頁下欄。

2　《僧祇律》卷 35：「若阿練若處作食者，亦應如是。阿練若比丘不應輕聚落中比丘言：『汝必利舌頭少味而在此住。』應讚：『汝聚落中住，説法教化、為法作護，覆蔭我等。』聚落比丘不應輕阿練若言：『汝在阿練若處住，希望名利，獐鹿禽獸亦在阿練若處住。汝在阿練若處，從朝竟日正可數歲數月耳。』應讚言：『汝遠聚落在阿練若處，閑靜思惟上業所崇，此是難行之處，能於此住而息心意。』阿練若應如是，聚落比丘應如是。若不如是，越威儀法也。」《大正藏》22 冊，510 頁上欄至下欄。

3　《四分律》卷 5：「應與僧和合，與僧和合歡喜不諍，同一師學如水乳合，於佛法中有增益安樂住。」《大正藏》22 冊，595 頁上欄。

4　《文殊師利問經》卷 2：「佛告文殊師利：『未來我弟子，有二十部能令諸法住。二十部者，並得四果，三藏平等無下中上。譬如海水，味無有異；如人有二十子，真實如來所説。』」《大正藏》14 冊，501 頁上欄。

5　《大方等大集經》卷 22：「善男子！如是五部雖各別異，而皆不妨諸佛法界及大涅槃。」《大正藏》13 冊，159 頁中欄。

2. 諸律會通

（1）南山律的殊勝——圓融性

回顧漢地律學傳統，可以看到南山律自身即充分體現了圓融的精神。首先，南山律建構了博採諸部、圓融諸律的律學體系。在道宣律師的著作中，《行事鈔》、《戒本疏》、《隨機羯磨》等都不僅僅只有《四分律》的內容，且大量引用其他律典和論著。《行事鈔》引用《僧祇律》、《十誦律》達四百多次，《五分律》亦近三百次，同時大量引用《薩婆多論》、《善見論》、《毗尼母經》、《明了論》等二十多部論典[1]。這正如道宣律師所說：「今立《四分》為本。若行事之時，必須用諸部者，不可不用。」[2] 這種會通諸部的做法並非道宣律師獨創，與中國歷代比丘認為五部同源的思想是分不開的。

《十誦律》、《僧祇律》早期流行時，便有很多律師同時研究多部律典。到了隋唐年間，僧眾對於各部律典之間的持犯標準莫衷一是。有鑑於此，唐朝智首律師（567–635）尋閱三藏，對比古今，撰寫了二十一卷《五部區分鈔》來辨析諸部律之間的異同，同時還在前代《四分律》諸注疏的基礎上著有十二卷的《四分律疏》來詮釋《四分律》，對道宣律師建立南山律產生了很大影響。智首律師力弘《四分律》，但又不局一宗之見，主張遍學五部，這對後來道宣律師融合各部律以指導行事的思想奠定了基礎。南山宗之前的相部宗亦是以《四分律》為宗，博採諸律的觀點，詳見於法礪律師（569–635）的《四分律疏》。道宣律師將前人的會通方式總結為六種，但其本人並不局限於其中一

1　佐藤達玄：《戒律在中國佛教的發展》，《中華律藏》第 49 卷，《近現代高僧學者講律（八）》，140 頁至 150 頁。
2　《四分律刪繁補闕行事鈔校釋》，31 頁。

類，而是以第三和第六種為主，其他方式則根據現實因緣選用。[1] 宋代元照律師在《資持記》中對融會的方法作了更加詳細的解釋，歸納出「文證」、「例證」、「義證」、「理證」四種解決方案互相配合，帶來了南山律進一步的發展。

同時，印度文化和生活習慣與漢地迥然不同。義淨法師在《南海寄歸內法傳》中提到當時印度僧人行持戒律的狀況，為中國僧人提供了更加具體的參考。然而，在印度多年的學習和生活，使義淨法師受到印度部派思想的影響，他看到印度比丘遵行自身部派的律典，不參照他部，他認為這種持戒方式標準明確、易於行持，因此主張效仿[2]。從印度本土情況來看，部派律典本身就是在當時當地的因緣條件下作出的行為規範，當地比丘比較容易與之契合，自然不需要再參考其他部派。然而，戒律傳到中國之後，因文化等因素的巨大差異，戒律行持的很多方面無法照搬印度單一部派的做法。這種情況下，對於提供了更多角度的不同律典進行吸收和借鑒，就尤為必要。同時，中國的比丘從一開始便認可五部同源，雖然也受到部派佛教的影響，但並沒有印度本土部派間隔閡的問題。相反，如果偏執一部，則可能造成像印度那樣的部派紛爭，這與佛陀的本懷相違。因此，義淨三藏所倡導的獨尊一部律的新律改革雖然興盛一時，但是最終還是走向了消沉，而南山律會通諸律的做法更符合中國的實際情況，並得到長遠發展。

南山宗秉承會通諸部的思想，從一開始就打破了印度部派佛教的模式，其注疏亦是建立在幾百年來中國律師們思考的基礎之上。這樣

1　《行事鈔》：「此鈔所宗，意存第三、第六。餘亦參取，得失隨機，知時故也。」《四分律刪繁補闕行事鈔校釋》，36 頁。

2　《南海寄歸內法傳》卷 1：「詳觀四部之差，律儀殊異，重輕懸隔，開制迢然，出家之侶各依部執。無宜取他輕事替己重條，用自開文見嫌餘制。若爾，則部別之義不著，許遮之理莫分。豈得以其一身遍行於四？裂裳金杖之喻，乃表證滅不殊，行法之徒須依自部。」《大正藏》54 冊，205 頁中欄至下欄。

的做法，切實解決了比丘現實中行持的問題，實際上也解決了戒律與本土文化相適應的問題。佛教的戒律在南山律的傳承中得以延續和發展，這與南山律會通諸律的精神是分不開的。

其次，南山律的圓融精神也體現於解行圓融。律典的傳譯主要集中在兩晉南北朝時期（266–589），一經傳入就得到了極大的弘揚和研究。這個時期有大量義疏的撰寫，目的是理解戒律進而指導實踐，但在理論闡述上逐漸走上玄之又玄的道路。不斷增多的注疏，使得律學研究過於龐雜且趨於理論化，這對初出家的比丘而言就顯得晦澀難懂，逐漸偏離了戒律注重實踐的宗旨。

道宣律師深切感受到佛教律學所面臨的困境，如其所言：「常恨前代諸師所流遺記，止論文疏廢立，問答要鈔。至於顯行世事，方軌來蒙者，百無一本！」「並言章碎亂，未可披檢。所以尋求者非積學不知，領會者非精煉莫悉。」[1] 因此，六年學律之後，應時代需求，着眼於實際行持，道宣律師撰寫了《行事鈔》。並提綱契領地將其分為眾行、自行與共行三卷，與同時代的著述相比，可謂是簡潔的行持手冊。《行事鈔》脫胎於智首律師的《四分律疏》，但將其中繁複的理論闡述進行了大量的刪除和簡化，比如在「妄語戒」中，引用《雜阿毗曇心論》及《成實論》進行法相辨析的部分，均為道宣律師刪減。去除繁複難懂的論義，對於新學戒的比丘來說無疑大大降低了入門的難度，對於戒律的行持和傳承具有劃時代的意義，《行事鈔》也因此成為里程碑式的著作。之後，道宣律師在終南山隱居期間，應學律者請求，重修了《隨機羯磨》、《含注戒本》以及注疏《羯磨疏》、《戒本疏》等，逐漸開創出一整套律學思想。

最後，南山律在圓融比丘戒和菩薩戒方面也做了深入的律學思想

1　《四分律刪繁補闕行事鈔校釋》，8頁至9頁。

建設。道宣律師在前人的基礎上，以大乘三聚淨戒為旨歸，會通《四分律》與大乘思想，並且構建了大乘唯識戒體理論。採用分通大乘、三聚淨戒的説法，不僅提升了僧眾對比丘戒的重視，同時又不影響其菩薩發心，可謂相得益彰。這在盛行大乘思想的中國，極大地推動了僧侶對比丘戒的研究和持守，同時也為大乘菩薩應當持聲聞戒提供了理論依據，避免僧人陷入因自詡為大乘行者而流於輕視聲聞戒的弊端。

（2）時代的局限性

四部廣律在短短的二十年傳譯至漢地，然而當時的中國僧人對於印度部派和律典的關係並不清楚。他們通過絲綢之路去西方取經，這個過程從未中斷，但是在交通極不發達的古代，兩國間地域的間隔也不可避免地導致誤解的產生。當時的出家人認為各部律典源於同一部完整的律藏，相互之間並不矛盾。同時有觀點認為佛世時即有五個部派和相應律典的存在，是佛有意將其分成五部，如梁代寶唱《經律異相》記載：「佛知其宿行，使眾僧分律為五部，服色亦五種。」[1] 每個部派都有各自的特點，是為適應不同根性的眾生。如「薩和多部，博通敏達，導以法化，應著皂袈裟。迦葉維部，精勤勇快，攝護眾生，應著木蘭袈裟。彌沙塞部，禪思入微，究暢玄幽，應著青袈裟。摩訶僧祇部，勤學眾經，敷説義理，應著黃袈裟」[2]。道宣律師也持類似觀點。[3]

實際上，部派律典的集成並非一成不變，它是一個歷史演變的過程，與部派的發展有着密切的關係。當時的漢地僧人並沒有清晰地意識到不同律典與部派思想緊密相連，並有其各自的特性。南山律在會通諸部的同時，同樣受到這種時代局限的影響，即片面強調律典之間

1　《經律異相》卷 16，《大正藏》53 冊，85 頁上欄。

2　《經律異相》卷 16，《大正藏》53 冊，85 頁上欄。

3　《行事鈔》卷 1：「統明律藏，本實一文，但為機悟不同，致令諸計岳立。所以隨其樂欲，成立己宗。」《四分律刪繁補闕行事鈔校釋》，31 頁。

同源，但難以深入分析其差異。比如，利用「轉想」理論會通「摩觸戒」在《僧祇律》與《四分律》之間的差異，但為達成結論的統一而忽略了部派特性。[1] 這也是義淨法師在《南海寄歸內法傳》中批評南山律「部別之義不著，許遮之理莫分」[2] 的原因。

佛教傳入後，犯戒墮地獄的觀念逐漸影響大眾思想。[3] 若正確看待其背後的警戒作用，則有助於提升大眾對戒律的重視，增強業果觀念。若片面執取，則容易將戒律看待得過於嚴苛，甚至產生戒禁取。南山律沒有建構完整的戒罪與業道罪的理論體系，也沒有詳細區分兩者的不同，因此對上述問題沒有給出相應的解釋。業道罪遵循業果原理，可以從理懺和事懺兩個角度來懺悔；而戒罪則是根據犯戒的篇聚來做出相應的判罰。當比丘犯了性戒，會有業道罪，但犯遮戒時是否也有業道罪，南山律沒有解釋。比丘犯戒後感罪的原理以及一個突吉羅是否一定感得九百萬年地獄果報等的量罪原則，南山律也沒有給出明確解答。由於業報理論模糊不清，這就增加了持戒的難度，並強化了對犯戒墮地獄的恐懼，導致學律者困惑不解，內心矛盾。

南山律對一些關鍵性戒條的判罰標準也存在過於模糊的情況。例如對於「大盜戒」五錢的判罰列出三個不同的觀點，結論卻含糊不清，加上三寶物混用以及十種盜心尤其是黑暗心的定義不明，導致後代比丘針對盜戒的判罰紛爭不斷，甚至引起學戒、持戒的恐慌。

此外，南山律著在引用各部律文的時候，有時會有文義模糊與不一致的地方，有時甚至與律典原意截然相反。當然，古人對原文的引

---

1 《行事鈔》卷2：「《僧祇》：『意謂男子、黃門，而是女人，觸者殘。』謂前有方便心，後稱本境。」《四分律刪繁補闕行事鈔校釋》，748頁。

2 《南海寄歸內法傳》卷1，《大正藏》54冊，205頁下欄。

3 《百喻經》卷3：「破戒之人亦復如是，覆藏罪過不肯發露，死入地獄，諸天善神以天眼觀不得覆藏，如彼食牛不得欺拒。」《大正藏》4冊，550頁中欄。

用，與現代學術標準不同，或不能苛求。但學人若對此不加留意，則會對戒律細節產生誤解，也將難以正確行持，不可不謂是遺憾。

3. 圓融精神的繼承與發展

回應時代的問題，解決實際的需要，是南山律最直接的價值所在。而圓融的精神是南山律傳承千年的主要原因。因此，有必要繼續秉承南山律的圓融精神，從歷經兩千多年的律典當中尋找佛陀的智慧，探索現代出家人持戒的最佳方案。

部派佛教的僧團，經過上千年來在全印度乃至中亞等地區的發展，也從不同視角為後人留下了豐富的持戒經驗和對戒律的思考，並以律典的形式流傳至今。南山宗以《四分律》為主、會通他部的方式，使中國佛教一開始就免於陷入部派的紛爭，從而能夠更全面地尋求本土化的解決方案。經過一千多年的傳承，南山律凝聚了一代代律師對中國佛教戒律的思考。現代科技文明的快速發展深深影響和改變着現代僧人的生活，佛教戒律的發展需要緊跟時代的步伐，亦需要回歸到佛陀的本懷。

本書秉承南山律的精神，但並不局限於其既有的方式，而是致力於克服其時代的局限。在文獻方面，參考了更多的律典，比如《巴利律》和《根有律》。同時也參考對比了梵文、巴利文以及藏文的戒本內容。同時，本書亦不受限於漢傳佛教的宗派觀念，以及三語系佛教之間差異，而是以和而不同的圓融精神，吸納其各自的優點。現代這些豐富的文本和思想資源也是傳統的南山律宗所不具備的。此外，基於現代數字化資訊的豐富和便利，對於不同國家和民族的社會、地理以及人們生活習慣等情況也有了更多的資料可以參考，這些都有助於更好地指導現代比丘的實踐。

近現代科學的發展，也為研究提供了多種有效的方法。本書在傳

統義學研究的基礎上，參考了一些現代學術研究手段。語言學和文獻學的應用能夠通過對比梵語、巴利語、藏語的相關文本減少由於翻譯過程本身帶來的語義模糊或者錯誤；資訊學方法能夠通過處理大量的文本數據得出文本之間的統計學規律，避免了主觀因素對文本處理的影響；社會學研究方法，例如經濟學、政治學、法學、倫理學、歷史學、社會學、心理學、人類學等，多角度分析影響律典形成和傳承的各種因素，從而更全面認識變化背後的不變性，和差異背後的統一性。

豐富的文獻資源，以及多種研究方法的應用，一方面有助於還原佛陀制戒時面臨的各種緣起環境，從而更有效把握佛陀的制戒意趣；另一方面，能夠認識到各部律典在傳承過程中環境變化對戒律持守造成的影響，以及古代律師在律典文本與現實環境發生矛盾時的處理方式，為更有效處理現代僧眾所面臨的新問題提供傳承與創新的智慧支持。

（二）如何圓融

1. 圓融的內涵

通過無常觀能夠認識律典文本的歷史流變，通過因緣觀從不同的角度研究律典背後的深細緣起，如何處理文本流變種產生的差異以及匯通諸律緣起的不同，需要圓融中道的精神。

中道精神的常規理解是，既不執著苦又不執著樂的狀態，也就是既不放縱，又不嚴苛。戒律的持守既要避免對五欲的沉溺，也要排除對苦行的執著。佛陀所示現的悟道過程本身即是中道精神的體現，佛陀捨棄王位剃髮出家，意味着捨離五欲，但又陷入了極端的苦行。後來，當佛陀認識到到苦行的無益，捨棄苦行，終於徹悟諸法實相。佛陀成道後給弟子們首先宣講的即是中道思想。《四分律》記載，佛陀在

鹿野苑為五比丘講解：「比丘出家者，不得親近二邊，樂習愛欲，或自苦行，非賢聖法，勞疲形神不能有所辦。比丘除此二邊已，更有中道。」[1]

究竟意義上的中道是指第一義諦的空性，正如龍樹菩薩在《中論》中所說：「眾因緣生法，我說即是無；亦為是假名，亦是中道義；未曾有一法，不從因緣生；是故一切法，無不是空者。」[2]龍樹菩薩認為諸法都是由因緣所生的，不存在一個獨立的、恆常不變的自性。在這不斷變化的因緣背後就體現了事物不變的空性。

佛陀所講的一切教法均是從法身智慧中流露出來的，根據眾生的根器，又隨順於當時的緣起，最後通過言語宣說。經過弟子們的傳誦、結集就成為現在的律藏。因此，在看待現有的律典時，要認識到文本的流變，斷除對文本的常執。第一義諦言語道斷，佛陀的言語為了對治眾生的問題而應病與藥，病癒之後，藥即無用。如《金剛經》中佛陀言：「汝等比丘，知我說法，如筏喻者，法尚應捨，何況非法。」[3]同時又要認識到文本在世俗諦上安立的緣起性，它本身承載了佛陀的根本意趣，避免陷入斷滅見，認為一切都無。在此基礎上，不執著於空與緣起，又不離開空與緣起，超越非此即彼的二元對立，但又不是簡單折中，是為不一不異的中道。

戒律本身也屬於世俗諦上的方便安立，是因緣所生法。佛陀制定種種戒條，是為了對治眾生的種種煩惱，防護世俗的種種譏嫌。若沒有這些煩惱和譏嫌，佛陀就不會制定相應的戒。[4]因而戒律本身屬於對治

1　《四分律》卷32，《大正藏》22冊，788頁上欄。

2　《中論》卷4，《大正藏》30冊，33頁中欄。

3　《金剛般若波羅蜜經》卷1，《大正藏》8冊，749頁中欄。

4　《大智度論》卷14：「以有殺罪故，則有戒；若無殺罪，則亦無戒。」《大正藏》25冊，163頁下欄；卷84：「然制戒意，為眾人譏嫌故為重。」《大正藏》25冊，648頁中欄。

悉檀[1]和世界悉檀[2]，並非實相[3]。從第一義諦的角度看，戒律本空，無有自性。如此就能夠從根本上把握佛陀的制戒意趣。否則就會執著文字而陷入戒禁取，否認了戒律的緣起性以及無常性。與此同時，還要避免因為執著空性而放鬆對戒律的持守，違背了佛陀制戒本懷。

佛陀制定戒律的過程深受印度當時的政治、宗教、文化、地理等因素的影響。佛陀根據不一不異的中道精神，超越事物表面的對立，不斷因應緣起的變化做出相應的抉擇，既能回應當下的因緣，又能不受戒條限制，從而對治眾生的煩惱。如《四分律》中，當比丘因為「秋月風病」導致「形體枯燥又生惡瘡」時，佛陀就開許病比丘可以在午前食用酥、油、生酥、蜜、石蜜五種藥；[4]當比丘的身體並沒有好轉時，佛陀遂又開許可以在午後食用；當病比丘以及看護者因護戒無法食用而只能將食物餵鳥時，佛陀又開許病比丘和看護者可以不受足食戒以及殘宿食戒的限制；當比丘因貪心集聚了太多的五種藥，並引起居士譏嫌時，佛陀又規定比丘只能蓄七日；最後佛陀又開許七日藥可以像長衣那樣通過作淨後終身服用。[5]

1　《大智度論》卷 1：「對治悉檀者，有法，對治則有，實性則無。」《大正藏》25 冊，60 頁上欄。

2　《大智度論》卷 1：「有世界者，有法從因緣和合故有，無別性。」《大正藏》25 冊，59 頁中欄。

3　《大智度論》卷 84：「毗尼中皆為世間事，攝眾僧故結戒，不論實相。」《大正藏》25 冊，648 頁中欄。

4　《四分律》卷 10：「爾時佛在舍衛國祇樹給孤獨園。時諸比丘秋月風病動，形體枯燥又生惡瘡。世尊在閑靜處念言：『此諸比丘今秋月風病動，形體枯燥又生惡瘡，我今寧可方宜使諸比丘得服眾藥，當食當藥如食飯乾飯不令粗現。』」《大正藏》22 冊，626 頁下欄。

5　《十誦律》卷 8：「若比丘一日得酥，二日更得，畜一捨一。二日得酥，三日更得，畜一捨一。三日得酥，四日更得，畜一捨一。四日得酥，五日更得，畜一捨一。五日得酥，六日更得，畜一捨一。六日得酥，七日更得，七日時比丘是酥應與人，若作淨，若服，若不與人、不作淨、不服，至第八日地了時，尼薩耆波夜提。」《大正藏》23 冊，61 頁上欄至中欄。《僧祇律》卷 10：「若比丘一日得十種藥，半作淨半不作淨。是中作淨者，應法；不作淨者，過七日，尼薩耆。若比丘一日得十種藥，如前長衣戒中廣說。但此中以藥七日為異。」《大正藏》22 冊，316 頁下欄至 317 頁上欄。《四分律》卷 10：「比丘一日得藥不淨施，二日得藥淨施，三日得藥乃至七日得藥不淨施，至八日明相出，六日中所得藥盡尼薩耆。」《大正藏》22 冊，628 頁中欄。

由此可見，佛陀不會把戒條當作一成不變的教條強迫弟子去遵守，佛陀深知戒條是因緣和合的產物，並無不變的自性可言，因而當其中的因緣變化的時候，佛陀就做出相應的調整以適應不斷變化後的實際情況，在這不斷調整的過程中又貫穿着佛陀制戒的根本精神。

2. 實踐的原則

認識到戒律的空性本質，就能夠不執著戒律的文本，從而賦予戒律無限的生命力，使其能夠適應各種緣起的變化。同時，不斷變化的戒律文本又是相似相續的，它從佛陀制戒輾轉傳來，體現着佛陀的制戒意趣。因此，在把握中道精神的同時，一方面要重視對戒律文本的學習，傳承戒律的精神，另一方面又要注重對時代緣起的靈活把握。

佛陀通達一切緣起，因地制宜地制定相關的戒律，或者對已有戒律做出調整。為了能夠更有效指導後世眾生的實踐，佛陀教授了四大教法、四依法、隨方毗尼以及小小戒可捨等原則。根據這些教授，佛弟子們就能夠因應不斷變化的現實環境，做出最合適的判斷。

（1）理論依據

①四大教法與四依法

在佛陀即將進入涅槃之前，特別為弟子們教授了「四大教法」[1] 和「四依法」。「四大教法」指的是，如果比丘聽到有人宣稱親自從佛陀、「和合眾僧、多聞耆舊」，「眾多比丘持法、持律、持律儀者」或「一比丘持法、持律、持律儀者」處聽聞到某一教授時，比丘不應輕信，也不應毀謗，而應該根據經律論對其所講內容詳細推敲，以確定其是否可靠。如果所講內容與經律論相符則可以相信，否則就不能相信。「四依法」是指「依法不依人，依義不依語，依智不依識，依了義經不依

---

[1]　《長阿含經》卷 3，《大正藏》1 冊，17 頁中欄至 18 頁下欄。

不了義經」[1]，佛陀通過「四依法」教導弟子要依止佛法，而不要依止人；依止佛法的內涵，而不能依止表面的語言；依靠智慧去抉擇判斷，而不能依靠識；依止了義的經文，而不能依止非了義的經文。

「四大教法」與「四依法」意在說明，對於所接觸到的一切教法，都應該先根據已有的三藏，用智慧去辨別其是否屬於佛法。同時在信受奉行的時候，不能執著其語言文字本身，而要深入了解文字背後的內涵。如果將語言文本執為實有的、固定不變的，必然會忽略文本背後的因緣。當因緣變化時就會無法指導變化後的現實情況，另一方面也無法對在不同因緣背景下產生的文本做出如理抉擇。《瑜伽師地論》將這種人稱為「鸚鵡喻補特伽羅」，即像鸚鵡學舌一樣，只理解語言的表象而非內涵，與此相對的是「良慧喻補特伽羅」，即能夠深入義理而非文字本身。[2]

戒律同樣需要佛弟子在經過智慧的辨別之後再依教奉行，而智慧的產生本身又需要對經律論進行深入地聞思學習，達到如《明了論》中所說的對於「名句字義及正行，心明了無疑」，所以能夠「不看他面」[3]。佛陀深知在自己滅度之後，比丘會遇到與制戒時不同的現實因緣，因此又教授了隨方毗尼和小小戒可捨的原則。

②隨方毗尼及小小戒可捨

隨方毗尼原則指出「雖是我所制，而於餘方不以為清淨者，皆不

1　《大智度論》卷9，《大正藏》25冊，125頁上欄至中欄。

2　《瑜伽師地論》卷69：「云何良慧喻補特伽羅？謂如有一於上所說十羯磨中，唯依於義不依於文，唯隨義轉不隨音聲。雖於此中未作如是羯磨言詞，然能依義發起語言行於此義。云何鸚鵡喻補特伽羅？謂如有一唯依於文不依於義，唯隨文轉不隨於義，不能依義發異言詞。」《大正藏》30冊，680頁上欄。

3　《明了論》：「或依三業道立三學，或依道分立三學，或依三藏立三學，或依三法身立三學。由此義，是人於名句字義及正行，心明了無疑，是故自在不繫屬他，故說不看他面。」《大正藏》24冊，665頁下欄。

應用；雖非我所制，而於餘方必應行者，皆不得不行」[1]。根據隨方毗尼的原則，佛陀要求比丘不拘泥戒律文本，可根據所在地區的風俗、習慣、價值體系等來調整行為準則。《僧祇律》中提到的「方法淨」與隨方毗尼的精神一致：「方法淨者，國土法爾，與四大教相應者用，不相應者捨，是名方法淨。」[2] 即不同國土的風俗習慣，只要與四大教法相應就應該遵循，不相應的就可以捨棄。又《十誦律》中的「國土淨法」也與此類似[3]。

根據中道原則，戒律的制定本身就是因緣和合的產物，佛陀在制戒的過程中參考了所在地的具體情況，當這個因緣發生變化的時候就應該做出調整。但是所謂的調整本身又不會脫離佛陀制戒的根本原則——制戒十利。例如佛陀在世時就曾經特別針對迦旃延尊者所提出的五法做出開緣，即允許「邊地少比丘處」可以由五人授戒，「有沙石棘刺之處著重底革屣」、「有皮革處作皮敷臥具」、「有須浴處日日洗浴」[4]等。同時，隨方毗尼又有其歷史性的指導意義，因為即便是同一地理區域，社會習俗在不同的歷史時期也會發生一定的變化，因而隨方毗尼中提到的「方」不僅僅是空間概念，同樣也包含時間概念。即不管在任何地方、任何時期均適用這一原則。

從實踐的角度來看，隨方毗尼可以分為以下兩個方面：

1　《五分律》卷 22，《大正藏》22 冊，153 頁上欄。

2　《僧祇律》卷 32，《大正藏》22 冊，492 頁上欄。

3　《十誦律》卷 56：「國土淨法者，得神通諸比丘，至惡賤國土乞食，是比丘先從惡賤人受食噉，此人心悔：『我等墮不淨數。』便不復乞。是人持食於比丘前棄地而去，諸比丘不知云何？佛言：『從今日至惡穢國土，棄食著地得自取食，隨國土法故。如邊地持律，第五得受具足戒；阿葉波伽阿槃提國土，聽著一重革屣、常洗浴、皮褲覆；如寒雪國土中，聽畜俗人靴具。』是名國土淨法。」《大正藏》23 冊，414 頁中欄至下欄。

4　《五分律》卷 21：「從今聽阿溼波阿雲頭國及一切邊地少比丘處，持律五人授具足戒；亦聽有沙石棘刺之處，著重底革屣；亦聽有皮革處，作皮敷臥具；亦聽有須浴處，日日洗浴；若比丘寄衣與餘處比丘，比丘雖先聞知，衣未入手不犯長衣。」《大正藏》22 冊，144 頁中欄至下欄。

第一，佛已制戒但不符合他方現實緣起的情況，在這一層面隨方毗尼的內涵與佛陀教授的小小戒可捨的內涵完全一致。

雖然在佛陀滅度後的第一次經典結集時，大迦葉尊者為了平息大眾的爭論而否定了小小戒可捨原則，但根據佛陀的中道思想，即便阿難尊者向佛陀請示這個問題，佛陀也很可能不會給出固定答案。通過佛陀的制戒過程可以看出，只有當不良行為出現時，佛陀才制定相應的戒條。類似地，當捨小小戒的緣起出現時，才有必要做出相應的抉擇。因此，小小戒可捨並不意味着比丘或僧團可以隨意捨掉某些戒條。例如《瑜伽師地論》中就記載了五種可以捨去小小戒的情況：「一、清淨故，二、防破壞故，三、為引接廣大義利補特伽羅令入法故，四、為令聖教轉增盛故，五、為遮防難存活故。」[1] 這五種情況分別為：針對已經證得阿羅漢果的比丘時；當僧團因為小小戒的持犯問題爭論不休，為了止息諍論；為接引種性高貴和能夠對佛法產生廣大利益的人出家時；眾比丘不堪行持小小戒，影響聖教興盛時；當比丘因為持小小戒而難以存活時。只有在以上這五種情況出現時，僧團才能如法捨去小小戒。

因此佛陀不會僅僅因為阿難尊者的請問，就在脫離現實緣起的情況下告訴弟子哪些戒屬於小小戒。正如佛陀不會僅僅因為舍利弗尊者祈請就馬上制戒一樣。從這個方面看來，認為可以隨便捨去部分乃至整篇的戒律，與認為任何戒都不可捨的觀點一樣，都走向了極端，二者均不符合中道思想。

例如，出家人托鉢乞食在印度不會受到社會的譏嫌，而在漢地則會因為文化差異等因素的影響被人詬病。又如，佛陀在過量牀足戒中規定比丘坐臥的牀超過如來八指高（一尺五寸左右）即正犯，原因在

1　《瑜伽師地論》卷 69，《大正藏》30 冊，679 頁下欄。

於超過這個尺寸的牀在佛陀時代已經屬於高廣大牀，並且是富貴與身分的象徵，因而禁止比丘蓄用，但在現代社會普遍使用的牀、椅均大於這個尺寸，其象徵意義已不復存在。根據佛陀的制戒精神，現代比丘除非使用較為高檔奢華的牀椅，否則並不違背本戒的意趣。

第二，除了與小小戒可捨相一致的部分之外，在佛未制戒但現實緣起不允許的情況，隨方毗尼原則允許僧團根據緣起的需要增補相應的戒律，所謂「雖非我所制，而於餘方必應行者，皆不得不行」。《僧祇律》中的「國土法爾，與四大教相應者用」與此內涵一致。但是此一原則同樣在第一次結集時被否定：「佛所未制，不應妄制。」而且佛陀制定的戒律在比丘心目中有不可替代的神聖性，一般很難接受僧團制定的戒律，同時也可能會引發僧眾的評論。

然而，後世僧團仍然可以根據需要制定相應的僧制作為戒律的補充，僧制為佛陀所開許。《四分律》記載，佛陀準備「三月靜坐思維」，除了送食物的比丘，不允許其他比丘進入佛陀的房間。僧團甚至因此制定：「若有入者，教令波逸提懺。」[1] 僧制並沒有像戒律那樣的權威性和普遍性，但具有靈活性、實用性的特點，可以在一定的區域和時間內應機而制。律中規定僧眾應該重視和遵守僧制，如《根有律》記載，客比丘在進入寺院時，要先詢問該寺有何僧制，否則會犯惡作罪。[2] 可見，僧制在印度即已經發揮一定的作用，而到了中國，寺院清規甚至成為一種普遍的僧制形式。

現代社會，佛教僧侶面對的外部環境與佛世時完全不同，智能電話、電腦、汽車等的出現，打破僧團與世俗社會界限。比丘面臨着前

1　《四分律》卷 41，《大正藏》22 冊，859 頁下欄。

2　《根有律》卷 18：「佛告小軍：『無問客主，僧伽制令咸須遵奉。然我從今為客苾芻制其行法。凡客苾芻入寺之時，即應先問舊住苾芻曰：「具壽！今此寺中僧伽有何制令？」若問者善，若不問者得惡作罪。』」《大正藏》23 冊，723 頁上欄。

所未有的物質誘惑和世俗觀念衝擊，因此，亟須制定新的制度規範。

凡夫僧雖非證悟的聖者，亦可以根據這些原則做出正確的抉擇。在佛陀中道精神的指導下，只要對戒律有充分的理解，準確把握現實緣起的變化，通過和合僧團的嚴謹決議，完全可以做出符合當下緣起的適應性選擇。

（2）兩個極端

正確把握中道精神需要避免兩個極端，即產生拘泥文本的教條主義，和完全不顧戒律文本、只重視現實緣起的自由主義。依中道圓融的精神實踐戒律並非易事，各種思想體系難免在其傳承和發展過程中有教條主義和自由主義的出現。

①教條主義

教條主義是指比丘嚴格按照佛陀所制定戒律的條文來行持，完全忽略現實緣起的變化。這樣的照搬佛世時的持戒方式，其前提是比丘所處的環境與佛陀制戒的緣起完全相同。而當緣起發生變化時，這種嚴格僵化的持戒行為必然會與現實的環境發生衝突，甚至有可能給自他帶來傷害。

佛世時就存在教條主義，具體來說有兩種表現方式。第一種是只關注戒律的表面意思，而不去體會佛陀制戒的意趣及所要對治的煩惱和行為，故而產生不犯已制戒條但又不斷鑽漏洞的心理。例如，《四分律》記載，迦留陀夷在佛制定「摩觸戒」後，為了不犯本戒而對女人說粗惡語。[1] 後來又為了不犯「粗惡語戒」而自歎身索供。[2] 像這樣並沒

1　《四分律》卷 3：「佛在舍衛國，時迦留陀夷聞世尊所制戒，不得弄陰墮精、不得身相摩觸，便持戶鑰在門外立，伺諸婦女若居士家婦女來，語言：『諸妹！可入我房看。』將至房中已，向彼以欲心粗惡語。」《大正藏》22 冊，581 頁中欄。

2　《四分律》卷 3：「佛在舍衛國，時迦留陀夷已聞世尊制戒，不得弄陰墮精、不得與女人身相觸、不得向女人粗惡語。便執戶鑰在門外立，伺諸婦女若居士家婦女來，語言：『諸妹！可入我房看。』將入房已，自讚歎身言：『諸妹知不？我學中第一，我是梵行、持戒、修善法人。汝可持婬欲供養我。』」《大正藏》22 冊，582 頁上欄。

有領會佛陀的制戒意趣在於對治比丘的淫欲心和防護譏嫌，而僅僅是為了不違犯戒條的規定便不斷地鑽戒律的漏洞，是典型的忽略制戒意趣的教條主義。第二種表現方式為，不管緣起如何變化，堅決按照佛制戒條的表面意思去執行。例如，比丘與俗人共宿時露形遭到譏嫌，佛陀遂制戒禁止比丘與未受大戒人共宿。眾比丘於是就以持戒為由，不允許當時還是沙彌的羅睺羅在比丘房內住宿，[1] 羅睺羅被迫夜宿廁所。佛陀知道後譴責比丘們缺乏慈悲心，[2] 並重新制戒允許比丘與未受大戒人共宿兩夜。由此可見，比丘持守戒律時需要領會佛陀的制戒意趣，避免這兩種問題的產生。

戒律傳到中國之後，漢地比丘往往對印度文化、律典形成，以及傳承過程、部派佛教的實踐生活等缺乏足夠了解，因而對律典多注重文字層面的詮釋和理解，容易造成嚴格遵照戒律文本的教條主義。教條主義持戒觀與中道原則相違背，不能透過戒律文本緣起性認識其內涵，從而以靜止的眼光看待戒律，無法適應變化後的現實環境。再加上唐朝時南山律宗興極一時，後代律師們的工作愈來愈集中在對南山律的著疏上，很少再回歸律典原文，一定程度上限制了律學的進一步發展，[3] 正如蕅益大師所說「隨機羯磨出，而律學衰」[4]。由此導致的後果，律宗逐漸衰微，而清規成為中國寺院管理的主流方式。

看到戒律在傳承過程中存在的問題，並非是要質疑傳統律學的價值。古代律師完成了其肩負的歷史使命，使律學流傳至今。只有正面歷史遺留的問題，才能推動律學的進一步發展。當今的學律者需要

1　《四分律》卷 11：「爾時佛在拘睒毗國，諸比丘如是言：『佛不聽我曹與未受大戒人共宿，當遣羅云出去。』」《大正藏》22 冊，638 頁中欄。

2　《四分律》卷 11：「明日清旦集諸比丘告言：『汝等無慈心，乃驅出小兒，是佛子不護我意耶！』」《大正藏》22 冊，638 頁中欄。

3　王建光：《中國律宗通史》，鳳凰出版社，2008 年 7 月，346 頁。

4　《靈峰蕅益大師宗論》卷 1，《嘉興藏》36 冊，253 頁下欄。

在第一義諦的基礎上認識戒律的本質，認識到蘊含在戒律文本中的意趣，再根據四大教法、隨方毗尼、小小戒可捨等原則來應對新時代出現的問題。需要注意的是，這些原則是為了讓僧團更好地依律修行，而非允許比丘隨意調整戒律，否則就陷入了另一個極端——自由主義。

②自由主義

自由主義是指脫離律典，完全憑藉比丘自身意願來行持。自由主義同樣有兩種表現方式。第一種是嚴苛化，即脫離佛陀制戒意趣，妄加增益出更多的限制或過高的要求。例如佛世時，提婆達多提出比戒律更嚴苛的五法：「一者，盡壽著糞掃衣；二者，盡壽常乞食食；三者，盡壽唯一坐食；四者，盡壽常居迴露；五者，盡壽不食一切魚、肉、血味、鹽、酥、乳等。」這些帶有苦行色彩的標準，短期內可能會得到部分人的支持，但長期看來其實是損減佛法，因為它違背了中道原則，無法適應眾生的根器。

自由主義的第二種表現形式為希望擺脫戒律的束縛，不受任何限制的心態。這種思想忽略了戒律對個人煩惱調伏、修行證悟、僧團和合，乃至正法久住所起的重要作用，而完全從個人角度或者小範圍團體的角度出發作出取捨，其後果則可能是「速滅梵行」。佛世時就有這種傾向的出現，六群比丘曾經在僧團集體誦戒時抱怨：「何用是雜碎戒為？說是戒時，令人憂惱！」[1] 對他們來說，戒律是束縛自由的繩索。《長阿含經》記載，佛陀滅度後，五百比丘聽聞消息而「皆大悲泣」時，拔難陀慶幸道：「汝等勿憂，世尊滅度，我得自在。……自今以後，隨我所為。」[2]

綜上所述，認識戒律文本的緣起性及無常性，並不意味着要在否

1　《五分律》卷6，《大正藏》22冊，41頁中欄。
2　《長阿含經》卷4，《大正藏》01冊，28頁下欄。

定戒律的基礎上，一味隨順現實緣起。佛陀是一切智者，佛陀的戒律精神具有超越時空的普適性。戒律的重要性，從個人角度來看是修行解脫的根本，對整個佛教來說是正法久住的基石，因而離開了戒律就無解脫與正法可言。由此可知，中道精神追求的並不是非此即彼的二元對立，而是在把握佛陀制戒根本精神的基礎上超越教條主義和自由主義各自的局限性，在此基礎上既能不斷適應變化的現實世界，又能引導個人的修行以及保障僧團的和合。

（3）持戒的目的

把握住中道的精神，認識到教條主義和自由主義的弊端之後，仍然需要學習戒律的開遮持犯，理解其內涵，這樣在面對不同的緣起變化時，才能如理抉擇。

①戒與律的區別

嚴格來講，中文的「戒律」一詞，實際上是由兩個不同語義的梵文詞彙所組成[1]：

a. 戒（śīla）

梵文"śīla"一詞，由詞根"śīl（重複練習，to do, make, practise repeatedly）"變化而來，一般的意思是：習慣、品性（英譯：habit, custom）。佛教中將其引申，用來專指：道德的行為（英譯：moral conduct）。[2]古來將其音譯為「尸羅」，或是意譯為「淨戒、善行」等。可見"śīla"一詞指善法，其範疇相對是比較寬泛的，不一定特指佛陀所制定的戒條。如《大智度論》中解釋為「尸羅（秦言性善），好行善

---

1 Willliom Edward Soothill, Lewis Hodous, *A Dictionary of Chinese Buddhist Terms*, London: Kegan Paul, Trench, Trubner & Co., LTD. , p.239.

2 Monier Monier-Williams, *A Sanskrit-English Dictionary*, Oxford: The Clarendon Press, 1899, p.1079.

道，不自放逸，是名尸羅。或受戒行善，或不受戒行善，皆名尸羅」[1]，並認為十善法攝一切戒[2]。因此，無論是否出家，是否追求解脫，「戒」都是善業，會導致異熟樂果。

b. 律（Vinaya）

"Vinaya" 一詞，由前綴 "vi（離，away）" 和詞根 "nī（引導、指導，to lead; to educate, instruct）" 變化而來，字面意思是「引導離開」（leading away, separating），進而引申為「調伏」，即滅除罪惡的意思。[3] 佛教用這一詞來特指佛陀為出家眾所制定的生活規約，包括戒條和犍度等，分為「性戒」和「遮戒」。古來音譯為「毗奈耶、毗尼」等，或意譯為「調伏、滅、善治」等。《戒本疏》：「古譯『毗尼』皆稱為『滅』，以七毗尼用殄四諍。今以何義翻之為『律』？『律』者，法也。從教為名，斷割重輕，開遮、持犯，非法不定。故正翻之。」[4]

傳統上將「戒」和「律」合二為一，形成「戒律」一詞。其中，「戒」偏向個人身心應該遵循的佛法規則，有道德的和自發的屬性。戒所約束的行為本身就屬於不善法，即使佛陀沒有制定相關的戒條，造作之後同樣會招引不善的異熟果報。因此，它不會隨時空因緣的變化而改變，具有普適性。「律」則偏向於為維持教團穩定和保證外部接納而制定的團體制度，有強制的、外顯的行為規範。「律」所遮止的行為本身並不都是惡的行為，「律」的制定與當時的時空因緣也息息相關。

1　《大智度論》卷 13，《大正藏》25 冊，153 頁中欄。
2　《大智度論》卷 46：「佛總相說六波羅蜜，十善為總相戒，別相有無量戒。不飲酒、不過中食，入不貪中；杖不加眾生等，入不瞋中；餘道隨義相從。戒名身業、口業，七善道所攝。十善道及初後，如發心欲殺，是時作方便——惡口，鞭打、繫縛、斫刺，乃至垂死，皆屬於初；死後剝皮、食噉、割截、歡喜，皆名後；奪命是本體；此三事和合，總名殺不善道。以是故知說十善道則攝一切戒。」《大正藏》25 冊，395 頁中欄。
3　Monier Monier-Williams, *A Sanskrit-English Dictionary*, p.971.
4　《四分律含注戒本疏行宗記校釋》，56 頁。

然而，「戒」與「律」也並非完全的涇渭分明，而是互相含攝。「戒」本意為善法，但也常被引申用於特指佛陀制定的「律」，如五戒（Pañca-śīla）、八戒（Aṣṭâṅga-śīla）、具足戒（Susamāpta-śīla）等。而佛陀制定的與世俗社會共通的、具有約束性的「律」，也包括了「戒」的範疇。比如「律」中的性戒，即無論佛是否制定，本性為善，因此屬於「戒」的範疇。而即使是「律」中的遮戒，如果以善心防護，則同樣屬於「戒」的範疇。[1]

②戒與律的作用

a. 戒為基礎

就個人的修行解脫而言，「戒」是必需的。《四分律》「佛說大小持戒犍度」中[2]，詳細記載了比丘依戒、定、慧三學直至解脫的修行次第。其中佛陀向弟子們開示，首先要斷除十不善法，即殺、盜、淫、妄語、兩舌、惡口、綺語、貪、瞋、邪見。通過斷除不善法，讓內心達到「內無所著，其心安樂」，在此基礎上「於六觸入中，善學護持，善學調伏，善學止息」。進而「常爾一心，念除諸蓋」。斷除五蓋之後一步步從初禪進入四禪，進而「一心修習無漏智證」，最後「欲漏、有漏、無明漏心得解脫，已得解脫智，『我生已盡，梵行已立，所作已辦，更不復生』」。同樣，《瑜伽師地論》也提到由「戒淨」依次得到「無悔」、「歡」、「喜」、「輕安」、「受勝樂」、「定」、「如實知如實見」、「起

1　「罪分『性罪』和『遮罪』二種。『性罪』在因、體性和果方面各有特徵。從因上講，其直接動機必然是由不善發起的；從體性上講，其本身與罪不善同體；從果上講，其本身能夠產生不可愛異熟。不論是否受戒，任何人只要觸犯此事即生性罪。『遮罪』，即是與佛的規定相違背的業障。從因上講，其直接動機可以是由善心或無記心發起的；從體性上講，其本身與無記同體；從果上講，其本身並不能產生不可愛異熟。如果動機與蔑視戒律等不善心相關，而犯單純遮罪，那麼性罪和遮罪這兩種罪墮都有。」降巴丹增成烈嘉措開示，洛桑耶協丹增嘉措編纂：《掌中解脫》，仁欽曲札譯，白法螺出版社，2000年。

2　《四分律》卷53，《大正藏》22冊，962頁中欄。

厭」、「離染」，最後「證得解脫」的次第。[1]

可見，作為戒、定、慧三學之一的「戒」，是修行證果必要的基礎。因為唯有止惡行善才能使內心趨向於安樂，進而為修習定慧提供條件。《中阿含經》中也有類似的論述：「彼自見斷十惡業道，念十善業道已，便生歡悅，生歡悅已，便生於喜，生於喜已，便止息身，止息身已，便身覺樂，身覺樂已，便得一心。」[2]《十住毗婆沙論》中還記載修行十善業道不僅能得到沙門四果，還能令人至於佛地。[3]

b. 律為外護

而「律」的制定並非個人解脫所必須，這一點從比丘戒制定的歷史就可以得知。在僧團成立之初的十二年裏，佛陀並沒有制定任何成文的戒條，[4] 卻並不妨礙比丘證道得果。從業果原理來說，違反「律」並不必然導致異熟苦果，需要區分性遮和發心之別。但「律」對僧團和合、防護譏嫌有重要意義，為比丘的修行創造了必要的外在條件。如果惡意違反或輕忽棄捨，就會造下妨礙僧團和合和佛法住世的惡業而導致異熟苦果，同時造成比丘內心的追悔而影響修行進步；反之，如果以清淨的發心去持守，則造就殊勝的善業，也為後世繼續親近三寶、出家修道種下善因。

「律」中的遮戒，因為與外部環境息息相關，雖不允許個人輕棄，

1　《瑜伽師地論》卷22：「諸所有具戒士夫補特伽羅，自觀戒淨便得無悔，無悔故歡，歡故生喜，由心喜故身得輕安，身輕安故便受勝樂，樂故心定，心得定故能如實知能如實見，實知見故便能起厭，能起厭故便得離染，由離染故證得解脫。」《大正藏》30冊，405頁下欄。

2　《中阿含經》卷4，《大正藏》1冊，447頁中欄。

3　《十住毗婆沙論》卷14：「問曰：『是十善業道。但是生人天因緣。更有餘利益耶？』答曰：『有。所有聲聞乘，辟支佛大乘，皆以十善道，而為大利益。凡出生死因緣，唯有三乘：聲聞、辟支佛、大乘。是三乘皆以十善道為大利益。何以故？是十善道能令行者至聲聞地，亦能令至辟支佛地，亦能令人至於佛地。』」《大正藏》26冊，99頁中欄。

4　《增一阿含經》卷44：「十二年中說此一偈，以為禁戒，以生犯律之人，轉有二百五十戒。」《大正藏》2冊，787頁中欄。

但僧團可適當調整。當時空因緣變化時，戒條的內容不再符合維護內部和合、防止外部譏嫌的目的，對其做出調整和變更就顯得很有必要。「律」中的性戒，是修行解脫和後世安樂的必需，具有超越時空的普適性。由上可知，對「戒」和「律」的內涵與目的認識不清，就會陷入下面兩種誤區。

③持戒的兩個誤區

a. 戒禁取

戒禁取是邪見煩惱之一。《俱舍論》解釋為：「於非因道謂因道見，一切總說名戒禁取。」[1]《大乘廣五蘊論》解釋為：「謂於戒禁，及所依蘊，隨計為清淨，為解脫，為出離，染慧為性。」[2] 一般人在日常生活中也會產生很多禁忌思想[3]。經典中記載，只有證得初果的聖人才能根本斷掉戒禁取的煩惱。綜合看來，戒禁取是指把不是解脫的因執著為解脫之因。《俱舍論記》記載：「戒謂內道戒，即五戒等；禁謂外道禁，即狗、牛等禁。」[4] 由此可知，不僅對外道戒的執著屬於戒禁取，如果不了解戒律的目的是解脫，不熟悉因戒生定、發慧的原理，而盲目執著佛制戒律或者產生理解的偏差，同樣會導致戒禁取。

對於佛陀所制定「律」中的遮戒，如果不顧其背後的地理、文化和習俗等差異，而將它等同於普適性的「戒」，不論因緣如何變化，一味地遵照奉行，就會引發戒禁取的煩惱。例如，在飲食方面如乞食、踞坐、手抓飯食等在印度習以為常的規定，傳入中國之後並不被固有

1　《阿毗達磨俱舍論》卷 19，《大正藏》29 冊，100 頁上欄。

2　《大乘廣五蘊論》卷 1，《大正藏》31 冊，853 頁上欄。

3　「長期以來，有些事物一直被強烈禁止着，可是他們從來不去考慮其中的原因，或者提出任何懷疑。相反，他們屈服於這種禁忌就像它們都是理所當然的事情一樣，同時深信任何對禁忌的破壞行為將導致自取懲罰。」弗洛伊德（Freud）：《圖騰與禁忌》，文良文化譯，中央編譯出版社，23 頁。

4　《俱舍論記》卷 19，《大正藏》41 冊，298 頁中欄。

的傳統文化習俗所接受。如果一味地堅持不可更改，不僅無法在僧團內部達成統一，還會讓社會大眾對出家人產生輕視，從而影響教法的傳播與住世。

陷入戒禁取的比丘，沒有認識到戒律是實現解脫的手段而非目的，機械地執行戒相，反而成為修道的障礙[1]。比如有些新戒比丘或者由於過分擔心犯戒，產生掉悔、惡作等心理，進而影響修行[2]。如果不能及時化解，比丘甚至可能產生嚴重的心理問題，比如持戒強迫症[3]。

b. 輕戒捨律

也有比丘不了解戒律對修行的必要性，注重定慧或培福而忽視戒律。如果比丘違反了「戒」，造下惡業，現世會導致內心不安穩，從而無法生定、發慧，將來也會感召惡果，甚至墮落惡道。

另一方面，當「律」中遮戒的作用仍然適用，盲目捨棄不僅影響僧團和合共處，還會導致僧團無法被社會大眾所接納，如「飲酒戒」、「與女屏坐戒」等，比丘不遵守則會帶來嚴重的譏嫌。

④持戒的檢驗標準

在實踐中如何檢驗持戒是否符合修行的目的？是否過緊或過鬆？以下從聖言量、比量和現量三個角度來探討檢驗標準。[4]

---

1 「遵守操行戒律、舉行儀式禮拜，這些造作的精神力量，也並非來自它們本身有什麼神聖內涵，而是來自它們能夠有效地引導心理活動的續流朝着於靈性有益的方向發展。它們所起的功能，實際上是作為引生善巧意識態的技能手段或者說方便設置。機械地服從戒律規則，不予質疑地循照既定儀軌執行使宗教職責，從佛教的觀點看，遠非是救贖之道，實際上反構成障礙。它們正是第三種結縛（samyojana）——『戒禁取』（silabbataparamasa）的範例，是這些結縛把眾生綁束於緣起之輪，我們必須斷除它們才能夠最終進入解脫道。」菩提尊者：《福德與靈性成長》，良積譯。

2 《阿毗達磨俱舍論》卷 21：「掉舉惡作能障定蘊」。《大正藏》29 冊，110 頁下欄。

3 「對於個體心理而言，過度的『持戒』，往往容易造成過重的心靈負擔和束縛，從而引發一些強迫症等心理疾病。」唐希鵬：《談佛教戒律對於心理治療的借鑒意義》。

4 林崇安：《佛學研究法及其特色》，《佛學論文選集》，2004 年。

a. 聖言量

佛陀的聖言量是比丘持戒的根本所依。為了準確理解佛陀關於戒律的言教，需要通過文獻學方法對不同版本的律典進行對比和校定，以此作為正確持戒的依據。準確把握佛陀聖言量就能夠達到聞慧，但此時只能理解戒律文字層面的含義，還不能夠很好地把握文字背後的意趣，所謂「聞所成慧，依止於文，但如其説，未善意趣」[1]。

b. 比量

在聞慧的基礎上，不以了解文字表層的意義為滿足。通過傳統義理方法，對律典的緣起、辨相以及相關經論深入學習，以理解戒律文字的內涵。同時結合現代學術方法，充分認識戒律背後所體現的文化、習俗、地理因素及特定的社會關係特徵。以此在律典聞慧的基礎上，通過比量的研究把握佛陀制戒的意趣，達到思慧，所謂「思所成慧亦依於文，不唯如説亦善意趣」[2]。

c. 現量

最後，在聞慧和思慧的基礎上，結合現量[3]的親身實踐就能逐漸達到修慧[4]。此時就能夠超越文字表象的拘束，深刻體認到佛陀制戒意趣與現實因緣的統一，如「修所成慧唯緣義境，已能捨文唯觀義故」[5]。並且，也能敏鋭地感知相關緣起的變化，而做出合適的調整。具體來説，持戒的「現量」可以從三個方面來判斷：煩惱是否調伏，僧團是否和合，能否防護世俗譏嫌。在戒律的實踐過程中，現量地觀察個人的

1　《解深密經》卷 3，《大正藏》16 冊，700 頁下欄。
2　《解深密經》卷 3，《大正藏》16 冊，700 頁下欄。
3　這裏所説的現量，並非特指因明定義中所謂離分別的認知，而是從更寬泛意義而言，修行實踐中得來的認知與體會，而非理論上的理解。
4　這裏所説的修慧，並非特指法相定義中所謂定中修習才能生起的智慧，而是從更寬泛意義而言，通過修行實踐而得到的智慧。
5　《阿毗達磨俱舍論》卷 22，《大正藏》29 冊，116 頁下欄。

煩惱是否能夠得到有效的調伏，整個團體是否因為持戒而更加和合，社會大眾對僧團的接納度是否愈來愈高。如果因為持戒反而讓個體的煩惱愈來愈重，或導致僧團不和合，或引發社會的譏嫌，那就說明現有的持戒標準需要作出適宜的調整。

以上，通過聖言量、比量、現量的辨析，可以清晰、明確地檢驗持戒標準。

（4）策略與方法

持戒實踐中具體的策略與方法，可以從幾個角度探討和思考。

①保持方案的開放性

對戒律的認知，需要保有開放性的態度。面對世界的多樣化和急劇變化，當代比丘和僧團期望有一個能適合所有場景的固定方案，是不太現實的。在把握戒律精神不變的前提下，可針對不同的情況採取不同的行持方法。

就本書而言，在每條戒的總結和現代行持參考部分，即考慮了當下的時空因素，努力提供一個比較切合現實需要的持戒方案。然而，本書所探的方案不可能面面俱到、滿足所有的需求。因此，本書提供的方案是一個參考而不是唯一的答案。基於這種考慮，本書在部分內容中也提供了多種可選的方案。

可以通過前面所述的僧制，按照現前毗尼的原理，在精通戒律的善知識的指導下，通過律師們集體商討提出最適合本僧團的具體方案，然後在僧團內取得共識並貫徹施行。與此同時，也要尊重僧團中不同成員對戒律的認識程度，如果難以接受隨方毗尼和小小戒對佛制戒律做出相關調整，可以通過對戒律結合時代進行詮釋以及制定相應的僧制作為戒律的補充。如果相關因緣再發生重大變化，則可以再加討論以確定是否有調整的必要。總之，以這種開放性和主動性的態度，針對因緣進行調適，避免戒律條文與現實脫離，也是真正繼承和

遵循佛陀制戒的精神。

②三品持戒

面對當下複雜的持戒環境，比丘對戒律的持守容易偏向於兩個極端，但不能因為戒律行持的差異而造成僧團內部、僧團之間的對立。因此，根據佛陀制戒精神、隨方毗尼及小小戒可捨的原則，可設定三品持戒，個人可以隨自身信願及因緣盡力去行持，以期做到和而不同、相互包容。

下品持戒：守持比丘戒的四根本戒，再加上酒戒，通於五戒，即為下品持戒。四條根本戒是比丘戒的基礎，是最重要的戒。正犯四根本戒即破比丘戒，就會失去比丘身分。同時，在中國，比丘喝酒極為招人譏嫌，另外，不飲酒也是五戒的要求。弘一大師在《青年佛徒應注意的四項》說：「我們不說修到菩薩或佛的地位，就是想來生再做人，最低的限度，也要能持五戒。……戒中最重要的，不用說是殺、盜、淫、妄，此外還有飲酒、食肉，也易惹人譏嫌。至於吃煙，在律中雖無明文，但在我國習慣上，也很容易受人譏嫌的，總以不吃為是。」

中品持戒：守持好比丘戒的前二篇和其他諸篇性戒，以及結界、誦戒、安居等基本作持，即為中品持戒。如弘一大師在《含注戒本隨講別錄》說：「當今之時，末法鈍根，人畏其繁，具持非易。幸有捨微細戒遺教猶可依行，制限多寡，人各隨力。且約最低標準而言，止持之中，四棄、十三僧殘、二不定法及餘篇性戒，悉應精持；作持之中結僧界、受戒、懺罪、說戒、安居、自恣等，亦易行耳。」

上品持戒：比丘戒諸篇戒條盡量全持，作持盡量全做，即為上品持戒。其中由於社會因緣和個人福報條件等的制約，為了委曲求全、存身護法等，於戒相不得不有所違犯的，需如法懺悔，還復清淨。當然，如一些不符合漢地習俗的戒條，機械執行反而無益。

上述三品持戒是根據佛陀制戒精神，結合現實因緣提出的合理化

建議，不是行持的唯一標準，更不是強制要求。三品持戒，下品持戒是基礎，努力做好中品持戒，上品持戒是目標。但上品持戒者不能心生驕慢，自詡「我是持戒，餘人不爾」[1]，比丘要根據自身因緣，以一種既不得少為足，也不驕傲自滿的圓融中道精神去學戒、持戒。

③戒律、清規與現代管理相結合

針對漢地的現實因緣，比較合理可行的做法是：一方面，個人行持和僧團運作以戒律為主，在深入理解戒律的基礎上作出合理調試；另一方面，充分吸收傳統清規和現代管理制度的長處，制定符合戒律精神又適應現今社會的僧制以輔助、補充戒律。

佛世時期，比丘以佛為師，佛陀以戒律規範比丘身語意三業和管理僧團。佛滅度後，比丘以戒為師，隨法而行，內修外弘。戒乃佛陀親制，從信仰的角度來說，它有着崇高的神聖性，比丘自然對其信奉並行持。戒律有傳承的律藏為依，經得起歷史考驗，但需要根據時空因緣作合理的調適，否則難以解決新出現的問題。

當佛教從印度傳到中國後，面對完全不同的時空因緣，社會政治、文化習俗、環境氣候等都有顯著差異。然而，僧團的宗旨以及比丘出家的目的卻沒有因時空因緣的不同而改變。為了適應中國的土壤，使佛教更好地生存與發展，清規應運而生。清規簡明易行，有適應社會的靈活性和管理僧團的速效性，對佛教的本土化起到了重要作用。然而清規重在僧團管理，倚重外在的制約，對比丘破除煩惱、自律自覺、修行增上的作用弱於戒律。另外，清規並非佛制，權威性相對較弱。因此，單純用清規來規範比丘的身、語、意三業，還遠遠不夠。

時至今日，資訊化、商業化、物質化的動態現代社會取代了過

1　《佛藏經》卷3，《大正藏》15 冊，801 頁中欄。

去以農業主導的靜態宗法社會，戒律和清規所面對的環境發生了極大變化。現代管理制度在現代社會背景下產生，在管理現代團體方面積累了充分的經驗。為了解決不斷出現的新問題，如寺院產權、財務管理、慈善事業、電話網絡等，吸收現代管理制度，建立適應新時代的僧團管理制度勢在必行。然而，現代管理制度在執行的過程中，難免會產生世俗名聞利養的弊端，這與戒律精神、出家目的背道而馳。因此，必須善加簡擇，揚長避短。

在現實中，比丘對於傳統的戒律、清規以及現代管理制度的態度與實踐，往往會出現兩個極端。一種是過於強調戒律的唯一性，忽視清規與現代管理制度；另一種忽視戒律，完全依靠現代管理制度。這都不符合中道圓融的精神，無法解決當下佛教生存與發展中的種種問題。

歷史經驗證明，律制的遵行與否是佛教興盛的關鍵。因此，要讓古老的佛教在當今時代煥發出新的生命力，必須堅持戒律精神，發揚持戒的優良風氣，使其在僧團管理中起到核心的作用，同時輔以叢林清規以及現代管理制度，方能形神兼備、內充外顯，進而紹隆佛種、續佛慧命。

（三）比丘戒與菩薩戒的圓融

對於受了菩薩戒的比丘而言，正確地認識比丘戒和菩薩戒的關係，了解如何在菩薩戒的統攝下行持比丘戒，是非常重要和實際的問題。以菩薩戒的精神引導比丘戒的行持，以比丘戒的行持來實現菩薩戒的精神，兩者不一不異，這也是本書所持圓融觀的重要內涵。

1. 史學角度的澄清

先從史學的角度，澄清一些關於比丘戒和菩薩戒關係的錯誤認識。

（1）大小乘身分與戒律的關係

比丘戒是佛陀為全體比丘而制，並非只針對比丘中的某一群體（如聲聞行者）。然而自古就有將比丘戒等同聲聞戒的看法，基於這種認識，將比丘戒和菩薩戒兩者等同於小乘和大乘之間的分界，甚至走向極端，認為大乘比丘受菩薩戒後就沒有必要持守比丘戒了。這種錯誤認知的根源之一來自對於歷史的一種謬誤假設，即以為大小乘僧人之間應該是涇渭分明不相往來，從法義到戒律都互不相同。

然而通過《高僧法顯傳》、《大唐西域記》等歷史文獻，可以看到大小乘不是截然對立的，大小乘並行的地方不在少數。如《高僧法顯傳》中記述：「復自力前得過嶺南到羅夷國，近有三千僧兼大小乘學。」「有國名僧迦施⋯⋯此處僧及尼可有千人，皆同眾食，雜大小乘學。」[1]《大唐西域記》中亦有十多處記載了各國僧人大小乘「兼功通學」的情況，如「闍爛達邏國」、「秣菟羅國」、「羯若鞠闍國」、「弗栗恃國」、「尼波羅國」等，[2]乃至有多處「大乘上座部」的提法，如摩揭陀國的摩訶菩提僧伽藍「僧徒減千人，習學大乘上座部法，律儀清肅，戒行貞明」[3]，又如僧伽羅國「伽藍數百所，僧徒二萬餘人，遵行大乘上座部法」[4]。

至於持律的情況，玄奘大師的《大唐西域記》中提到烏仗那國是宗奉大乘佛法的地方，不過從僧人所持戒律來看，很明確都是持守各部派戒律的：「昔僧徒一萬八千，今漸減少。並學大乘，寂定為業，善誦其文，未究深義，戒行清潔，特閑禁咒。律儀傳訓，有五部焉：一、

1　《高僧法顯傳》卷 1，《大正藏》51 冊，859 頁上欄、859 頁下欄至 860 頁上欄。

2　《大唐西域記》卷 4，《大正藏》51 冊，889 頁下欄、890 頁上欄至中欄；卷 5，《大正藏》51 冊，893 頁下欄；卷 7，《大正藏》51 冊，910 頁上欄、中欄。

3　《大唐西域記》卷 8，《大正藏》51 冊，918 頁中欄。

4　《大唐西域記》卷 11，《大正藏》51 冊，934 頁上欄。

法密部，二、化地部，三、飲光部，四、説一切有部，五、大眾部。」[1]

義淨法師在《南海寄歸內法傳》（687–691 年間）中記載了他對當時印度佛教現狀的實際觀察：「其四部之中，大乘、小乘區分不定。北天南海之郡純是小乘，神州赤縣之鄉意存大教，自餘諸處大小雜行。考其致也，則律撿不殊，齊制五篇通修四諦，若禮菩薩、讀大乘經，名之為大；不行斯事，號之為小。」[2] 由此可知，大小乘行者屬同一部派，大乘行者持部派律典和小乘行者並無不同；出家人的大小乘身分是由其所宗的法義來確定，而不在於所持戒律。歷史上一些著名大乘僧人，如無著菩薩、世親菩薩等人，都是在部派僧團中出家的。[3]

因此，印度佛教大小乘之間的競爭乃至對立的情況雖然存在，但相互之間不是完全分隔；局部區域奉行大乘，局部奉小乘，局部大小乘共行乃至大小乘行者共住，這些情況都是存在的。就中國漢地而言，漢代以後，大乘思想逐漸成為中國佛教的主流，但是歷代比丘一直行持部派律典如《四分律》。如果以大乘自居而排斥所謂的「聲聞律」，無論從法理上還是歷史傳承看，都沒有依據。

（2）菩薩戒律典的形成和特性——與比丘戒對比

在將比丘戒和菩薩戒按大小乘進行割裂的同時，又籠統地認為兩者都是佛制，文本的集成和形式等方面大略相同，所起的功能也基本類似，只是分別針對聲聞和菩薩而已。這種簡單化的認識，忽略了兩者的差別相和互補性，又無意間造成了兩者互為取代的觀念而強化了對立。

1　《大唐西域記》卷 3，《大正藏》51 冊，882 頁中欄。

2　《南海寄歸內法傳》卷 1，《大正藏》54 冊，205 頁下欄。

3　《大唐西域記》卷 5：「無著菩薩，健馱邏國人也，佛去世後一千年中，誕靈利見，承風悟道，從彌沙塞部出家修學，頃之回信大乘。其弟世親菩薩於説一切有部出家受業，博聞強識，達學研機。」《大藏經》51 冊，896 頁中欄至下欄。

比丘戒及其文本的形成，在上文已經有所介紹。簡要言之，比丘戒都是佛陀根據隨犯隨制的原則而制定。在佛世，比丘口口相傳的方式傳承戒律，佛滅後隨着經典的結集、戒法的流傳和律師的詮釋，又形成了廣律。從功能看，比丘戒是比丘行持和僧團組織化的核心制度。

然而，菩薩戒並不是佛陀按照隨犯隨制的原則逐條制定。目前所見的菩薩戒戒條，是從經典中結集而成，如《瑜伽師地論》記載：「復次，如是所起諸事菩薩學處，佛於彼彼素怛纜中隨機散説，謂依律儀戒、攝善法戒、饒益有情戒，今於此菩薩藏摩呾履迦綜集而説。菩薩於中應起尊重住極恭敬專精修學。」[1]

與比丘戒有明確的戒條不同，菩薩戒行持範圍很廣。廣義地講，佛所説無量菩薩所應學處，即成菩薩律儀。很多作為菩薩戒來源的經論，都將十善道作為菩薩戒的共軌。[2]

具備條目化學處的菩薩戒經的出現，屬後來大乘行者對大乘律學發展和強化的結果。[3] 隨着大乘佛法的廣泛傳播，面對與小乘的競爭，大乘學派為加強自己的自主性和主體性而整理大乘律學，編集為更成體系的律典。

但是和比丘戒相比，大乘律自始至終沒有發展出類似於比丘戒的廣律，對戒相作詳盡說明作為判罪的依據。可以說其律制的完善程度，和比丘戒是不能相提並論的。畢竟，菩薩戒的核心和目的是對菩提心的強調以及六度四攝的倡導，和比丘戒「律」的特質相比，可以

1　《瑜伽師地論》卷 41，《大正藏》30 冊，521 頁上欄。

2　《大智度論》卷 46：「云何名尸羅波羅蜜？須菩提！菩薩摩訶薩以應薩婆若心，自行十善道，亦教他行十善道，用無所得故，是名菩薩摩訶薩不著尸羅波羅蜜。」《大正藏》25 冊，393 頁中欄。

3　「佛教出家者皆須受律儀戒。過去，由於大乘無律儀戒，大乘出家者都在小乘部派中受戒。現在，《菩薩地》中編出一套四重、四十三輕的律儀戒來，就有了大乘自己的律儀戒了。」《印度佛學源流略講》，164 頁。

説是更偏重「法」的層面。對於出家眾組織化所必需的「律」，直接融攝別解脫戒的律制功能來對自身進行擴充，是最佳的做法，這也是瑜伽系菩薩戒三聚淨戒體系的優勝之處[1]。

以上從菩薩戒律典文本的源流、內涵、歷史動因等方面，闡述了菩薩戒律典的特性，由此看出菩薩戒和比丘戒兩者是非常不同的。可以說，「菩薩戒寓於諸經之中，而無有經、律的涇渭之分」[2]。基於這樣的原因，道宣律師在《大唐內典錄》中將經典分類時，單列了「小乘律三十五部」，卻無單獨的大乘律分類，而將相關的典籍歸入「大乘經」、「大乘論」的分類中。[3]

2. 比丘戒與菩薩戒的統一
（1）比丘戒為出家菩薩戒之基礎

菩薩戒建立了「三聚淨戒」的內在結構，包括攝律儀戒、攝善法戒和饒益有情戒。《瑜伽師地論》將菩薩戒分出家菩薩戒和在家菩薩戒兩種，其中比丘戒為出家菩薩戒的攝律儀戒：「云何菩薩一切戒？謂菩薩戒略有二種，一在家分戒，二出家分戒，是名一切戒。又即依此在家、出家二分淨戒，略說三種：一、律儀戒，二、攝善法戒，三、饒

---

1 「菩薩行統稱六度四攝，頭緒萬千，而它於掃除垢障、方便推進上着眼，就能在寥寥四十餘條學處中，得其樞要，羅列無遺，可以說組織精密。至於律儀戒一方面，它完全讓七眾律儀各別去講，不再重複。」呂澂：《律學重光的先決條件》。

2 嚴耀中：《佛教戒律和中國社會》，上海古籍出版社，2007 年 11 月，65 頁。

3 《大唐內典錄》卷 8：「眾經律論傳合八百部（三千三百六十一卷五萬六千一百七十紙）三百二十六帙，大乘經一譯二百四部（六百八十五卷一萬一千四十二紙）六十六帙，大乘經重翻二百二部（四百九十七卷七千二百九十紙）四十九帙，小乘經一譯一百八部（四百三十五卷六千六百九十紙）三十九帙，小乘經重翻九十六部（一百一十四卷九百七十七紙）六帙，小乘律三十五部（二百七十四卷五千八百一十三紙）二十八帙，大乘論七十四部（五百二卷九千一百三十紙）五十二帙，小乘論三十三部（六百七十六卷一萬二千一百七十七紙）六十八帙，賢聖集傳四十九部（一百八十四卷二千八百八紙）一十八帙。」《大正藏》55 冊，302 頁下欄至 303 頁上欄。

益有情戒。律儀戒者，謂諸菩薩所受七眾別解脫律儀，即是苾芻戒、苾芻尼戒、正學戒、勤策男戒、勤策女戒、近事男戒、近事女戒，如是七種。依止在家、出家二分，如應當知，是名菩薩律儀戒。」[1]

比丘受菩薩戒後，三聚淨戒皆應精勤修學，然而作為攝律儀戒的比丘戒，在三聚中又有特殊的地位。《瑜伽師地論》對此作了說明：「此三種戒，由律儀戒之所攝持，令其和合。若能於此精進守護，亦能精進守護餘二。若有於此不能守護，亦於餘二不能守護。是故若有毀律儀戒，名毀一切菩薩律儀。」[2]也就是說，三聚淨戒均可以攝於攝律儀戒，只有持好攝律儀戒才能進一步持好攝善法戒及饒益有情戒。據此，比丘戒在出家菩薩戒中處於基礎地位，若毀犯比丘戒則等於同時也毀犯了菩薩戒。

對於有些人以為受了「上律儀」（菩薩戒或密乘戒）即可捨棄比丘戒的錯誤認識，宗喀巴大師在《菩薩戒品釋》中作了嚴厲的批駁，明確說比丘戒是大小乘之共基，和小乘意樂是兩回事，受菩薩戒要捨棄的是小乘意樂而非比丘戒，如文：「謂生菩薩律儀，雖須棄捨小乘意樂，然別解脫非所應捨。又先具足大乘律儀，發小乘心雖失大乘，然亦非捨別解脫戒，以別解脫兩乘共故。又彼意樂，為令棄捨別解脫因不應理故。……由是因緣，若說住上律儀，即捨下者，是為斬斷佛教根本，是大冰雹摧殘眾生利樂稼穡，是邪分別，未了上下經論扼要，故當遠離。」[3]

與此呼應，藕益大師也強調了比丘戒對於菩薩比丘的不可或缺性，唯應以菩薩發心行持之即成大乘，「出家菩薩，無別戒法，同秉比

1　《瑜伽師地論》卷 40，《大正藏》30 冊，511 頁上欄。
2　《瑜伽師地論》卷 75，《大正藏》30 冊，711 頁中欄至下欄。
3　《菩薩戒品釋》卷 1，《大藏經補編》8 冊，704 頁上欄。

丘律儀。但發心自度，即名二乘；發心度人，斯名菩薩耳。……故菩薩比丘，迴與菩薩士女不同。近世咸謂小乘所制，大乘悉開，比丘所執，菩薩悉融。皆屬流言，並非實義」[1]。可以說漢藏祖師在這一點上是完全一致的。

綜上所述，在菩薩戒的法理體系當中，比丘戒是出家菩薩戒賴以成立、不可或缺的基礎部分；行持比丘戒本身即是在行持菩薩戒，犯比丘戒即為犯菩薩戒。認為受菩薩戒後可不用行持比丘戒的想法，與法理相違。

（2）比丘戒的利他精神

如果不在菩薩戒的法理體系內，只就比丘戒自身的內涵來看，其本身和菩薩戒倡導的利他精神並無矛盾，故將其等同於所謂的「聲聞戒」是沒有道理的。下面從幾個方面略加說明。

①制戒意趣中體現的利他精神

比丘戒自身就具備自利利他的內涵。佛陀制戒的目的是通過比丘的自我調伏及僧團的安樂共住，保證僧團長存、正法久住，並以此不斷引領有情走向解脫；可以說這是終極的利他。諸律在每一條戒的制戒緣起中都會強調「為十利故與諸比丘制戒」，此語不僅僅是形式化的重複，而應視作對比丘反覆強調每條戒律背後佛陀真正的意趣。

律典中記載，即使是已經證悟解脫的阿羅漢也必須參加誦戒，這種規定即體現了利他的重要性[2]。雖然阿羅漢煩惱已斷，但為了尊重承事布薩，所以也需要參加。《僧祇律》中記載有信心檀越為了獲得福報，

---

1 《靈峰蕅益大師宗論》卷 5，《嘉興藏》36 冊，334 頁中欄至下欄。
2 《四分律》卷 35：「『如是！如是！迦賓瓮，如汝所言：「汝若往就說戒，若不往，汝常第一清淨。」然迦賓瓮！說戒法當應恭敬尊重承事，若汝不恭敬布薩尊重承事者，誰當恭敬尊重承事？是故汝應往說戒，不應不往；應當步往，不應乘神足往。我亦當往。』爾時迦賓瓮，默然受佛教敕。時世尊以此因緣告迦賓瓮已，譬如力士屈申臂頃，沒仙人住處黑石山，還耆闍崛山就座而坐。」《大正藏》22 冊，818 頁上欄至中欄。

用金銀做牀、盤等，請比丘「最初受用」，比丘可以在做好適當的防護之後使用，[1]這與菩薩戒的要求相同。這說明比丘戒中也包含了菩薩戒的內涵，要最大限度地利益他人。

②自利和利他辯證統一

對立思維會將自利和利他割裂，認為比丘戒有調伏煩惱的自利內涵，於是就將其歸到自利的一類了。但自利和利他應該辯證地看。比丘透過嚴謹持戒，調伏自身煩惱，威儀寂靜，不惱他人，對自身安住、定慧增長等自利的層面，固然有極大的好處。與此同時，比丘戒行高潔，不但為僧團創造良好的學修環境，而且成為社會的道德源泉；也能以慈悲和智慧引導眾生脫離痛苦，在利他的過程中增長修行資糧。

比丘戒比較強調自律和出離煩惱，其律制特性決定了重點在於防止錯誤的身口行為。但不代表比丘戒不重視利他，這一點在上節已有論述。而菩薩戒強調利他，也並非不重視自利，如《瑜伽師地論》中記載：只有自利利他兼備才能稱之為上士，純粹的自利或者利他都只能稱作中士。[2]從究竟意義上講，菩薩戒裏面的利他與自利同樣是辯證統一的關係，利他也是最好的自利，如《大乘莊嚴經論》中提到「菩

---

1 《僧祇律》卷 10：「若檀越新作金銀床機，信心故欲令比丘最初受用，比丘言：『我出家人法不得用。』檀越復言：『尊者！為我故，頗有開通得受用不？』比丘應語言：『厚敷一一人，自重坐具者，得坐。』比丘坐已，不得動床，亦不得讚歎。若檀越新作金銀承足機，信心故欲令比丘最初受用，比丘言：『我出家人法不得受用。』復言：『尊者！為我故，可得方便開通受用不？』應語言：『機上若著樹葉，若氎覆上者，得安腳。』安腳已，不得動足，亦不得讚歎。有檀越作金銀盤，信心故欲令比丘最初受用，比丘言：『我出家人法不得用。』復言：『尊者！為我故，頗有方便開通得受用不？』應語：『若草葉，若氎覆盤上者，得。』不得手捉，應指示著地。若檀越新作金銀器，信心故欲令比丘最初受用。比丘言：『我出家人法不得受用。』復言：『尊者！為我故，頗有方便開通得受用不？』應語：『汝當淨洗置盤上持食來。』來時，應舒手指器，應作是言：『受！受！』如是三說，名為受。受已，在器中食，不得觸器四邊。」《大正藏》22 冊，312 頁上欄至中欄。

2 《瑜伽師地論》卷 61：「復次依行差別建立三士：謂下、中、上。無自利行無利他行，名為下士；有自利行無利他行，有利他行無自利行，名為中士；有自利行有利他行，名為上士。」《大正藏》30 冊，642 頁中欄。

薩如是利他即是自利，為他所作即自所作，由此因緣得大菩提故」[1]。《菩提道次第廣論》中也強調，利他就是成辦自利，若由利他而使自利達到圓滿，若不得佛果也絕無可能。只要認識到這一點，就一定會生起欲求佛果的心，因此也會遮止退墮小乘的可能[2]。因此，不管是菩薩戒還是比丘戒，都具備自利和利他的內涵。

③二百五十戒之外的意義

談到比丘戒，一般人只會想到二百五十條波羅提木叉戒條。然而比丘戒的內涵實際上更為寬廣，也包含了無量的「律儀法」[3]。另外，在比丘戒廣律的犍度篇或相應篇章中，還有種種僧事羯磨的規定，僧團內部倫理的安立，內部律制的治罰規則，對外互動的原則等等[4]。簡要而言，比丘戒不僅僅是戒條而已，更是僧團律制的基礎和核心，是出家僧團得以成立和發展的必要條件。

在比丘戒基礎上完善僧團律制，以保證正法久住，即是最大的利他。以世間的法律和慈善事業做比較為例，雖然一般而言法律代表了嚴厲的治罰，但其目的卻是對民眾根本利益的保護。因此，從世俗角度而言，相較一般性的慈善事業，法律是更基礎層面的善。應該從類似的角度，看待比丘戒對比丘群體，對整體佛教，乃至對眾生的意義。

綜上所述，可以說比丘戒自身的內涵即具備不同層面的利他精神，又是和菩薩戒互相兼容的基礎。嚴格來說，沒有哪一條比丘戒是應該被歸類成純粹的自利。佛陀制戒的直接依據，往往是由於大眾對

1　《大乘莊嚴經論》卷 7，《大正藏》31 冊，627 頁下欄。

2　《菩提道次第廣論》：「故於佛德淨修信已則能觀見，況云利他即辦自利，若不得佛亦必不可，是為不退小乘最大因緣。」《大藏經補編》10 冊，680 頁中欄。

3　《大智度論》卷 13：「比丘則有三衣、鉢盂，三師十僧，如受戒法。略說二百五十，廣說則八萬。第三羯磨訖，即得無量律儀法。是總名為戒，是為尸羅。」《大正藏》25 冊，161 頁下欄。

4　《資持記》：「又《四分》一律，初列僧、尼戒本，是止持，翻成作犯；後二十犍度等是作持，違則止犯。」《四分律行事鈔資持記校釋》，2074 頁。

比丘錯誤行為的譏嫌。即使是一些表面上看「少事少業少希望」的遮罪，佛陀在制戒時也有善護他意的意趣。

當然，以小乘作意行持比丘戒，也是一直存在的情況。經論中提到對於部分比丘戒，菩薩應該「與諸聲聞不應等學」。這種說法是從對治法的角度而說，目的為遣除後世比丘的小乘作意，提策菩薩發心，其本意並非是說比丘戒真的有不應該持的部分。總而言之，應該以菩薩戒利他的精神行持一切比丘戒。

（3）比丘戒和大乘戒體

還有一種似是而非的觀點，認為受比丘戒得「小乘戒體」，受菩薩戒得「大乘戒體」，從戒體角度將比丘戒和菩薩戒做出割裂和對立。但戒體就是比丘在受戒儀式上由所發誓願而在內心產生的斷惡修善的力量。比丘在受比丘戒時，若是以大乘發心受比丘戒，即得大乘戒體；若以小乘心受，得小乘戒體。比丘若先以小乘心受比丘戒，後又發菩提心求受菩薩戒，則原來所得小乘戒體即昇華為大乘戒體。

經由受比丘戒而引生大乘戒體，見於南山律的律學思想。道宣律師根據比丘受戒時的發心發願建立了上中下三品戒，並鼓勵行者受戒時策發上品心求受比丘戒，「我今發心受戒，為成三聚戒故，趣三解脫門，正求泥洹果。又以此法引導眾生令至涅槃，令法久住」[1]。不難看出，依此上品心受比丘戒實與受菩薩戒在精神上完全符順。元照律師進一步解釋，比丘戒與菩薩戒的戒體是體同緣異，發心發願是得戒的正因，其他外緣（如受戒時的對境）只是起心的助緣；受比丘戒時具大乘發心，則納受的戒體即屬於大乘。[2]

1　《四分律刪繁補闕行事鈔校釋》，297 頁至 298 頁。

2　《芝園遺編》卷 1：「問：『此與菩薩戒體為同為異？』答：『體同緣異。言緣異者，大則三歸、四弘、請師、問遮、三番羯磨，諸餘法式，與今小宗兩途迥別；言體同者，以緣為旁助，心是正因，緣疏因親，體從因發，前既心發上品，故知今體即大乘。』」《卍續藏》59 冊，621頁中欄。

因此，發心決定戒體體性，從戒體角度將比丘戒和菩薩戒割裂不合理。

3. 實踐中的圓融

上文已從多個角度論述了如何正確看待比丘戒與菩薩戒的關係，以及菩薩比丘持好比丘戒的必要性。比丘戒與菩薩戒的利他精神並不矛盾，然而比丘戒側重斷惡、自我約束，菩薩戒則重於修善、利益眾生。這樣，在某些情況下，從戒相看，可能會出現菩薩戒與比丘戒之間相違的情況。為了更好彰顯菩薩道的利他精神，有時需要對比丘戒在一定原則下做出調整與變通，但這在本質上並不違背比丘戒。在下文中將討論：在利他精神的攝持下，調整與變通比丘戒的原則以及調整後的處理方式。

（1）對具體情況的分析

①總原則：兩害相權取其輕

在極少數的特殊情況下，比丘在行持中，面臨比丘戒與菩薩戒戒相有違時，比丘從大乘菩薩道的精神出發，選擇寧可犧牲自己戒行也要利益眾生，是值得隨喜與讚歎的。但這種抉擇需要遵循一個總原則，即「兩害相權取其輕」。在兩者戒相持守有衝突的情況下，如果嚴格持守比丘戒相，眾生或者佛教將就會受到損害。而如果在戒相上雖有些違背，但可以減小乃至避免更大層面的負面影響。哪一種做法所帶來的負面結果更小，就選擇哪一種，這就是大乘菩薩的持戒精神。

比如有居士想供養比丘價值很高的錢寶，按照比丘戒，在所有開緣都不符合的情況下，比丘是不能接受的；但是按照菩薩戒不捨眾生的菩薩精神，為了供養者能夠得福，是要接受的。如果以瞋心、慢心不受則犯菩薩戒。這時候，要按照上述的總原則來權衡取捨。如果不接受供養，那麼居士供養比丘的願望落空，失去培植福報的機會。但

比丘可以引導居士供養僧團，這樣帶來的福報會更大。如果接受對方的錢寶供養，滿足了對方培福的需要。但這種行為，在中國當下的共業環境中，有可能會引發他人的譏嫌。在這種情況下，根據「兩害相權取其輕」的原則，應該選擇不接受這類供養。這種選擇，遮止了更大層面的過患，本質上與菩薩戒不相違。

②權衡時的幾點考慮

a. 權衡時要善巧觀待現實因緣

對於上述總原則中利害的權衡，不是簡單化的選擇，而是在利他發心的前提下，善巧觀待多種現實因緣，需要綜合考慮比丘自身佛法修持、社會地位、對方的根器、具體場合以及當前的社會文化等時空因緣。

比如太虛大師出行時會乘坐交通工具的頭等艙，[1]是為了有更好的機會度化那些坐頭等艙的上層精英人士，從而讓佛教進入主流社會。太虛大師教理通達的智慧以及佛教領袖的身分等客觀條件，使得大師在這種情況下能夠對精英階層產生正面影響。因此，大師的行為是一種真正的菩薩發心，但對於不具備上述因緣的比丘而言，即使也有真實的利他發心，但由於缺乏相應的佛法功德、善巧方便以及身分地位等，很可能起不到接引的效果。在這種情況下，如果也要效學大師行菩薩道的方式，每次出行非頭等艙不坐，不但起不到真正利他的效果，反而會引來別人譏嫌，損減別人對佛教的信心。因此，這種行為對不具備現實因緣的比丘來說，不是「利他」，而是「害他」。所以，同樣是利他發心，但對於不同的人，現實中的抉擇很可能並不一樣。這不是不平等，而是基於實際的考量，這也是佛教緣起法的內涵。

---

1 《太虛大師全書》卷 31，256 頁。

b. 持好比丘戒即是利他

出家菩薩與在家菩薩不共的地方就是出家菩薩的比丘身。「佛法二寶，並假僧弘；僧寶所存，非戒不立」。佛、法依僧而住世，僧依戒而長存。「順則三寶住持，違則覆滅正法」[1]。比丘持好比丘戒能令正法久住；否則，就是毀滅佛法。此外，戒行清淨的比丘行相，本身就是非常重要的利他，讓眾生生信，對三寶產生恭敬心。因此，持好比丘戒就是最好的菩薩行。所以，在權衡的時候，要將維護清淨的比丘行相作為衡量「利他」的重要因素，不能隨意變通。否則，不但達不到利他的目的，反而會招致譏嫌、損減他人信心。

c. 隨方毗尼不屬此範疇

在權衡要不要因持守菩薩戒而對比丘戒有所變通的時候，要將其與比丘戒的隨方毗尼區別開來。比丘戒的某些戒條因為社會、文化、地理環境等因素的變化，在行持的時候需要做出相應的調整。這種情形，屬於比丘戒隨方毗尼開緣的範疇，與菩薩戒和比丘戒圓融的問題無關，不要將兩者混淆。

以百眾學中「為著革屣人說法戒」、「著革屣入佛塔中戒」等戒條為例，在古代印度赤腳被認為是莊重和恭敬的象徵，而比丘為穿鞋的人講法或者穿鞋進入佛塔皆被認為是對三寶不恭敬的行為，應該遮止。在中國情況則剛好相反[2]，因此漢地祖師早已「隨方土」而行之，對此類戒條作了靈活的調整[3]。但這並不是從菩薩戒的精神去調整，而是依據隨方毗尼的精神在比丘戒自身的範疇內進行的開緣。

1　《四分律行事鈔資持記校釋》，46 頁。

2　《資持記》卷 3：「西國以跣足為敬，故『不得入塔』。此方以穿著為禮，或著襪履，亦須潔淨。」《四分律行事鈔資持記校釋》，2825 頁。

3　《資持記》卷 3：「佛言：『不應脫革屣及偏袒。』祖師欲隨方土，令著履入俗，故注準之。」《四分律行事鈔資持記校釋》，2474 頁。

對於絕大多數的比丘而言，在行持的實踐中，比丘戒與菩薩戒相違的情況是非常少見的。具體情況中是否需要為利他而調整比丘戒的行持，應根據上述原則妥善衡量利害，而要避免在煩惱的驅使下以利益眾生為理由做出違背比丘戒的事情。

（2）具體處理方式

①四根本戒

對於比丘戒的四根本戒，由於違背後對個人、僧團乃至佛教都會引發非常嚴重的後果。因此，比丘絕不能輕易因持守菩薩戒而違背四根本戒。

對於因持守菩薩戒而開四根本戒中的「大殺戒」，許多祖師都非常謹慎，強調這對比丘的證量有很高的要求。宗喀巴大師認為：「非本得地前略行六度便以為足，必須多劫修道，善巧方便成就大悲之菩薩眾。此謂正受菩薩戒已，如理修學菩薩學處，具菩提心愛他過己，除殺生等更無救他方便。菩薩於此為利他故，乃可開許，非開一切大乘之人。若僅能學菩薩律儀尚不開許，況諸自許大乘不護律儀，縱有相似悲心及菩提心，定不應作。」[1] 即至少是歷經多劫久行六度、善巧方便大悲成就之菩薩，才有開許的可能。蕅益大師認為：「此則大悲增上，純以代苦之心而行殺業也。深生慚愧，明其不自以為功能。以憐愍心，明其實無一念瞋忿。故雖甘受犯戒之罪，而究竟無違犯耳。倘私忿未忘，或貪圖功德，駕言於大士弘規，豈能免性遮二業哉。」[2] 「不揀是凡是聖，果能悲心代苦，慚愧不為功，則戒身無恙。儻藉口任情，止成自欺，必虧戒體。莫貪大士虛名，而招長夜苦報也。」[3] 這裏蕅益大

1　《菩薩戒品釋》卷 4，《大藏經補編》8 冊，764 頁上欄。

2　《梵網經合註》卷 3，《卍續藏》38 冊，649 頁中欄。

3　《靈峰蕅益大師宗論》卷 3，《嘉興藏》36 冊，303 頁中欄。

師所指的大悲增上，並不是一時情緒上的衝動，也不是被煩惱所蒙蔽的自我欺騙，更不是如《楞嚴經》中所說的悲魔入體[1]，而是生起真實的菩提心。因此，對於沒有達到上述修證條件的比丘，「大殺戒」絕不開許。「大盜戒」、「大妄語戒」也是同樣的要求。

而「大淫戒」為令聖教正法住世，比丘任何時候都不能開。如《瑜伽師地論》記載：「出家菩薩為護聲聞聖所教誡令不壞滅，一切不應行非梵行。」[2]《菩薩戒品釋》中對在家菩薩開「大淫戒」的條件也是非常嚴格，只能在特殊的情況下才開許，例如「假使菩薩不隨所欲，當致命終」；對出家比丘而言，是寧可捨戒，也不能開「大淫戒」。[3]

然而，如果比丘滿足以上的證量而開緣根本戒，是否可以避免波羅夷罪的後果呢？蕅益大師認為仍要依律結罪，並要接受破戒的處罰，「一失永失」，「比丘法中，畢竟永無僧用」[4]，即破戒比丘不能還淨，也不能重新受具足戒。蕅益大師進一步說明，菩薩既然有利益眾生的大悲心，但在戒相上還是有所違犯，為了教法能更好住世，菩薩理應承擔相應的責任和後果：「出家淫戒，大小同遮。殺盜妄三，大開小

---

1 《大佛頂如來密因修證了義諸菩薩萬行首楞嚴經》卷9：「阿難！彼善男子當在此中得大光耀，其心發明內抑過分，忽於其處發無窮悲，如是乃至觀見蚊虻猶如赤子，心生憐愍不覺流淚，此名功用抑摧過越。悟則無咎，非為聖證，覺了不迷，久自銷歇；若作聖解，則有悲魔入其心府，見人則悲，啼泣無限，失於正受，當從淪墜。」《大正藏》19冊，148頁中欄。

2 《瑜伽師地論》卷41，《大正藏》30冊，517頁下欄。

3 《菩薩戒品釋》卷4：「假使菩薩不隨所欲，當致命終。諸釋論說『無繫屬語顯非邪行』。然不應理，此是開許欲邪行故。《集學論》云：『或有繫屬，或族姓護、法護、幢護，皆不犯欲邪行。』此說於有夫無夫，皆不犯欲邪行故。又《集學論》云：『諸梵行者，為利他故，於彼應作母姊之想，遠離邪行。』此說是在家身所行，不順苾芻，設見殊勝義利，應捨學處，故義同《菩薩地》。」《大藏經補編》8冊，766頁上欄。

4 《重治毗尼事義集要》卷2：「問：『菩薩比丘根本若破，一失永失，不得名為菩薩比丘、沙彌。若大乘許通懺悔，要見好相，可得重受。小乘決無重受之理。既小乘不許，豈有單菩薩耶？』答：『大乘重受，雖以見相為期。比丘法中，畢竟永無僧用。』」《卍續藏》40冊，362頁下欄。

制。若果屬慈心濟物，於菩薩戒雖無違犯，於比丘法仍須依律結罪。夫菩薩本懷，尚欲普代眾生受地獄苦，豈不能受僧中治罰苦耶？倘自稱大士，不服僧規，既非比丘，亦非菩薩矣。」[1]

但在藏傳佛教中有不同觀點，如宗喀巴大師認為，只要在不捨菩提心的情況下破根本戒，就可以重受：「謂菩薩具足別解脫戒，若犯別解脫根本重罪，犯罪無間，能不捨離先所發心，乃可重受。雖是菩薩，若犯根本罪，加行究竟捨所發心，則不堪重受。倘堪重受，則小乘人亦應堪受，太為過失。」[2]

宗喀巴大師的觀點，其優點是給了破戒的菩薩比丘再次出家的機會，但是也可能產生流弊。一些比丘就可能出於無明煩惱，打着菩薩發心的名義毀壞四根本戒，認為還有重受的機會，這會導致僧眾對四根本戒的行持重視不足。而蕅益大師的觀點，雖然嚴厲，但是從實踐上確實給了僧團一個良好的規範，重視四根本的持守，讓比丘不敢輕舉妄動。在當今佛教界整體戒律鬆弛的情況下，蕅益大師的觀點更契合當下的緣起。

②四根本戒以外的戒

對於四根本戒以外的戒條，如果比丘在特殊情況下，為了持守菩薩戒利益眾生，對比丘戒相有違背，是否需要懺悔呢？

據《瑜伽師地論》記載，對於遮戒，如果違背後可以使「善法增，

1　《重治毗尼事義集要》卷3，《卍續藏》40冊，365頁下欄。
2　《菩薩戒品釋》卷3，《大藏經補編》8冊，751頁上欄。

不善法減」，則屬清淨無罪。[1]由此可知，確實是為持守菩薩戒，有清淨的利他發心，而違背比丘戒相，可以不需懺悔。

有時候，利他發心的同時難免夾雜煩惱，如此則有過失、仍需懺悔，但也不能因為這種情況而放棄利他。這時應遵循前述「兩害相權取其輕」的原則作出取捨。與此同時，應努力對治煩惱，使自己能夠發心清淨，最終也達到比丘戒的清淨無罪。

此外，比丘如果因持守菩薩戒而違背比丘戒相，也可能會導致其他不知情比丘的譏嫌甚至誹謗，或者模仿與效學。這兩種情況，都會給其他比丘帶來不利的影響，甚至引發僧諍。對行菩薩道的行者而言，在這種情況下，即使自己無罪，也應考慮為整體利益而選擇懺悔；如此則是護持比丘戒法，也是莊嚴菩薩戒行。

4. 總結、歷史和展望

從戒法的本源看，菩薩戒側重於法的化導，如菩提心的策發、六度四攝的實踐，為自他安立成佛的終極目標。比丘戒則具備完整的律制特性，在個人層面側重於身口的自律、煩惱的調伏，組織層面則是以團體和合為核心，是比丘僧團得以成立和延續的制度保證。比丘戒、菩薩戒兩者各有側重，互不矛盾。菩薩戒安立三聚淨戒，含攝比

1　《瑜伽師地論》卷 69：「復次，略由五處應知出離制立為最甚深：謂無染出離故，逼惱出離故，障難出離故，無計出離故，說悔出離故。無染出離者，謂如有一於小隨小所犯法中隨有所行。若善法增，不善法減，由此因緣便不染污，由此無染即是出離，是故說為無染出離。逼惱出離者，謂若有遭困苦重病之所逼切，除其性罪，於餘犯法，隨有所行，由此逼惱即是出離，是故說為逼惱出離。障難出離者，謂若見有命難現前或梵行難，於小隨小所犯法中隨有所行，由此障難即是出離，是故說為障難出離。無計出離者，謂若有一遊於異方，經行曠野匱乏之處，隨有一種障難之法而現在前，隨其所有應受用事，求受用法而不能得，遂生敬畏受用此事，於小隨小所犯法中隨有所犯，由此無計即是出離，是故說為無計出離。說悔出離者，謂如有一於五犯聚有餘犯中隨有所犯，遂有於智同梵行所，以毗奈耶祕密之法，發露陳說，如法悔除，言小隨小所犯法者，謂除性罪。」《大正藏》30 冊，679 頁中欄至下欄。

丘戒為攝律儀戒，將兩者協同起來，不一不異、相得益彰。菩薩戒賴此成立出家菩薩戒，否則世上無出家菩薩；出家菩薩和在家菩薩雙軌並行，方能使菩薩行於世間而不墮。比丘戒本不是小乘戒，而片面地固執戒相則會將比丘戒持成小乘戒，由此被譏「小乘戒」，也非空穴來風。因此，以菩薩戒精神攝持比丘戒，恢復比丘戒本有的生命力，也有助於行持比丘戒。

　　囿於時代的背景，正確地認識和處理兩者的關係，使之落實於實踐並非易事。在大乘佛法流布的地區，易出現貶比丘戒為小乘並加以捨棄的情況。比丘戒的可貴之處，不僅在於其具有戒律的強制性格，而且其內在動力又來源於比丘誓願力的自覺性。在佛世以及佛法不斷向外流布的早期，由於乞食生活而出入於世間的比丘，以及根據比丘戒精神而建立起來的僧團，經過了時代的種種考驗，充分證明這種自覺自律的重要性及可靠性。同時，在比丘戒的基礎上，古代叢林規制又為比丘提供了更多的外在保護。但在外在因緣急劇變化的今天，比丘個人行持與僧團管理都面臨着更多的挑戰。在這樣的背景下，回到比丘戒的原點，融會菩薩戒的精神，是中國佛教的必然歸宿。

八大內容介紹

本書對戒條的分析共分八個部分，分別是戒本、關鍵詞、辨相、緣起、原理、專題、總結和現代行持參考。這八個部分是無常觀、因緣觀和圓融觀方法論的具體實踐，也是理解每條戒的八個角度。八個部分之間有層層遞進的邏輯關係，由戒本之考訂文字，到關鍵詞、辨相之剖析行持，到緣起之意趣體會，再到制戒原理之深層挖掘，最後到專題、總結和現代行持參考的實踐為本，步步深入，環環相扣，逐步加深對戒律之理解。

「夫象者出意者也，言者明象者也。盡意莫若象，盡象莫若言。言生於象故，可尋言以觀象；象生於意故，可尋象以觀意。意以象盡，象以言著。」[1] 以現代詮釋學的觀點來看，上面這段文字可以說是對文本解釋關係的一種凝練的總結。對應於本書的戒律研究，即要體悟佛陀的制戒「意」趣，當結合律文中所呈現的種種行「相」來推求；要明確戒律所規定的行「相」，則應對諸律「言」語文字有準確的理解。

然而，「言者所以明象，得象而忘言；象者所以存意，得意而忘象」，在層層的遞進之中，又必然要求對前者有一種超越，才能撥開文字的迷霧，勘破層層的表象，而不是耽着其中、流連忘返。「言」固然為「不朽盛業」（曹丕《典論·論文》：「文章者，經國之大事，不朽之盛業也。」），但也是為了明「相」而言；「相」雖然是必不可少，但也是為了得「意」而存「相」。對戒律的理解，雖得「意」趣然尚隔一層，更要借由「意」趣去深探背後的原「理」。最後，運用原「理」來指導實際的「行」持。事實上，文字和義理的研究和深入，最終目的都是為了幫助更好地踐行佛陀的教誨，在具體境界上印證個人身心的體悟。

1　《大方廣佛華嚴經隨疏演義鈔》卷 36，《大正藏》36 冊，275 頁中欄。

本書八個部分可概括為五個層級，戒本是為「言」，關鍵詞、辨相對應「相」，緣起為「意」，原理是「理」，專題、總結與現代行持參考統為「行」。言、相、意、理、行，借由這五種遞進式理解層級，以闡述比丘戒研究的內容、使用的方法和實現的目的，以及背後的思考脈絡，最終希望能夠借此達到對戒律更深入、系統的理解。

一、言

「言」為理解之第一層級。從文字語言的層面來考訂戒條的原意，為後續更深入的理解、義理的闡發和實踐的指導提供一個準確、堅實的基礎。換句話說，就是要最先解決戒律到底「說了什麼」的問題。這一層面的理解，在本書中主要集中在「戒本」這一部分。

戒本是指導行持和判罰定罪的根本依據，類似於法律條款的地位，所以對文辭準確性的要求非常嚴格。戒本需要僅用一句或幾句話描述比丘的犯戒行為和相應罪名，語言必須精準，不能有含糊或模稜兩可之處，如此才可作為定讞罪行的直接準繩。通過對比梵巴藏戒本，可以看到戒本中運用了大量非常規語法；另外，戒本的傳承跨越兩千多年，經歷了多種語言和不同文化的轉譯和詮演。由於這些原因，不少戒本在翻譯時所選用的一些文詞在今天看來就不容易準確地理解其內涵。此外，戒本中有大量印度特有的器具和習俗等相關內容，因此在具體術語的對應和轉化上，又增添了新的難度。加之古今漢語之間的差異，導致現代人對漢文戒本的理解更加不易。因此，廣泛採取諸部漢譯版本，並參考其他語種的律典進行比較、校定，來整理出一個文字精審而又易於理解的戒本，有重要的意義。

這部分的工作，主要借助了語言學、文獻學的方法。本書共選用二十個不同版本的戒本，將戒條內容分按文意拆分，然後對每段文意逐一進行跨版本比對。戒本版本涵蓋八個部派（法藏部、有部、大眾部、彌沙塞部、飲光部、根有部、說出世部、銅鍱部），四種語言（漢、梵、巴、藏），成稿時間跨越七個多世紀（公元五世紀前後的《十誦比丘戒本》到十一世紀的梵文《說出世部戒經》）。比對時以《四分律》戒本作為底本，將其他戒本的各個部分與《四分律》的對應內容

做比較，根據差異程度的大小，將各個戒本歸入「相同」、「相似」、「部分差異」和「差異較大」幾個類別。

通過多版本和多語種之間的對比，一方面可以校定戒條的文本，消除在翻譯、轉寫、刊印等流傳過程中帶來的差錯；另一方面，也可以識別出各個部派的文本內容在歷史流變中所產生的差異，從而推敲和明確戒條的核心內容，盡可能地還原佛陀制定戒條時的真實「語意」。同時，也是給下一層辨相、總結等環節作好鋪墊。

以「與外道食戒」為例，諸律戒條中對「外道」一詞的記載差異較大。《四分律》和漢譯根有系律典指「外道男、外道女」，《鼻奈耶》中是「婆羅門、婆羅門婦」，《十誦律》為「裸形外道、外道女」，《五分律》記載為「外道裸形，若男，若女」，《十誦比丘戒本》中是「裸形外道，若出家男，若出家女」，《僧祇律》為「無衣外道，出家男女」，《僧祇比丘戒本》中是「無衣、出家男女」，《解脫戒經》中為「出家外道」。僅通過漢譯戒本之間的對比，很難確定「外道」的具體所指。而梵、巴、藏戒經都一致地對應裸形（無衣）外道和遍行（出家）外道兩種。可以看出，不同律典中對「外道」的理解寬狹不同；通過多種版本和多語言戒本的對比，「外道」的具體內涵獲得了進一步的澄清。

二、相

「相」為理解之第二層級，意為從「言」之字面意思上升到其所承載的具象內涵。「言」即「說了什麼」；「相」為「想要表達什麼」，在理解上更進一層。佛陀制戒時只宣說了戒條，而戒條的具體行持和違犯後的判決等實踐細節，經過後來者的實踐和提煉，形成了律典的辨相判罪體系。

本書「相」的層級，主要包括關鍵詞和辨相兩部分內容。通過辨析關鍵詞的具體內涵，以及辨相之「開遮持犯」，可以深入體會佛陀想要比丘如何持守此戒。

（一）關鍵詞分析

「關鍵詞」指戒條中的重點詞彙。例如「大淫戒」中的「犯不淨行」，「大盜戒」中的「盜心」，「大殺戒」中的「斷人命」、「歎譽死」、「快勸死」以及「大妄語」戒中的「聖智勝法」、「增上慢」等。

廣律中在列出戒條之後，一般都有名詞解釋部分，以類似「訓詁」的方式對重點詞語的文意作了一定的解釋。本書對關鍵詞的分析和總結，即以這些注釋內容為基礎。具體而言，通過文獻學方法，將不同律典的詞彙解釋進行羅列和比對，同時也借用語言學的知識來分析相關詞彙。另外，本書「關鍵詞」部分更關注的是，通過更準確和完整地理解關鍵詞，來更好地指導行持。

例如，在「露地燃火戒」、「索美食戒」和「七日藥戒」中，都有「病時」的開緣。但到底到什麼程度才能算「病」，就成了持守相關戒條和判罪的關鍵問題。「病」對應於梵文是 "glāna"，巴利文為 "gilāna"。

梵語和巴利語的對應詞根分別是"glai"與"gilā"，其語義相當寬泛，除了受傷、虛弱、昏迷等可與漢語「病」對應的含義外，還有不高興、不樂意、疲憊、沮喪、失落、懶散、憔悴等內容。而藏文"ན་བ"就更有強調疼痛的意味。「病」的內涵必須進一步借鑒諸律的解釋才能夠進一步確定和落實。

「露地燃火戒」中，《四分律》對「病」的解釋是「病者，若須火炙身」；《十誦律》是「病者，冷盛、熱盛、風盛，若向火得差，是名病」；《僧祇律》是「病者，若癬疥、瘙黃、爛風病，如是種種病須火得樂者聽然」；《巴利律》是「病者，無火，彼不得安樂也」。從中可以看出，《僧祇律》限定的範圍最為狹窄，僅僅列舉了幾種需要燃火治療的皮膚病；而相比之下《巴利律》的定義則最為寬泛，只要稍稍感到不悅就可以滿足條件。通過梳理律典中「病」的解釋，就能夠從這一個角度了解諸律中本戒的行持嚴格程度：其中以《僧祇律》最嚴，《十誦律》、《四分律》次之，而以《巴利律》最為寬鬆。

「索美食戒」中，《四分律》記載「病者，乃至一坐間不堪食竟」；《巴利律》中「病者，於彼無美味之食即不安樂也」；《僧祇律》記載，「病者，黃爛、癲痤、痔病、不禁、黃病、瘧病、咳嗽、痟羸、風腫、水腫，如是種種，是名為病」；《十誦律》中為「病者，風發、冷發、熱發，若啖此食者病差，除是因緣，名曰不病」。因此「索美食戒」也是以《僧祇律》最為嚴格，而《巴利律》較為寬鬆。「七日藥戒」中，卻是以《四分律》「病者，醫教服爾所種藥也」最為嚴格，《僧祇律》「病者，有四百四病，風病有百一、火病有百一、水病有百一、雜病有百一」的解釋反而較為寬泛。

由此可見，同一個關鍵詞在同一部律典的不同戒條中，其含義也可能不盡相同。另外，通過關鍵詞對比，不僅可以判斷各個部派在整體持守、判罪上的不同傾向；而且也能看出不同部派對同一戒條的不

同理解和行持態度。

（二）辨相分析

辨相部分的主要目的，一是分析和對比不同律典辨相的同異，從而對戒條的戒相以及部派發展脈絡獲得更深入全面的認識；二是通過辨析諸律辨相的同異，為後面的「行」提供準確、詳盡的素材。從研究方法看，辨相部分主要使用了文獻學方法、傳統解毗尼、傳統義理及部派思想分析等方法。

辨相分析部分包括「犯緣」、「輕重」、「不犯」三個部分。其中「犯緣」部分說明正犯此戒的要素；「輕重」部分說明各類犯戒要素變化導致的判罪差異；「不犯」部分則匯總諸律典中記載的種種不犯本戒的情況。

「犯緣」和「輕重」又各自細分為「所犯境」、「能犯心」（包含發起心和想心）、「方便加行」、「究竟成犯」和「犯戒主體」五個部分。「不犯」分為「開緣」和「犯緣不具足」兩個部分。

「所犯境」就是犯戒行為的對境，可以是具體的事物，也可是一種關係，或是一個場景。

「能犯心」主要指犯戒者的內心狀態，又分為「想心」和「發起心」。「發起心」就是犯戒的動機，「想心」則是對犯戒主體對所犯境的主觀認識情況。

「方便加行」是犯戒的行為過程。又可以分為主動行為和消極行為兩種。主動行為指比丘主動造作的行為，如說謊犯「妄語戒」，破壞草木犯「壞生種戒」，大部分戒條都屬於這一類。而被動行為指有義務採取行為，卻採取消極態度不去做，如不將臥具收起來的「不疊臥具戒」等。

「究竟成犯」就是犯戒行為圓滿的臨界點，在達到一定標準之後就會正犯此戒，即由量變到質變的臨界點。例如「大殺戒」的究竟成犯就是對方命斷，「大盜戒」的標準是「所盜物離開本處」等等。

「犯戒主體」即犯戒主體的身分，如比丘、比丘尼、沙彌、沙彌尼。同樣的犯戒行為，只有受過具足戒的比丘、比丘尼才會犯到五篇罪，而沙彌、沙彌尼和式叉摩那，最多只會犯到突吉羅罪。有時比丘和比丘尼犯同一條戒，所結的罪也是不一樣，如《四分律》的「擔羊毛過限戒」中，比丘犯捨墮，比丘尼結突吉羅罪。

「不犯」的情況可分為兩類：開緣和犯緣不具足。開緣指所有犯緣都滿足的情況下，也不犯此戒的特殊情形。犯緣不具足，則是由於犯罪要素不具足而判定不犯的情況。

以《四分律》的「大殺戒」為例。犯緣部分：所犯境是人；能犯心中的發起心是欲殺人的心，想心就是人作人想；方便加行就是採取殺人措施；究竟成犯就是對方命斷；犯戒主體就是比丘、比丘尼。這五個犯緣都具足時就正犯大殺戒，結波羅夷罪。輕重部分：前述五個犯緣中的任何一個發生改變時，判罪也會隨之發生變化。例如所犯境是人，則犯波羅夷；如果是非人，則犯偷蘭遮罪。再比如究竟成犯，被殺者命斷，犯波羅夷；如果對方命不斷，則犯偷蘭遮。最後的不犯部分，在犯緣不具足之中，主要有兩類：1. 能犯心不具足，即沒有殺心時，不犯；2. 犯戒主體不具足，不犯，即「最初未制戒，癡狂、心亂、痛惱所纏」四種比丘不犯本戒。《四分律》中沒有本戒開緣的記載。

三、意

　　這一層面是通過研析每條戒的制戒緣起，體會佛陀當時的思擇和意趣。僅有「言」、「相」二部分，無法充分介紹佛陀制戒時的具體因緣，後人也就難以真正體會佛陀制戒時的慈悲和智慧。於是，從文本走向歷史、由歷史還原制意，就成為一個必需的過程，即自表象法的「言」、「相」之依文解義，轉入溯源式的「意」趣之據史證義。

　　對諸律記載的制戒緣起做對比，分析和歸納佛陀制戒的時空場景，可達到兩個目的。一是在歷史時空中還原每條戒的制戒場景。具體而言，借鑒傳統解毗尼法三事五相的框架，再現緣起比丘的行為，從而以類似法律中案例法的形式，表現出戒律規範的緣由和意義。制戒緣起故事有較好的場景代入感，因此可以發揮一定的教育功能。另外，也可以作為判罪範例，在戒本與辨相的基礎上來進一筆完善判罰細節。二是通過心理學、教育學等綜合性視角，體會緣起故事中佛陀言行背後的用心與密意，包括如何調教弟子、管理僧團等。這樣就挖掘、萃取出了律中所蘊藏的系統而完整的生命教育的內涵。

　　「制戒緣起」部分在內容結構上，共有七個部分，分別是緣起略述、緣起比丘形象、犯戒內因、犯戒外緣、犯戒後的影響、佛陀考量和文體分析。

　　其中緣起略述部分，從緣起比丘、制戒地點、犯戒對象、緣起情節等角度，綜合諸部律典盡可能還原歷史真實，從而對佛陀制戒場景獲得簡要和清晰的了解。在緣起比丘形象、犯戒內因外緣、犯戒後的影響等部分，強調和總結了故事中的關鍵內容，同時凸顯案例法的功能，為現代比丘更好地在理解與持守戒條提供了不同層面的參考。具體而言，犯戒內因包括比丘的煩惱邪見、宿世因緣等不同角度，犯戒

外緣則包括五欲誘惑、親情、疾病、惡友、魔障、修行的困境等，犯戒影響側重於分析比丘的行為對個人、僧團、俗眾社會所產生的各類影響等。這些關鍵因素的闡明和分析，不僅有很好的教誡警示作用，也可以藉由原始故事的闡述和具體情境的帶入，幫助比丘更深刻和持久地理解憶持戒條內涵。

比如「摩觸戒」中，諸律記載的核心情節基本一致：女眾來僧團參觀比丘房舍，比丘在淫欲煩惱的驅使下，伺機摩觸女人身體，佛因此制戒。但諸律的緣起數量和一些細節也有不同，其中《僧祇律》與諸律差異最大，這一點在緣起比丘形象中最為明顯，如諸律緣起比丘的共同形象是淫欲心重，但《鼻奈耶》中比丘懷慚知恥，《僧祇律》中比丘強勢傲慢，其餘幾部律中比丘有鑽戒律漏洞的心理；再如犯戒內因中，諸律都是比丘的淫欲煩惱，《僧祇律》中還提及比丘的等流習氣。而犯戒外緣和犯戒影響，諸律所載則大致相同，前者因比丘與女眾的近距離接觸，尤其是單獨接觸；後者則一方面引起俗眾的譏嫌，造成不良的社會影響，另一方面也引起僧團其他比丘的呵責。

佛陀考量部分，則重點揣摩事件中佛陀言行背後的甚深用意。如「大淫戒」中記載，在比丘尚無過失時，舍利弗曾為佛法久住而請佛制戒，而佛陀以「汝且止，如來自知時」來回應，體現佛陀應機立法、待犯而制的緣起觀。再如「摩觸戒」中，多部律典記載佛陀為比丘救落水女人而特別開緣，並教授比丘救人過程中如何防護自己的心，反映出佛陀一方面制戒幫助比丘防護欲心，另一方面要求比丘應該對落難眾生慈悲救護。再如《四分律》「飲蟲水戒」中，為了消除比丘誤飲蟲水後對犯戒的擔心，乃至過於「畏慎」造成身心不安穩，佛陀開緣「不知無犯」。律典中記載的這些佛陀的言行，不僅流露出佛陀不共的智慧和慈悲，也為後世比丘思考和理解佛陀制戒的真正用意和戒律的真正內涵提供極佳的參考。因此，戒條背後所蘊含的制戒意趣和緣起精

神，超越於文本表象的戒相持守，可以啟發後來者把握戒律的深廣內涵，從而更好地整理和詮釋，使之符順於時代緣起、解決當下的問題。

文體分析部分，借助傳統佛典的十二分教的分類方法，對各律中緣起故事按照因緣、本事、本生、譬喻、祇夜（重頌）、伽陀（單頌）等體裁進行識別和統計。此外對故事的文字風格、結構特點、敘事特色等從文學角度做了簡要的分析。通過文體分析，可以從文學角度直觀地觀察各部派律典在傳承過程形成的不同特色。

借助對比諸律所記載的緣起故事，可以推測其很可能是歷史事實和後期律師編撰的結果。比如《僧祇律》「粗語戒」緣起故事的後半部分就和《巴利律》中「歎身索供戒」的緣起情節如出一轍。另外，律典中對緣起比丘的形象有臉譜化處理的痕迹，如絕大部分百眾學戒條的緣起比丘都是六群比丘，且制戒情節幾乎相同。因此很可能的情況是，後世編纂律典的律師們在歷史事實的基礎上，為了加強律典敘述的完整性和教育功能而做了合理的處理。

四、理

　　將文本返回到制戒之初的歷史和文化環境中進行研析，對戒條獲得最符合佛陀制戒意趣的理解，是緣起部分的目的和宗旨。若進一步擴大考察範圍，不局限於當時的制戒場景，而拓展至整個時空因緣，包括僧團發展的歷史進程、不同地域不同時代之法運盛衰和宗派興替、剖析煩惱變異和戒法調適關係等等，多方尋繹此間因緣軌迹以及內在邏輯，深入剖析內外諸因素對戒律形成之影響，這便是原理部分作為「理」這一詮釋層級的基本方法和重要內涵。

　　原理即某一領域普遍或基本之規律，考察戒律的原理即辨析諸律所載共性的戒律成因。具體而言，運用傳統義理、社會科學等分析方法，從地理氣候、文化習俗，以及其他如宗教、經濟、歷史、心理學、法理學和倫理學等諸多視角，全方位挖掘戒律的成因和流變，凸顯其蘊含的制戒精神或價值觀念，並以此探尋戒律自我更新的內在驅動力，以及適應各種文化習俗的內在調適能力。

　　原理分析主要有兩個層面，首先從自內而外的角度出發，考察戒律對個人、僧團和信眾的意義；其次是從由外而內的角度，分析印度社會文化背景等諸多因素如何影響了戒條。主要又從四個方面入手：一、煩惱約束；二、其他宗教、世俗文化等對戒律的影響；三、政治、經濟、地理等對戒律的影響；四、佛世社會關係分析。

　　在「煩惱約束」部分，主要有三個分析角度。首先是性遮分析，性戒是指戒律所制約的行為本身是惡，多與人類社會普世價值相合，如四根本戒；遮戒指其所遮行為在性質上本非屬惡，但與社會習俗、僧團管理需要、性罪防護等相違，故加以遮止。如《根有律攝》記載：「性謂本性是罪，遮謂因制方生。」《善見論》：「戒有二法，一者、世間自

然罪，二者、違聖人語得罪。」[1]本書對戒條性遮的分類，以律典原文已有的記載為基礎，同時還參考了南山律的分類方法[2]。

「煩惱約束」的第二個角度是，分析此戒對持戒個體的影響。主要是從正反兩個方面來分析，正面論述對增進道業、培養發心的積極作用；反面則說明戒律對降服煩惱、遮止惡緣的功能。即從有持戒經驗的具戒比丘的視角，論述戒律在身心的淨化和境界的歷練中所發揮的警覺功能和防護作用。

第三個角度，是分析持戒所帶來的影響。對不如法的個人和團體行為的規避和制斷，可使僧團外免譏嫌、內成和合、清淨辦道、延續法脈。

以「向非具人說粗罪戒」為例，該戒是遮戒，主要防護瞋心、報復心和嫉妒心的煩惱。通過禁止說粗惡罪，對比丘自身可幫助約束煩惱、安心修道，對居士而言可保護居士對僧團的信心等等。

在「其他宗教、世俗文化等對戒律的影響」部分，主要論述佛陀制戒背後的古印度經濟、文化、宗教背景。如「歎身索供戒」的制定，受到當時印度社會淫欲供養觀念的影響。這一觀念與古印度人對禁欲者的崇仰以及民眾中間存在着多種形式的生殖崇拜有關。又如「蓄鉢戒」的制定與印度的苦行文化有關。「足食戒」的「一食法」，則是當時印度社會一種較為普遍且受到尊崇的現象。

在「政治、經濟、地理對戒律影響」部分，主要借助社會科學的多角度來分析外部因素對戒律的影響。比如「半月過浴戒」中，比丘

1　《善見論》卷6，《大正藏》24冊，715頁下欄。

2　《戒本疏》：「媒嫁、二房是惡，名『遮』。自餘十戒，體是不善，名『性惡』也。」《四分律含注戒本疏行宗記校釋》698頁。《戒本疏》：「有三十戒，性與理違，悔犯事淨，集業未遣，要傾我倒，苦根方止。餘六十戒，但有事違，不無譏醜，故違教網。」《四分律含注戒本疏行宗記校釋》1253頁。《四分律行事鈔批》卷8：「初遮性者，迴僧物一戒，是性戒，餘二十九是遮也。」《卍續藏》42冊，850頁下欄。

在國王的浴池裏洗澡引起國王瞋怒，佛陀為保證比丘修道和僧團發展有良好的外部環境而制定此戒。沙門苦行思想，與印度地理氣候有關的安居、雨浴衣，等等，這些社會背景因素都對戒律風貌產生了影響。

「社會關係」部分，目的是對律典中所反映的人際關係乃至社會結構有更深入的理解，由此指導今日戒律之實踐。如「與比丘尼衣戒」中，當時比丘和比丘尼在飲食、衣服等生活資具方面存在良性互助，對彼此的修道都有幫助；若是非正常的甚至帶着染心的交往，則會導致非法行為的發生。在「與女人説法過限戒」中，當時佔社會統治地位的婆羅門認為宗教知識不能傳授給女人與低等種姓；但佛法對一切人平等，而女性信眾通常會表現出很大的求法熱忱，因此佛陀慈悲開許比丘為女眾講法，但同時也通過本戒遮止比丘單獨為女眾講法過多，而產生情染或引起世人譏嫌。

五、行

　　行即實踐。與實踐結合是詮釋的最後一個層級，所有的詮釋都要與當下現實發生關係，與詮釋者自身發生關係。如果不能做到這一點，詮釋就只能停留在知識和理論層面。就戒律研究而言，若不能通過自身的持戒實踐，在身心上體驗和證明佛陀制戒的意趣和精神，戒律詮釋的價值就得不到充分體現。

　　本書中「行」對應的內容有三個方面：專題、總結和現代行持參考。通過這三個部分的內容，解決戒律研究與現實因緣結合、與比丘實際行持結合的問題。這也是傳統佛學研究方法中，「信解」之後「行證」的體現。

（一）專題

　　專題的目的，是圍繞某個比丘戒中的專項主題，運用多種研究方法，再結合其他部分的分析結果，對該主題全面分析研究，給出具體的戒律行持解決方案，為實踐提供更深入的指導。

　　本書共有八十多個專題，分布於各個篇聚中，其中波羅夷篇的專題數量佔比近一半。專題的選擇，側重於戒律理解和行持中的疑難點，如「大淫戒」中比丘被迫行淫的情況如何判罪；「大盜戒」中慈心救有情是否犯戒，「黑暗心」、「五錢」的內涵，三寶物轉用如何判定；七日藥的受法與淨施；「妄語戒」如何處理開緣等。或者是戒律中與時代因緣結合度較高的主題，例如怎樣正確認識和防護同性戀行為、安樂死是否犯「大殺戒」、墮胎問題的剖析、正當防衛致他人死是否犯「大殺戒」、自殺問題的剖析、「媒嫁戒」是否禁止比丘參加佛教婚禮、

僧團蓄錢寶的分析等。專題部分的文章結構和篇幅大小比較靈活，能言本書其他部分所未能詳盡之處。

在研究方法上，主要運用史學、傳統義理、語言學與文獻學等方法，梳理原典、深入辨析；同時在遵循戒律精神的前提下，參考了現代學科的理論框架和視角，來解決律學難點問題，這也是專題部分的特色。比如在「責任歸屬在判罪中的運用」專題中，借鑒刑法學中劃分責任歸屬的相關理論，將「大殺戒」中相關情形的判罰分為兩種情況：一種是死亡直接來自比丘實施了足以威脅被害人生命的行為，在這種情況下比丘承擔主要責任，正犯「大殺戒」；另一種是在比丘的行為之後，第三方乃至更多的行為或因緣介入，並且這些行為或因緣對被害人死亡負主要責任，這種情況下比丘不正犯。通過區分事件的主要責任歸屬，使判罪更加精確。

源自古印度的律典文本，在敘述上往往是舉例式的；從繁複的文本中提煉出相對統一的規則，據此演繹而適用於不同的場合，是現代律學研究的需要，這在專題部分亦有體現。如「大殺戒」中「主觀心理和方便加行的組合判罰」專題，其中的邏輯也適用於其他需要發起心和積極加行的戒條。

另外，一些關鍵概念的澄清和界定，也是專題部分的研究成果。如通過考察律典記載和僧物內涵的歷史變遷，結合實踐需要，將僧物劃分為可分的現前僧物、不可分的四方僧物以及不可分的集體僧物三類。

一般情況下，本書的專題在結構上都涉及三個方面的內容：問題說明、觀點和材料的梳理，以及分析總結。

專題第一步是界定問題。比如「大妄語戒」中「上人法」內涵的究竟所指，有時同一部律典中戒條、判例和辨相之間的標準都有所不同，各部律典之間的差異更加錯綜複雜，由此「上人法」的判定標準撲

朔迷離。由於這一判定對行持「大妄語戒」很關鍵，因此必須界定清楚。再比如，對「大盜戒」中「黑暗心」的理解，南山律認為是對盜戒戒法的無知情況下而起盜心；但也有人依文解意，直接理解成對戒律的無知即是盜心，由此形成沒有盜心的情況也會正犯盜戒的可能。理解的偏差造成了持戒實踐中不必要的恐懼，以至於影響比丘正常的僧務承擔，妨礙僧團的管理事務。因此，專題部分對「黑暗心」的究竟內涵進行了辨析。

第二步就是梳理各律典中的材料和觀點。比如，「上人法」專題多方面對比了律典中關於「上人法」的內容。所對比的十二個戒本中，除了《十誦律》和《鼻奈耶》沒有明確的聖智聖法界定外，其他戒本中「上人法」的內涵均為聖者之法；在關鍵詞解釋，除了《善見論》給出了「上人法」的最低標準是初禪，其他律典解釋都是聖者之法；在辨相內容中，所有律典都有聖者內涵的記載，同時都有聖凡兩種解讀的模糊界定。通過羅列和梳理這些律典材料，釐清了各個律典對同一問題的不同觀點，為下一步的分析和總結打下了堅實的基礎。

最後就是分析和總結，結合制戒精神和實際行持的需要，給出具體的解決方案。如「僧物」專題中總結到，僧物管理的首要原則是按照施主意而行。施主意願不明確或者願意委託寺院處理的情況下，則按照僧物的三種分類和物品屬性之間的對應關係處理，適合作為公共物品的入四方僧物或集體僧物，適合作為比丘個人資具的分給現前僧，若兩者皆可的由寺院管理方酌情決定。

（二）總結

總結部分即本書對每條戒的研究結論。前面幾個部分是對律典的展開式剖析，總結部分則是在剖析之後進行整合、得出結論。首先是

諸律差異的對比分析，即對前面緣起、戒本、辨相等部分所梳理而得的諸律間關鍵性差異，進行分析和揀擇，側重於解決諸律不一致的內容。有的戒條也涉及同一律典不同部分之間的內部差異。其次是調整文本，即綜合諸律記載，對每一戒條提供緣起、戒本、關鍵詞和辨相等幾個方面的整合性內容，作為統一的結論。

1. 諸律差異對比分析

諸律之間對緣起、戒本或辨相的記載存在差異，另外同一部律典的緣起、戒本和辨相之間也可能存在不一致的地方。對這些差異尤其是涉及戒條行持的問題，進行詳細辨析，解決不一致之處，可以對戒律形成更完整和準確的認識，從而為行持實踐提供很好的參考。這部分內容也是對部派思想的差異以及律典文本的變遷的直觀展示。

緣起記載着緣起比丘的犯戒因緣和佛陀制戒的整個過程，具有案例法的教育功能。但隨着時間的推移，由於種種原因會導致諸律對制戒緣起的記載不盡相同。如「勸二家增衣戒」的緣起故事中，《四分律》、《鼻奈耶》與《根有律》均是只有合衣沒有「合而再增」的記載，而《五分律》、《十誦律》中有「合而再增」的內涵，《巴利律》則沒有明文記載。

諸律辨相之間的差異，如《四分律》「大妄語戒」中記載，若通過遣使、書信、手印、作知相的方式使他人領解也正犯波羅夷。《摩得勒伽》、《僧祇律》、《五分律》中，只犯偷蘭遮。另外，在《十誦律》、《根有律攝》以及《摩得勒伽》中，若比丘故妄語說自己是「佛」，已獲得佛所得之法，犯波羅夷；《四分律》及其他律典中則沒有類似記載。

諸律差異體現了不同部派對同一條戒的不同理解和詮釋。這些不同的觀點，都是今天在戒律實踐問題時可以參考的合法依據。本書總結部分根據不同律典觀點而所做的取捨，代表了一種符合當下因緣的

合理方案而不是唯一的答案。時空因緣不斷變化,不同僧團在不同的地域文化下,有着不同的調適需求。依據諸律的多樣化記載,建立對戒律多角度的認識,就顯得非常重要。如前述比丘説自己是「佛」的問題的處理,本書結合時代因緣給出的建議為:「在大乘佛法弘揚的地區,比丘若説自己是『佛』,具足佛的功德等,造成的影響非常之大。因此,將自稱是佛或證得佛陀功德等內涵納入『上人法』的範疇,實屬必要。」

同一部律典的緣起、戒本和辨相三者之間,理論上應該是統一的,但實際也有不一致的情形。如《十誦律》「過分取衣戒」的緣起中記載,六群比丘借失衣比丘的名義向居士多乞衣,如「汝等少知少識故無衣,我等多知多識亦少衣,我今為汝故乞」;而在戒本部分卻是失衣比丘自己乞衣,和緣起部分的記載不同。又如《根有律》「屏聽四諍戒」的緣起中,烏波難陀為防止對方對自己作捨置羯磨而在屏處偷聽,目的是保護自己;在戒條部分屏聽卻是為欲挑撥對方,如「我欲聽已當令鬥亂」。同一律典的內部差異,展現了律典在傳承發展中的演變軌迹。

2. 調整文本

這部分是本書對每一條戒的整體結論。以《四分律》為基礎,綜合諸律觀點,合理取捨,力求上合佛陀意趣、下契時代緣起,側重於指導行持。具體而言,在前面各部分研究的基礎上,提供調整後的緣起故事簡述、戒本、關鍵詞解釋和辨相。通過閱讀這部分內容,可以快速獲得對該戒的全景式理解,從而指導自己行持。

(1) 緣起。以《四分律》緣起情節為基礎,借鑒其他律典做出適當的調整。需要調整的情形主要有兩類,一種情況是《四分律》戒條中出現的要素,緣起故事沒有相關情節。如「大盜戒」中,《四分律》戒條中有「若閑靜處」的表述,但本制故事中沒有阿蘭若相關的緣起情

節。從緣起情節的完整性考慮，將《巴利律》中與此相關的情節加入到了調整後的緣起故事中。另一種情況是，為新校定的戒條中補充相應的緣起。如「大殺戒」調整後的戒條在《四分律》的基礎上增加了「若持刀授與；若求持刀者；若與藥殺」的內容，因此將《僧祇律》中比丘「求持刀者」殺死病比丘，《五分律》中看病比丘提供藥品給病比丘自殺的相關情節作為隨制，補充到隨制故事中。

（2）戒本。以《四分律》戒條為底本，借鑒其他律典，對《四分律》戒本中有歧義、不容易理解的內容做出調整，使得戒本語義明確、便於理解。類似於傳統版本學中「他校」和「理校」的手法，但非止於文獻考訂層面的文本校勘，主要目的並非辨真偽而在明義理。以「大淫戒」為例：為便於理解，將《四分律》「大淫戒」戒條中的「共比丘同戒」的「共」字，改為《四分僧戒本》、《根有律》等中的「與」字。《四分律》中「不還戒」的「還」字在古漢語中主要是「回，歸還」的意思，用來表達「捨棄」的內涵顯得不夠明確，因此參考《四分僧戒本》、《十誦律》、《根有律》等將其改為「捨」。《四分律》中的「戒羸不自悔」的「悔」字，一方面可以理解成「不向他人發露懺悔」，另一方面也可以理解為「自己不後悔受戒」，但律中並沒有明確的解釋。為了避免歧義，借鑒《根有律》等改為「說」字。這樣「大淫戒」戒條最終為：「若比丘，與比丘同戒，若不捨戒、戒羸不自說，犯不淨行，乃至共畜生，是比丘波羅夷，不共住。」

（3）關鍵詞。在前面關鍵詞部分的基礎上，結合專題或總結中的結論，對戒條中的關鍵詞給出清晰和簡要的解釋，方便現代人的理解。如「大淫戒」中對「比丘」的解釋為：「比丘：原本是一個共外道的詞，含義是『乞食者』。隨着佛教的發展，『比丘』一詞逐漸成為佛教用語，並產生不同種類，如善來比丘、名字比丘、破結使比丘、受大戒白四羯磨如法成就得處所比丘等。後來，其含義在律典中逐漸統一，指受

過具足戒的佛教男眾出家人。」

（4）辨相。基於文稿中辨相部分對諸律典的詳細梳理，以及總結第一部分諸律差異的分析，借鑒南山律幾緣成犯的方式，總結出正犯本戒需滿足的幾個要素。在輕重部分，討論要素滿足程度變動時導致的不同判罪。如「兩舌戒」具足四緣成犯：一、雙方均是比丘；二、欲離間雙方之心；三、向一方傳離間語；四、對方聽懂，成犯。在結罪輕重部分，以對方聽懂這一成犯要素為例：比丘說離間語，對方聽懂，波逸提；每說一句，結一個波逸提罪；對方未聽懂，突吉羅。

辨相總結的主要價值，是提供精簡的行持指南。以「大盜戒」為例，其開遮持犯非常複雜，律典之間記載又多有不同；本書對「大盜戒」的研究就用了十一萬多字的篇幅。對其辨相進行簡單扼要的總結就顯得尤為重要。因此將犯緣概括為六個，即有主物或他護物、作有主想（或他護想）、有盜心、對方未與而取、滿五錢和離本處。在結罪輕重部分也是提煉為上述六緣加上犯戒主體和不犯，共八個方面。另外，對於涉及到判罰細節的專題，這部分也將相關結論在此作了簡要總結，也增強了完整性和實用性。

（三）現代行持參考

戒律產生於兩千多年前的古印度社會，而現代中國社會與之相比已多有不同。戒律細則的落實，或多或少會出現一些「水土不服」的情況。現代行持參考部分，是在前面七個部分內容的基礎上，按照此戒的制戒意趣，考察如何與新的時代因緣結合，為在現代社會行持此戒提供切實的建議。

前面幾部分的內容，都是在律典原始文本的基礎上進行梳理和抉擇，以對律典記載的忠實傳承為特點；而現代行持參考，是在切實把

握戒律精神的前提下，超越律典記載的固定範疇，善觀現實緣起，創造性地回應和調適。這是現代行持參考部分在本書整體結構中的不共之處。

以「大淫戒」為例：「與佛世相比，現代社會的比丘們面臨更多新的挑戰，特別是因為電話和互聯網的使用導致比丘與女眾接觸的機會大大增加，給比丘持守大淫戒增加了難度，也對僧團的管理提出了更高的要求。除此之外，現代社會對同性戀的問題也比較關注，因此比丘與同行或在家男眾交往時，也需要注意把握分寸，避免不合適的身體接觸，以免受到譏嫌和猜疑。」可以看出，古老的戒律投射於現代時空，給比丘持戒提出了新課題新挑戰，而現代行持參考為比丘們做好了較為充分的準備。

至此本書戒條研究的八部分內容已經介紹完畢。如前所述，前七個部分的內容主要都是基於律典本身的梳理，有些材料或內容可能會出現在多個部分，但這不是無意義的重複。同一材料用在不同的部分，考察的視角不同，其作用也不一樣。如律典中的一則辨相內容，在辨相中只是原典的梳理，但其出現在總結部分時，即意味着經過不同角度的對比後，本書已經將其作為本戒持守的參考標準。再如，在專題中探討出的結論，本書希望在總結中從戒條行持的角度做完整的總結，故也可能出現重複的情況。讀者在閱讀本書時請注意這方面的設置。

第五節

本書結構和內容導讀

一、本書結構

　　本書整體上分為五大部分。首先是序言部分：介紹律學的歷史、流派與現狀以及本書研究的意義。第二是緒論部分，包括文獻使用和研究方法的介紹，以及每條戒八大部分內容的簡介。第三部分即本書的主體：對比丘戒全面完整的對比研究。以《四分律》的篇聚結構為基本框架，即四波羅夷、十三僧伽婆尸沙、二不定法、三十尼薩耆波逸提、九十波逸提、四波羅提提舍尼、百眾學、七滅諍法共二百五十戒。每一篇聚之始，通過篇聚引言介紹本篇聚戒條的特點，行持的重點、疑點、難點，以及本書研究的重要成果。正文中，對戒條按照緣起、戒本、關鍵詞、辨相、原理、專題、總結和現代行持參考八個部分來進行分析（部分戒條按照實際需要只選擇其中的幾個部分進行分析）。第四部分是數據分析與總結。利用資訊學工具對諸律進行綜合性比較，考察諸律的同源性、判罪體系、各自特徵等。最後是附錄，附有諸律對比的相關數據和圖表。

二、內容導讀

本書內容雖多，但版塊設置有一定層次，讀者可以根據自己的需要，針對性地閱讀其中的一個或幾個部分。以下為推薦閱讀本書的五種方式。

（一）入門閱讀

需要在短時間內了解每條戒的開遮持犯的讀者（如新戒比丘），只需閱讀每條戒的總結中的調整文本部分和現代行持參考部分，就可以初步掌握基本戒相以及行持重點。

（二）進階閱讀

如果要進一步深入學習戒律，可閱讀每條戒的緣起和原理部分，以充分了解佛陀制戒的時空因緣以及戒律背後的內涵。另外，每個篇聚開始的引言，對各個篇聚的整體情況和相關戒條的行持重點做了提綱挈領式的介紹。

（三）綜合閱讀

通過閱讀序言和緒論，可以全面了解律學的發展以及本書的研究方法、研究目的。要快速了解戒條中的某些概念或者疑難問題，可閱讀關鍵詞或者專題部分。對律典文獻數據統計感興趣的讀者，可參考閱讀本書的最後一冊數據總結部分。

（四）專業閱讀

如果讀者有志成為精研戒律的律師，則推薦仔細研讀本書各個部分。每條戒的八部分內容本身就是本書研究過程和研究結論的全面展現；通過閱讀和熟悉各部分內容，讀者除了掌握戒律本身的內涵，也能熟悉相關研究方法，對自己開展研究工作將有所裨益。第一冊方法論介紹也是值得留意的內容。

（五）檢索閱讀

本書篇幅大、內容廣，檢索式閱讀將是有效使用本書的重要方式之一。當遇到具體戒律問題時，可使用本書目錄快速定位相關主題，按需要進行精讀、通讀或略讀，來獲得所需資訊。

以律典為例：
佛學研究方法論之探索

比丘戒研究　　　　　　　　第一冊

作　者

淨業編委會

責任編輯

林沛暘　潘沛雯

裝幀設計

Sands Design Workshop

排　版

Sands Design Workshop

出　版

明報出版社有限公司

發　行

明報出版社有限公司
香港柴灣嘉業街 18 號
明報工業中心 A 座 15 樓
電話：2595 3215
傳真：2898 2646
網址：http://books.mingpao.com/
電子郵箱：mpp@mingpao.com

版　次

二〇二三年九月初版

印　刷

美雅印刷製本有限公司

I S B N

978-988-8828-91-3